Sexualidad infantil y crimen
Psicoanálisis del Estado

Juan Luis Cortes Cervantes

A la Bruja del Psicoanálisis en México,
de su Divino Obsesivo.

Introducción

El lector tiene en sus manos una obra cuyo propósito principal es la difusión de la disciplina del psicoanálisis, al hacer mención de algunas de sus implicaciones en el ámbito personal y social. Aun así, debo admitir que, pese a su carácter introductorio, hay algo que se me escapa. Según mi propia experiencia, el psicoanálisis no puede ser transmitido en toda su magnitud por una simple lectura, aun cuando ésta nos conmueva en lo más íntimo y cerremos el libro para olvidarlo voluntariamente en los rincones más oscuros de nuestra memoria.

Podría afirmar frente al lector que el psicoanálisis es una experiencia sin par en el ámbito médico y académico. No tiene nada que ver con la práctica psicológica, y de nada me sirve buscar un paralelismo con la filosofía o la religión porque no lo hay. No se trata de presentar y desarrollar argumentos para acallar al sujeto, sino simplemente de acompañarlo en su habla. La diferencia radica en que el psicoanálisis opera en el psicoanalista para hacerlo una compañía totalmente diferente de todas las nombradas anteriormente. Por el momento solo atino en señalar que "en silencio" el psicoanálisis desarma y fuerza a quien se expone a el a nuevas organizaciones. Entonces, si los interesados en psicoanálisis no han sido atravesados en su persona por la experiencia analítica, que nada tiene que ver con un proceso de conquista del alma; pocas formas tengo de transmitir el pavor que uno siente al estar frente al espejo, hablando metafóricamente.

Esta confrontación con uno mismo le deja a uno marcas indelebles. Se enfrenta uno a dolores que no pasan y que pueden llegar a ser valorados por lo que representan y significan. Ya no se trata de desafiar al psicoanalista, pues ellos no ganan nada con someterlo a uno. Y, por otro lado, frente al psicoanálisis mismo no cabe la noción de dominio, ni aún para su mismo creador. Así pues, todos aquellos que hemos visto al diablo a la cara y que nos empeñamos en hacer algo con esa permanente e inconmovible espina clavada en el corazón, atesoramos eso que llamamos psicoanálisis como una de nuestras posesiones más valiosas, aunque no podamos presumir su dominio.

Si aquellos que lo sostenemos no somos capaces de someternos a una experiencia así de angustiante, el psicoanálisis se degradaría a una especie de discurso pseudoreligioso, cuyo fin sería acallar las más diversas manifestaciones del espíritu humano. Camino que ya recorre la psicología académica, influida por las demandas de un vasto mercado bajo el yugo de la cultura de la autoayuda, que contribuyó a cimentar sin proponérselo.

Y vaya, este texto no lo he planeado como una crítica ni al discurso religioso, ni al ámbito académico. Antes bien, quisiera destacar el valor real de cada uno, pues pienso que estos dos elementos de la sociedad tienen un lugar muy respetable y necesario, del mismo modo que me parece sus representantes e instituciones se encuentran enfrentando una crisis por la organización y evolución del mundo actual.

Aquellas posibilidades de influencia social hacia un solo individuo o las masas tienen sus limitaciones, que pueden ser expuestas para ser acogidas por otras ramas del saber humano como el psicoanálisis, quien a su vez tiene otras limitaciones. Todo depende de cómo concebimos un elemento de nuestro mundo, ya sea este una disciplina o institución en particular, pues en su misma definición podremos señalar el objetivo para el cual suponemos que existe. Por ejemplo, si buscamos que una farmacia nos venda un martillo, encontraremos que muy pocas los tienen y no necesariamente a la venta.

En lo que respecta a la disciplina analítica, consecuencia a su vez de un saber obtenido por la atenta escucha de los neuróticos, hemos de distinguirla en esta introducción de la concepción popular que la podría agrupar en conjunto con las demás disciplinas "psico" como la psicología y la psiquiatría; y que las asocia como disciplinas del espíritu humano, pues sus empeños consisten en definir e influir sobre eso que nos caracteriza como raza humana, desde el punto de vista inmaterial.

En dicha asociación hallamos también restos de la historia del alma humana, pues aquello que en la antigüedad era contemplado por otras culturas como un soplo de la divinidad, pasó a entenderse como la mente en las disciplinas cuyo objeto de estudio es el ser humano; dado que el prefijo "psico" en griego quiere decir "aliento vital", "alma" o "esencia".

Tenemos por un lado, que la psiquiatría define el alma como el producto de los químicos en nuestro cerebro, para la psicología lo fundamental será adaptar al paciente a su medio ambiente y así demostrar que aquel individuo tiene un alma o un valor para la sociedad; mientras que el psicoanálisis tendrá como lugar de los hechos un cuerpo afectado por las construcciones de las que es capaz el individuo que lo posee, y como herramienta la palabra para hacer manifiesto el conflicto entre aquella alma y sus propios elementos.

Esto es importante pues en la sociedad mexicana el psicoanálisis puede ser un saber menospreciado en la preparación del psicólogo, pero que al mismo tiempo le proporciona gran parte de su imagen frente a la sociedad. Puede ser también una herramienta de la especialidad psiquiátrica en la rama médica, o algún curso de maestría o doctorado para aquellos psicólogos que buscan especializarse en tal disciplina, pese a una serie de inconvenientes que señalaré más adelante.

Debido a lo expuesto, no nos debería causar extrañeza la dificultad de todo estudiante de psicología insertado en una cultura tan particular como la mexicana, al tratar de definir esa alma sin entrar en controversias espirituales y dogmáticas. También a partir de ahí nos es posible comprender, más no justificar, que los consultantes informales busquen consuelo y simpatía en las disciplinas psico, entre ellas el psicoanálisis, tal como si estuvieran delante de un sacerdote. De entrada, invitaría a cualquier lector que inicia esta lectura buscando consuelo por las penas diarias, a que lo busque en otros lugares, de lo que estaré por plantear en las páginas siguientes sólo puedo prometer duro trabajo y sacrificios dolorosos, tanto al individuo como a los grupos; a fin de alcanzar ya no cambios tal vez superficiales, sino un breve sostenimiento de lo que hemos adquirido como civilización. "Blood, toil, tears and sweat..."

Dejando para otro momento los detalles que separan a las "psico", podría empezar a dibujar el objeto de estudio de este ensayo, si lo comparo con eventos más comunes que las atenciones brindadas por las disciplinas de la salud.

Veremos en la práctica cómo el psicoanálisis se separa de dos influencias que contemplo como universales, la educación y el adoctrinamiento religioso, ya que trata de introducir algunas cuestiones fundamentales para aquel que curioso se acerca a la boca del lobo. Y no, el lobo no es el psicoanálisis, es la humanidad. Puede ser que esa misma impresión universal, la que identifica al ser humano como un voraz depredador desde sus primeros días de nacido, sea la fuente de la cual emana el juicio sobre la necesaria presencia de las tres disciplinas, así como sus posteriores manifestaciones. Y, sin embargo, por su evolución, podemos notar como estas experiencias se dividen por varias e irreconciliables diferencias.

En el caso que nos ocupa, este particular saber llamado psicoanálisis y la disciplina que deriva de él, no depende de una relación de maestro con alumno para encontrar su lugar en la historia de la humanidad; aunque tampoco se encuentra en conflicto con semejantes formaciones y hasta podemos usarlas para nuestros propósitos e ilustrar con ellas el contraste con la relación analítica.

Aquella relación de pupilo e instructor, común entre la educación laica y religiosa, tiene en apariencia poco que ocultar. Alguien recibe y elabora el conocimiento que otro está dispuesto a entregar, y esta cadena continúa indefinidamente. Emisor y receptor, fuente y depositario; que luego intercambia posición con otros que tienen la necesidad de recibir lo entregado. Bien podríamos decir que superficialmente la relación de maestro y alumno se basa en la transmisión directa de un contenido que ha demostrado ser útil en otras ocasiones, o bien que la transmisión se realiza porque el contenido es valioso en sí mismo.

Ya de ahí podemos partir a señalar contrastes. Por ejemplo, el psicoanálisis ha demostrado a lo largo de su historia que depende en gran medida de una relación particularmente oscura entre dos seres humanos. Oscura por cuanto afloran constantemente los misterios o desconocimientos, doblemente oscura porque cuando esos misterios son develados, no es grato contemplar lo que queda. Y al contrario de la transmisión directa de un contenido que existía previamente en el mundo y que da forma a la relación de maestro y alumno, la relación analítica se origina por la necesidad de un individuo de dar forma a su voluntad. Encuentro aquí dos fenómenos que distinguir, al respecto del contenido.

Por un lado, este empeño ha sido representado como una investigación dentro del mismo consultante. El consultante acude con un analista con miras de conocer los misteriosos orígenes de aquello que parece destinado a repetir una y otra vez, o bien cuando por motivos desconocidos un conflicto toma como ofrenda porciones considerables de su vida. Esta relación se funda por la necesidad que puede generar un individuo de revelar algo que aquel mismo creó, pero que se ha desplazado lejos de su propia conciencia e influencia, impidiendo el libre ejercicio de su voluntad por poderosos motivos, que dan lugar a fuertes e indeseables manifestaciones.

Veremos aquí que la fuente tanto del saber o contenido y del conflicto mismo es el consultante, no es el mundo y no es el experto. La función de este último es la de estimular y no estorbar una producción que puede influir al consultante de formas que no pueden ser contempladas por ningún manual de salud mental, simplemente porque no es posible representar las infinitas posibilidades que se hacen manifiestas ante un alma analizada, una libertad que por su extensión es tanto una bienaventuranza como una maldición.

Ese antagonismo entre experto y consultante, con maestro y alumno, también se ve reflejado en los contenidos. Pues tenemos, por un lado, que en la educación común será posible hacer notorio un contenido universal, impersonal y fácilmente identificable; de tal forma que incluso pueda ser compartido en manuales, sin un intermediario. Y por el otro lado, en el psicoanálisis, el contenido descubierto durante la relación analítica por lo general es particularmente subjetivo; es decir, totalmente personal y literalmente inútil en otros contextos.

Por ello también puede entenderse que no hay dos procesos de análisis iguales; por cuanto es totalmente imposible empatar las experiencias frente a la demanda que el sujeto hace al analista y por cuanto las mismas palabras que provienen de dos sujetos distintos guardan significados totalmente independientes. Por ejemplo, la frase "estoy deprimido" puede ser para un individuo su forma de expresar alegría, mientras que el otro quiere decir con esas mismas palabras "te quiero mucho, te necesito, no me abandones". Puede que por el momento esto no tenga mucho sentido para el lector, pero le invito a seguir en la lectura para hacerse de una idea de una dinámica que trasciende la relación analítica y que le puede resultar muy útil considerar en su andar cotidiano.

Podría hacer otra distinción aún más descabellada, pues todo analista puede dar testimonio de que, durante la relación analítica, se nos permite hacer notoria otra función del conocimiento.

Puede ser que, por procurar el saber por el saber mismo, al consultante no le sea útil el conocimiento sobre los orígenes de su padecimiento, si esos mismos conocimientos o saberes no son sometidos a prueba en la misma relación con el analista. Si eso no ocurre, al consultante le será imposible mover una sola mota de polvo que a sus ojos parecerá pesar lo mismo que una montaña; por cuanto ese peso no recae en un conocimiento o reconocimiento de la realidad, sino que el saber se apoya en una función que en este momento he de señalar como sexual. Nuevamente, si en este momento mi decir no es comprendido, les pido avanzar en la lectura para saber a qué me refiero con sexual. Más cabe adelantar que no se trata de relaciones sexuales, como muy fácilmente podría concluir el lector. Para estos lectores, he de advertirles que de continuar la lectura podrían ver su vida sexual muy enriquecida.

Es por esta dinámica, por el momento solo nombrada, que los empeños del psicoanálisis no giran alrededor de la formación y transmisión de un conocimiento en particular, sino de fundar nuevos caminos en la relación del individuo consigo mismo y con los demás, a partir de la relación analítica.

Nosotros no solo somos propiamente transmisores de un conocimiento que poseamos, sino que voluntariamente prestamos nuestros cuerpos y personas a las fantasías de quienes nos consultan a fin de que ellos puedan crear nuevas formas de relacionarse consigo mismos y con los demás, a partir de lo que van a vivir durante el análisis. El conocimiento que brinda el psicoanálisis, actúa en nosotros para acallar nuestra experiencia y fomentar una novedad en los otros; novedad que, de ser sincero, en este momento no puedo señalar en cuanto a su naturaleza, pues se funda durante el análisis.

Para un analizante puede ser novedoso en su vida que alguien se dirija con respeto hacia él o ella, mientras que para otro puede el análisis conducirlo a aceptar su odio y violencia como un parte esencial de él o ella, sin tener que esperar un censura del otro. Ahora bien, aquella situación del préstamo de nuestra persona al otro, no deja de tener un rastro erótico; y si bien puede condenarse como una rebaja del valor de conocimiento para destacar el valor del calor humano, es una situación que también ocurre con los maestros, laicos y religiosos, pero que no dimensionan más que como eventualidades indeseadas e inesperadas en su afán de ser transmisores puros del conocimiento.

Es como si los educadores fueran metales anhelando pureza para transmitir una carga eléctrica; cuando los educados han de destacar el calor o el cariño del maestro, más que los contenidos que le expuso, al hacer un recuento de su experiencia con aquellos. En nosotros los psicoanalistas, el reconocer tal situación que en otros contextos es indeseable o contaminante de la pureza del conocimiento, nos permite disponer de herramientas poderosísimas que se fundan en el alma del consultante. Es curioso que en general se piense del conocimiento y sus formaciones como una dinámica sin un cuerpo que las emita y las reciba, así como al menos un cuerpo que se excite por ese vaivén.

Señalados algunos misterios tanto de la relación analítica, el contenido que obtenemos de ella y su utilidad, no es de extrañar un particular rechazo de muchos estudiosos del ámbito humanístico al conocimiento y la disciplina analítica. Aquellos no han dudado en equiparar la disciplina analítica con la misma religión, como si en semejante comparación hubiera un descredito para los acusados de sostener un pensamiento mágico, y a juzgar de innecesarios los empeños de ambos discursos.

Este ensayo tiene un particular énfasis en dichas comunidades de estudiosos. He de afirmar, que tanto el psicoanálisis como la religión tienen lugares y funciones muy bien definidas e irremplazables. La religión, por ejemplo, consuela a millones de seres humanos con sus promesas, consuelo que no ha podido ser aportado por la ciencia porque no es su función. En eso podemos empatar el psicoanálisis y la ciencia, como la búsqueda por una verdad que se nos escapa. Puede ser que al final de dicha búsqueda no haya otro consuelo que el haber visto lo anteriormente innombrable y por semejante atrevimiento debamos pagar un precio particularmente alto, sin tener al final otros beneficios que el haber contemplado y señalado lo que no sabíamos. Entonces, si bien el psicoanálisis por su parte no ofrece consuelos, si ofrece el punto de partida para acciones determinantes, fundamentales para aquel que ve su vida amenazada por su propia persona, y no necesariamente me refiero a los suicidas.

Es por la naturaleza del conocimiento obtenido del psicoanálisis, de los casos en los que funciona y en los que no, así como en las intervenciones en la historia de la disciplina analítica; por lo que me consta que es posible resolver complicados problemas humanos con acciones muy simples, pero que dichas acciones son postergadas por otras razones con más peso para el individuo. Puedo, en base a lo dicho anteriormente, revalorar el conocimiento y la ciencia misma, pues el problema recae no en la transmisión del conocimiento inmaculado y en su aplicación, sino en los muchos motivos por los cuales eso que ha costado literalmente la vida a millones de personas, no es puesto en práctica. Y una extensión de dicha dinámica puedo notarla en la comisión de actos que son considerados como delitos.

En resumidas cuentas, he de distinguir en este capítulo introductorio un anhelo humano global, una suerte de deseo universal que entre sus múltiples manifestaciones se hayan las leyes. Es por esa fuerte e imperativa necesidad que la gente se moviliza, pero justo por mi contacto con el psicoanálisis he de advertir que no basta con saber cómo caminar para llegar a nuestro anhelado destino, es necesario también emprender la marcha de forma enérgica y tener al menos una idea vaga de adonde queremos llegar o donde no queremos estar, así como considerar que nuestros deseos implican un costo de valor variable, costo que muchas veces no queremos asumir. Para ello, puede ser de gran utilidad el saber en dónde estamos, tanto como individuos como civilización. De ahí se funda la necesidad de hablar del crimen y del Estado, y me he propuesto hacerlo desde su concepción más básica, aquella que se funda mucho antes que la democracia misma.

Me ha parecido valioso comenzar en esta introducción por identificar claramente las diferencias entre el psicoanálisis y la educación, justo porque sobre la posibilidad de la educación recae gran parte del peso que ha de dar forma a eso que comprendemos como el Estado.

Tenemos pues, que las posibilidades de la educación, laica y religiosa, son contempladas como necesidades básicas y urgentes por las personas que fundan instituciones con dichos objetivos, para así justificar su existencia, tanto de individuo como de institución. Este ensayo versa sobre el análisis de los empeños grupales para dar forma al individuo, en donde podremos notar que, como toda la vida y sus manifestaciones, a aquellos empeños les está destinada una posterior evolución o desarrollo.

Toda persona, anhelo e institución sufrirá el choque que la realidad tiene que ofrecerle. No he de hacer una descripción detallada de esa evolución, sino de una mucho más elemental y que finaliza en la concepción del criminal desde el punto de vista social y psicológico. El criminal no solo como un individuo que ejecuta al pie de la letra una formación particular, sino como el producto de un Estado; y a su vez el Estado no solo como producto de las instituciones y sus procedimientos administrativos, sino del deseo colectivo.

Observamos en aquellas instituciones, la religión y la academia, cuyas funciones y herramientas nos dan la pauta para fundar una identidad distinta en el ejercicio del psicoanálisis, que su discurso e imagen se fortalecen en la medida en la que sus representantes son capaces de separarse de lo que es la humanidad en general, de acuerdo a su historia y a sus hechos, para equipararse más con el ideal que nos hacemos de nosotros mismos. El psicoanálisis, por el contrario, se fortalece como discurso con cada acto que a nuestros ojos parece inhumano, y el psicoanalista se vuelve necesario para la humanidad al momento de poder señalar el origen y forma de la maldad pura. Un origen bastante inocente, terrenal y lógico como estaré por exponer; y por lo tanto al alcance de nuestra mano para poder influir, hasta cierto punto.

Por las razones que expondré, dado que al psicoanálisis no le es posible sostener la inocencia del ser humano, para muchos de los entendidos en cuestiones humanísticas en gran parte del mundo civilizado, el psicoanálisis es algo así como un fantasma del cual no es grato saber, y el psicoanalista un individuo con un estigma social gracias a una identidad particularmente fuerte. Pero eso no es todo, hay también en los círculos universitarios una gran admiración hacia aquellos que tienen el coraje o la inocencia de presumir cierto dominio sobre el psicoanálisis, por la forma en la que puede aportar cuestionamientos válidos y útiles sobre el ser humano.

Paradójicamente, ante las grandes pasiones que despierta entre los círculos sociales cultos, le debemos la escasa difusión que ha tenido y una distorsión en cuanto a su contenido y función. Sus opositores lo presentan como un discurso con un contenido un tanto ajeno a los intereses académicos y estatales. Y en eso no se equivocan; sin embargo, ajeno no es opuesto, ni en contra del discurso oficial o su hegemonía, simplemente pone en evidencia que es posible abordar los mismos problemas desde otra postura que no es la típica, una postura que puede hacer otras solicitudes a los individuos, más allá de apelar a una supuesta bondad inherente.

En cuanto a sus exponentes los hallamos en las más diversas formas y nivel de compromiso con la disciplina y el saber analítico. Los hay desde quien motiva a una adherencia incuestionable a una institución y un método universal, quien hace uso de lo cómico para transmitir un contenido a veces chocante, quien tiene una admiración fanática por la figura de Sigmund Freud; pasando por quien en su vida ha leído un solo texto freudiano, lo desacredita y aun así se dice psicoanalista. Por sus incomprendidas particularidades se ha posicionado entre un considerable número de estudiosos como un lastre en el ámbito del humanismo científico, sin poder distinguir lo que el discurso analítico puede aportar, tanto a los individuos como a las instituciones.

Y si a esta dificultad agregamos que el mismo psicoanálisis en la actualidad padece por el uso de un lenguaje particularmente rebuscado, herencia del último representante sobresaliente, tenemos entonces en frente a un discurso con un contenido muy valioso, pero con un vestido tan formal que no puede evitar despertar el recelo entre sus escuchas.

He de reconocer un detalle más al respecto, pues semejante imagen que procura embellecer o esconder lo dicho tras un lenguaje particularmente difícil, obedece también a las últimas implicaciones de su contenido. Un contenido que acostumbra alterar de muy diversas maneras aún a las conciencias más estudiadas, ya que trata del estudio de lo descarnado del alma humana. Y digo estudio por cuanto es un registro de lo que el ser humano ha hecho consigo mismo y con los demás a lo largo de la historia, y que se distingue del registro de la historia misma por lo íntimo de sus andares. No se trata de contar lo que le ocurrió a los pueblos o civilizaciones pasadas, sino de la experiencia de un solo individuo frente al mundo que lo rodea. Un individuo cualquiera, aquellos que no sobresalen por sus grandes actos de bondad o crueldad, o bien sus grandes obras; sino aquellos que en silencio integran la gran masa humana. Ahí encontraremos actos mucho más violentos, terribles y cotidianos que las grandes matanzas y violaciones ocurridas en las guerras. Esos terribles actos tuvieron origen en un contexto hogareño y familiar, muy cercano a todos nosotros.

Aquellos no versados en lo fino del humanismo y su política, no tienen nada de qué preocuparse por la lectura que tienen enfrente, al menos no en su lenguaje innecesariamente difícil. He tratado de mantener el lenguaje lo más ordinario posible, a fin de hacer transmisible un conjunto de ideas en apariencia complicadas, pero muy valiosas al respecto de la mente humana y de la humanidad en general. No creo necesario un título universitario o siquiera de bachiller para comprender lo expuesto en estas páginas. De hecho, sería muy gratificante para mí el escuchar que aun los niños pueden entender y cuestionar las siguientes páginas.

Dicho esto, me parece un buen ejercicio el dedicar unas palabras a los más pequeños, y aprovechar esta oportunidad para hablar con palabras francas a cada persona.

Bienvenidos sean al mundo.

Hemos estado esperando tu llegada, o al menos he de invitarte a hacer algo contigo, ya que estás aquí. El camino que tienes enfrente no es sencillo pues parecería que todos estamos confundidos la mayor parte del tiempo. No sabemos qué hacer, o porqué hacemos lo que hacemos, sin querer hacerlo. Somos tantos y convivimos en tan diversos niveles que no tenemos una idea clara de lo que implican cada uno de nuestros actos. Por eso, siéntete totalmente libre de interpretar y actuar conforme creas conveniente, contigo y con los demás. No dudes que los demás harán así contigo.

Por los peligros que esto implica, encontrarás personas que se empeñen en limitar tu gusto por la vida, eso nos ha pasado a todos. Si pudiera hacerte una recomendación, es que no los tomes tan enserio. Pese lo que pudieras escuchar de los demás, la vida puede llegar a ser muy bella.

Por otro lado, has llegado en un tiempo fascinante, que ofrece para ti los medios para hacer de tu vida una delicia. Y si alguien no está de acuerdo, veremos cómo hacer para que puedas prescindir de ellos, aún si son tus padres. Solo te pido ser paciente. Para el momento en el que puedas leer esto, sabrás que todo el mundo cree que sabe cómo vivir, solo por el simple hecho de que vive día a día como puede, y en eso nos engañamos todos. Por lo general, no nos damos cuenta de que vivimos gracias a un esfuerzo que hacemos entre todos. Es decir, que pensamos que vivimos por gracia y mérito propio, cuando en realidad vivimos haciendo un esfuerzo conjunto, a veces muy grande, por sostener nuestro contacto con el mundo que nos rodea.

En esto podrás notar que cada uno de nosotros formamos parte de un mundo muy diferente del de las demás personas, y en conjunto sostenemos a un mundo radicalmente diferente del mundo animal o natural. Aunque debo advertirte que, al mismo tiempo, ese mundo natural del que intentamos separarnos tajantemente, regresa a nosotros una y otra vez para espantarnos por lo feos que podemos llegar a ser.

Te pondré un ejemplo de todo lo que te he dicho. Si ves a un perro en la calle caminando con su dueño, puedes notar que el animalito camina aseado, bien alimentado y feliz; te invito a jugar con el perro, gózalo todo cuanto puedas. Pero recuerda que ese animalito forma parte de una especie, y que toda especie tiene una historia que no se borra. Nosotros, al igual que nuestros animales de compañía, en algunas situaciones podemos hacer daño a otros animales o a las personas, particularmente cuando nos sentimos amenazados. Así que ten cuidado, no molestes a los demás, no seas malo o mala con ellos o te podrían hacer daño.

Por estas experiencias aprenderás a establecer una relación con los demás en base al dolor. Tu experiencia te mostrará que puedes hacer daño a los demás, lo busques o no. También podrás notar que otras personas pueden lastimarte sin proponérselo y habrá otras que les guste ser malos contigo. Por eso te pido, si alguien te hace daño innecesario e inútil, si hace algo que no te gusta, no tienes que soportar algo así, aún si es tu papá o tu mamá quien te lo hace. Pídele que se detenga, que no te gusta la forma en la que te habla o que te toque de cierta forma. Aun cuando ellos se puedan justificar en que hacen las cosas por tu bien, si no te sientes bien con lo que hacen contigo, habla hasta que encuentres quien te escuche, pero sobre todas las cosas procura tu bienestar y haz algo.

Hay en esta incómoda situación algo muy particular de los seres humanos, pues también es necesario decirte que hay ciertas cosas que tendrás que hacer o dejar de hacer, para que no tengas problemas con los demás, y esto te puede resultar molesto. Entonces, si tu papá o tu mamá te piden que te bañes, hazlo y aprende a disfrutarlo, de igual forma si te piden que dejes de gritar o que no le pegues a los demás. Eso no es lo mismo a que te golpeen por preguntar algo que quieres saber, o que te humillen y te hagan sentir mal para que dejes de hacer las cosas que te gustan solo a ti y que no dañan a otros, o que te digan que tu jamás tienes que enojarte o llorar porque eso es chantaje. Todos nos enojamos, todos podemos llorar, del mismo modo que todos podemos encontrar un lugar para vivir tranquilos y ser felices cuando realmente lo sintamos y no por compromiso; no para hacer sentir bien a los demás con tu felicidad, sino porque es tu realidad. Esto puede parecerte un sueño o una promesa vacía, pero está más cerca de ti de lo que piensas.

Otra invitación que creo necesaria hacerte es a enfrentar y aceptar el dolor que sea útil para preservar tu vida. No solo tendrás que adaptarte al mundo, también tendrás que soportar ciertos eventos pasajeros que te harán dudar de la utilidad del esfuerzo que haces por sostener tu vida. Igualmente, hay tratamientos médicos que requieren soportar dolores o sabores desagradables para que podamos vivir sanos y disfrutar nuestra vida por más tiempo.

La última observación que puedo hacerte por el momento, al respecto del dolor, es la sinceridad para con tu propia persona. Si te gusta provocar dolor, acéptalo y no lo hagas indiscriminadamente, hay también personas que les gusta ser castigadas de las más diversas formas. Búscalas y dales lo que te piden, sin pena ni culpa. En cambio, si por una razón que tu desconoces, constantemente cometes errores y estos resultan en castigos o regaños en los más diversos ámbitos, es muy posible que haya en ti un rasgo masoquista, y te divierta el acto mismo de la ira que se descarga sobre ti o bien disfrutes ampliamente la recompensa que viene después del tormento, aunque esta sea solo seguir viva o vivo. Abraza tu ser, eso es tuyo y nadie te lo puede quitar.

Por el hecho de que sé que hay cosas que te gustan de la vida, te puedo prometer que hay todavía muchísimas más cosas que no conoces y que te pueden interesar y agradar, para así despertar tu gusto por la vida. Busca a la gente adecuada, haz que tu vida sea algo grato para ti y para los demás, en la medida de tus posibilidades. Recuerda, por favor, que independientemente del camino que tomes, nunca estarás solo, a menos de que quieras estarlo. Y si es así, disfruta de tu soledad. Eres para ti y luego serás de los demás, para aquellos con los que quieras compartirte.

24

1
México, 13 de septiembre de 2018

Pues bien, pese a lo muy satisfecho que puedo estar con todo lo que he escrito al respecto de la sexualidad infantil y el crimen durante los últimos cinco años, creo necesaria una justificación del texto. ¿Por qué es necesario presentar el psicoanálisis al mundo?, ¿por qué leer este libro y no otro para ello?, ¿por qué el crimen como un medio para llegar al objeto de estudio del psicoanálisis? Voy a contestar estas preguntas.

¿Por qué es necesario presentar el psicoanálisis?

Resolver esta pregunta me pone en un dilema, pues el psicoanálisis ha estado en el mundo desde hace más de cien años, pese a las muchas voluntades que se oponen a ello. Solo es cuestión de que alguien se atreva a preguntar al respecto, busque en los libros o en cualquier portal de internet información sobre del contenido de los textos freudianos; o mejor aún, visite a un analista solo para preguntarle que hace para ganarse la vida.

En ese sentido, no creo poder hacer un mejor trabajo que el que ya hizo Sigmund Freud con sus textos, para defender su postura y destacar el particular valor de su obra. Tampoco he de ignorar la grandiosa labor de numerosos psicoanalistas que trabajan arduamente para esclarecer y difundir el objeto de estudio del campo psicoanalítico en sus propios contextos.

Es justamente por ellos, haciendo un cariñoso recuerdo de aquellos con los que me formé y tratando de honrar la memoria de aquellos que ya no están entre nosotros, siguiendo su ejemplo y por el orden que el tiempo impone a cada generación, que creo necesario un planteamiento propio de aquello que he podido leer y vivir, con el afán de presentarlo dentro de un contexto particular.

Aquello de lo que he sido testigo presencial en un ambiente profesional, académico, personal y social, y que estoy seguro compartiré con más de un individuo, me sugiere la necesidad de un particular desarrollo de aquel primer orden que el tiempo me ha demandado. Aquellas experiencias y sus complicaciones serán reveladas conforme este texto avance. Se trata de describir el contexto en el cual ha surgido la presente obra.

Haciendo uso de la lógica, me supongo que la gran mayoría de mis lectores deben tener alguna historia o relación con la academia, aun cuando solo sea la educación básica, ella es el modelo de todo lo demás. Y por ello me gustaría empezar por describir la relación del psicoanálisis con las universidades y con la comunidad científica en general, para así poder distinguir su valor particular. Haré un recuento de cómo es vivido el psicoanálisis dentro y fuera de las instituciones de educación en México. Naturalmente esta narración la haré desde mi experiencia personal en instituciones oficiales en México del año 2002 al 2018. Tiempo durante el cual cursé mi licenciatura en psicología y posteriormente descubrí el psicoanálisis gracias a un criterio único, el cual tuve la fortuna de conocer y exponerme.

Tuve la dicha de asistir en la Facultad de Psicología de la Universidad Nacional Autónoma de México, a clases de varios profesores que se adherían al pensamiento freudiano y se apoyaban en títulos de maestría o doctorado en "psicoterapia psicoanalítica" o nombramientos similares. Tuve también profesores que abiertamente señalaban al psicoanálisis como una estafa y se empeñaban en contradecir sus postulados, sin poder expresarlos a detalle. Podría comparar mi experiencia en la universidad como si el psicoanálisis fuera un aderezo que bien puede faltar a la ensalada de la psicología, pero del que no se puede dejar de hablar.

Ahora bien, atendiendo lo que a mi criterio forma parte del problema que pienso abordar durante mi texto, quisiera formular la siguiente pregunta: ¿qué importancia tiene todo esto para un mexicano promedio, una persona que ni la educación básica terminó? Responder a eso es sencillo, pues son los salones avanzados de clase donde se define mucho del pensamiento que ha de dar forma a las instituciones y, por ende, al Estado mismo.

De lo que he dicho y vivido he de señalar, por ejemplo, que del descuido de los varios argumentos en contra de los postulados e implicaciones de la doctrina analítica y que son escuchados frecuentemente en los círculos universitarios, se deriva una degradación de la ciencia psicológica para reducirla a una mera técnica, en el mejor de los casos. El desconocer o negar los fundamentos psicoanalíticos en todas las áreas de la práctica de la psicología, ha dejado a la disciplina oficial sin el soporte ideológico que vio nacer un movimiento del que depende grandemente su imagen frente a la sociedad, imagen que en el peor de los casos reniegan y desacreditan. Ese es el precio que ha pagado la psicología por descuidar su propia historia en relación al psicoanálisis, como una persona que se niega fuertemente en reconocer a sus propios padres. La psicología en México pasó de tener un conflicto interno severo a reflejar sus complicaciones como disciplina frente al Estado, para ser descartada como una alternativa de acción o incluso como mera herramienta de diagnóstico por el mínimo porcentaje de la población que se encuentra expuesta a su influencia.

Esa relación que sostiene la psicología en México con la población la puedo describir como una crisis, pero dicha crisis no es posible reconocerla por medio de organismos oficiales, sino por múltiples manifestaciones en la cultura popular, que hacen extensivo el juicio sobre la psicología no solo al territorio y Estado mexicano, sino al norteamericano, por poner un ejemplo.

Ya explicare las razones por las cuales el Estado no puede ser un juez de la ciencia o de los discursos que surgen a su interior; por el momento solo baste decir que, pese a que la ciencia psicológica se empeña en demostrar su valía, es la población en general quien desconoce los beneficios de la psicología apoyada por el Estado, ya ni qué decir del psicoanálisis que por su naturaleza se desarrolla fuera de la vista del organismo estatal.

Para el ciudadano común de México, un sujeto que terminó con muchas dificultades la educación primaria, que piensa que robar es un derecho, que vive día a día comiendo de lo que puede obtener gratuitamente, que espera se solucionen sus problemáticas sin otorgarles la más mínima atención, que sostiene firmemente que el Estado tiene como obligación proveerlo de todo cuanto necesita y pueda vivir sin trabajar cómodamente; cualquier necesidad de calmar lo que pudiera surgir dentro de sí, es decir en cuanto al manejo de sus emociones, la soluciona alcoholizándose o si tiene una cultura sobresaliente del promedio, con el sacerdote de su localidad.

Y esto no es broma, me gustaría que fuera así, pero no lo es. Lo cierto es que, pese al dolor que muchos pudieran sentir por lo que estoy por afirmar, hay poblados en mi país que pueden carecer de médicos o maestros, pero no de sacerdotes. Y eso está lejos de ser un mal, en realidad es lo único que tienen. Las iglesias católicas son el único bastión de la cultura ante más de la mitad de la población de mi país. Lo afirma una persona que no practica religión alguna y que no comulga con el catolicismo. Ello no impide que pueda reconocer la presencia y labor de los sacerdotes en lugares sin drenajes y energía eléctrica. Para los habitantes de estas poblaciones vale más el consuelo de un rito con sus seres queridos, que toda la ciencia del mundo con sus verdades y técnicas.

Si para la gran mayoría de la población de mi país tener un médico es un lujo, contar con un psicólogo es un lujo extravagante e innecesario, pues hay sacerdotes con los cuales uno puede hablar.

Y en medio de una realidad social, política y económica que yo desconocía, decidí estudiar psicología, guiado en gran parte por un intenso deseo de conocer sobre el alma humana que surgió en mi a partir de una película en blanco y negro sobre el periodo de Freud en París, bajo la tutela de Charcot. No voy a negar que encontré muy sensual la práctica de la hipnosis y que guardé durante mucho tiempo la fantasía de poder manipular a la gente con un movimiento de muñecas, pero la realidad se me impuso para dar lugar a la escucha, de igual forma como método de investigación y de seducción.

Fue durante mis estudios universitarios cuando supe por rumores que para poder ser un psicoanalista, o lo que era lo mismo tener una práctica clínica, era necesario estudiar una especialidad.

Luego de terminada mi carrera y habiéndome enfrentado a las problemáticas reales de la población, me di cuenta de lo limitado de las herramientas que adquirí durante mi profesionalización, así que volví a encaminar mis pasos a ese saber que me había convocado en un principio, asumiendo que mientras más anhelaba conocer sobre la ciencia prohibida y deseada, más raro me hacía entre los raros.

Nadie prepara al estudiante en psicología para semejante distinción: si la misma ciencia médica sigue siendo desconocida o inaccesible para la gran mayoría de la población mexicana, ¿qué aceptación podía esperar una profesión, la psicología, que tiene una lucha interna tan fuerte en contra de un movimiento mundial tan notorio como lo es el psicoanálisis? La poca cultura del mexicano promedio se expresa en un silencio respetuoso hacia esos profesionales que no atinan en formar una identidad lejos del sacerdote y del médico, es decir los psicólogos.

Pude constar por las dificultades que tuve en encontrar mis primeros trabajos, que la psicología se hallaba limitada para muy pocos individuos dentro de ese gran espectro de gente que a lo mucho leerá dos libros pequeños a lo largo de toda su vida. Aspirar al psicoanálisis en ese contexto no puede ser menos que una locura. Pero fue una locura que halló lugar en mí, motivado durante algún tiempo por ese respeto que proyectaban aquellos maestros que tenían poco interés de apegarse al plan de estudios. Haciendo esta retrospectiva me doy cuenta que no lo hacían porque fueran rebeldes inspirados por la obra de Freud, aquellos no pretendieran hacer hincapié en lo limitado de la perspectiva institucional universitaria sobre la mente humana. En realidad, eran en su mayoría individuos despreocupados del legado psicoanalítico, con un compromiso personal en la búsqueda del reconocimiento y los títulos, ajenos a la formación de un universitario o tal vez aplastados por la vida institucional en México.

Fue cuando terminé mi carrera que tuve la oportunidad de buscar un lugar para estudiar una especialidad, apoyado por mi madre. Ya había trabajado por mi cuenta y bajo la tutela de varios de mis profesores, así que tenía una noción de lo que tenía que buscar a la hora de procurar el psicoanálisis. Para ese momento me había visto cara a cara con la realidad detrás de aquel misticismo y misterio, donde solo descubrí humanidad. Aun sin tener conocimiento de adonde había llegado, mis primeras experiencias en el instituto donde inicié mi formación fueron notoriamente agradables. Entre lo que puedo decir que me asombró, fue que los profesores de esta Institución leían directamente a Freud. Ellos iban a la fuente y no para postrarse delante del creador, sino para preguntarle sobre lo turbio de su creación.

Quiero hacer notorio para el lector que en general, durante toda mi carrera universitaria, habré leído por recomendación de una maestra y para entregar un trabajo, solo un texto de la obra de Sigmund Freud. Un solo texto de no más de doscientas páginas, en cuatro años y medio; menos de una décima parte de toda la obra de una de las figuras más importantes de toda la historia de la disciplina psicológica. Y esa escasa lectura no fue por apatía o desinterés de mi persona hacia el contenido, siempre he sido un lector apasionado; se trató de una acción limitada por los programas de estudio. Si mi memoria no me falla fue "Tres ensayos para una teoría sexual"; que, si bien es un texto notable, el abordaje que hizo la profesora en la universidad fue para hacer hincapié en la conformación de una noción de enfermedad mental.

Cuando llegué al nuevo instituto pensé que habrían de orientarnos con otra introducción de la obra de Freud, una de tantas que ya había leído. Quiero dimensionar este detalle para el lector, es como si estuviéramos en la escuela avanzada de matemáticas y se nos prohibiera tácitamente leer a Pitágoras, como si a un aspirante a filósofo le tuvieran que dar interminables lecciones de introducción al pensamiento de Sócrates, o bien como si le dijeran "estas muy tonto para leer a Nietzsche, lee por favor 'El Mundo de Sofia' "; libro que por cierto leímos en mis clases de "Filosofía de la ciencia" en la universidad.

Puedo comprender la molestia e incomodidad de aquellos que no han asistido a clases universitarias y acusar a su servidor de haber sido el único responsable de no leer al autor que me convocó a la Universidad. Les pido considerar que una vez que uno se inscribe en la Universidad está obligado a entregar resultados favorables a un conjunto de voluntades, demostrarles lo que implica el deseo que sostiene uno de estudiar. En mi caso ya no solo se trata de estudiar para darle a mis padres la satisfacción de que su hijo obtuviera buenas calificaciones, era mi deseo estar ahí, en la Universidad. Y por ello, al mismo tiempo que tenía que hacer felices a mis padres, tenía que entregar a los maestros lo que pedían, dejándome poco tiempo para una formación autodidacta de la psicología. Esto cambió una vez que salí de la carrera, y se vio fortalecido por mi contacto con el Instituto donde encontré el psicoanálisis.

Una segunda distinción, quizá la más destacada, es que, si bien contaba con maestros en esta nueva institución con doctorados y especialidades, ninguno tomaba otro adjetivo para sí mismo que el de psicoanalista. Habían filósofos de profesión, ingenieros con especialidades en matemáticas avanzadas, médicos, psicólogos con doctorados en muchas otras ramas, pero todos dejaban sus apelativos para abrazar el mote de psicoanalista. Eso fue radicalmente nuevo para mí, pero tenía sentido. Ya no se trataba de justificar con un papel el apego a determinados valores que le dan forma a un ser humano, ahora debía de abrir bien los ojos, escuchar y hablar solo desde mi ser y no desde aquella imagen que yo quería sostener del sabio intocable en su postura por los papeles que lo señalaban como tal.

Durante la formación temblé de pavor, reí como niño, salí mareado por el contenido, tuve sueños recurrentes de las letras ICC y CC dando vueltas sobre mi cabeza, me casé, me divorcié, tuve amantes, dejé de perseguir los blasones de la academia para abrazar otro tipo de sabiduría.

Fue durante el seminario de formación como psicoanalista cuando pude darme cuenta sobre la vigencia y dimensión real del movimiento fundado por Sigmund Freud y lo poco que tenía que ver con los casi cinco años que estuve en la Universidad. Con base a esta experiencia pude hacerme esta pregunta ¿De qué trató mi formación profesional?

Con el tiempo puedo notar que consistió en ver hasta donde influye la política mundial en la determinación de la validez de una ciencia y del conocimiento en general. Es decir, de aceptar sin cuestionar en lo más mínimo todo aquello que ya nos tenían preparado los maestros, después de todo ya contábamos con una educación y esa consiste en callar ante la autoridad, ya sea física o documental. Con el tiempo puedo valorar que se trató de poder hacer notorio, al menos para mí, que en las instituciones son más importantes las reglas para dar formato a un texto que el contenido del texto; y de que puede ser que gran parte de la ciencia oficial se ajuste a un modelo de sometimiento cultural. En otras palabras, tenemos por fuerza que someternos a los modelos impuestos por la American Psychological Association, seguir los manuales diagnósticos y estudios estadísticos hechos en otras poblaciones y ajustarnos a su modelo de ciencia, para ver al mundo, incluidos a nosotros mismos, como ellos lo ven.

Por ello ya no me extrañó el desconocimiento de los organismos oficiales o los Estados, sobre el método y conocimiento psicoanalítico. No se trata en todo caso que su falta de reconocimiento sea por su carencia de validez y efectividad, sino porque simplemente no empata con la concepción del mundo de aquella parte de consciencias que buscan dar forma al ser humano; específicamente, de la comunidad científica americana, ante la cual debemos callar y acatar su decir, e implementarlo en nuestra cultura. ¿Cómo podría un judío que vivió dos guerras dar forma a una ciencia de modo tan contundente? Simplemente se negó aquello, la historia se volvió a escribir, esta vez por manos con menos historia.

Por otro lado, quiero constar que hasta donde yo conozco, pese a que en el mundo hay organizaciones de psicoanalistas, la disciplina y el conocimiento analítico no puede presumir de un reconocimiento oficial, a excepción posiblemente de Argentina. Y esto no por un mal trabajo de los colectivos o mala organización, sino que el mismo contenido del discurso psicoanalítico, así como su función dentro de la sociedad, lo hace particularmente difícil de transmitir. Y ello no por lo complicado de sus principios básicos o por sus objetivos, sino por la naturaleza de sus declaraciones que estoy por enumerar brevemente, así como las implicaciones de estas. Por ellas no se ha hallado lugar para el psicoanálisis en las Universidades, o no sin una considerable alteración de su contenido para hacerlo empatar con los ideales de regulación social del Estado.

Esa fue la marca de mi experiencia en la psicología universitaria en México, experiencia que hasta donde tengo conocimiento, se determina fuertemente por modelos de sociedades médicas de Estados Unidos; como si las autoridades médicas de un país en teoría más avanzado pudieran determinar el andar de individuos e instituciones ajenos a su propia cultura, o como si una cultura no fuera capaz de formar a sus propios expertos; y como la presunción de mejores condiciones humanas, no movilizara a millones de individuos para buscar un sueño en su territorio.

Remarco que mi discurso no consiste en atacar la autoridad de organizaciones médicas americanas, habrá que distinguir y reconocer lo que hacen bien, pero no dejar nuestra identidad y bagaje cultural en manos de terceros. No puedo señalar desde mi postura a un "imperio yanqui" malvado que busca apropiarse del mundo, sino a un país que lucha fuertemente para hacerse de una identidad propia, donde el éxito es fundamental para poder presumir el "ser". Identidad que suele afianzarse en su relación con el mundo externo, en un papel de autoridad moral, militar o económica. No será la primera vez que hago la recomendación de dejar en paz a quien presume, será aquel quien tenga que asumir la necesidad de emprender cualquier acción para sostener su imagen de éxito.

Pero haciendo a un lado el servilismo ideológico de la psicología que me fue transmitida en la Universidad y que muy posiblemente obedezca a factores económicos antes que culturales, regresando al psicoanálisis; dado que las Universidades y sus representantes han sido los intermediarios para mostrar a los representantes del Estado el valor y utilidad de los conocimientos y procedimientos analíticos, aquella triangulación del contenido lo distorsiona a niveles insospechados. Es como si un enamorado que aspira los favores de una dama, pide a un amigo suyo entregarle a esta sus cartas de amor; sin sospechar que el amigo tiene idéntico interés en la misma señorita. Esa difícil relación entre el psicoanálisis y el Estado, influida por la academia, es buena y mala para el psicoanálisis; buena por cuanto que, al no estar regulada su práctica, no encuentra un límite en sus herramientas para atender a las demandas de la población. Y mala por cuanto a que literalmente cualquiera puede llamarse psicoanalista y no hay forma de comprobarlo, o al menos no sin los estudios o la difusión que pudiera hacerse del conocimiento, los métodos y objetivos que pueden brindar textos psicoanalíticos, como este ensayo.

A partir de mi formación pude notar que, para aquel que se presenta como psicoanalista será simplemente una cuestión de nombrarse analista y de sostenerlo, ya sea por un título o por su propia palabra, pese a que pueda tener en poco valor el trabajo de Freud y de otros analistas o incluso pese a que nunca haya tomado un solo texto de psicoanálisis para leerlo a profundidad.

Esto obedece a que sin importar el descrédito que goza entre algunos cultivados en el humanismo, el psicoanálisis sigue siendo considerado por muchos en círculos cultos como una adhesión a un sistema de pensamiento del cual uno puede presumir y así hacer alarde de una gran inteligencia. Siguiendo la recomendación ante el presumido, el resto de la población nos quedamos, en el mejor de los casos, en silencio; esperando escuchar a aquel que se dice analista para poder distinguir después de un tiempo su utilidad, tanto del sujeto como de su discurso o disciplina.

Pero mi experiencia también puedo aportar otra recomendación, aquellos que sin siquiera saber que esperar de una relación, no solo con un analista sino incluso en el amor, se entregan ciegamente a una persona anhelando lo mejor; no puedo sino desearles buena suerte, ojalá y no los maten.

Aquella tensa relación del psicoanálisis con las instituciones que representan los intereses del Estado, como las Universidades; no es nada nueva, el mismo Freud se encargó de mantenerla así durante su vida, y de velar por la identidad del gran movimiento humanístico que se inició a partir de su creación y descubrimiento. Él lo aceptaba así, no quería que eso fuera distinto y es que el peso de su influencia no era poco dentro del movimiento psicoanalítico. Por un lado, Freud podía explicar las molestias generales hacia lo que él había descubierto y por otro lado tampoco podía hacerse responsable de lo que una persona en particular hace con lo que él dijo o escribió. En cuestiones personales, todo individuo tomará la información del mundo para darle un significado específico y hacer luego algo con eso.

Una historia distinta en la relación del psicoanálisis con las universidades se contó en Francia de manos de Jaques Lacan, generando un eco que sigue haciendo presencia en las instituciones al día de hoy.

En cuestión de las instituciones, de acuerdo a la realidad social de un país como México, veremos pronto que en la materia que aborda el psicoanálisis, la regulación estatal es totalmente imposible. Es como querer definir de antemano el significado que los individuos hacen del mundo; intento que asumen muchas instituciones, estatales o civiles, sin mucha efectividad, por las razones que voy a considerar.

Desde mi experiencia, el psicoanálisis se tiene en las Universidades como un conocimiento que es fuente de fuertes pasiones. Recuerdo a un querido profesor, Héctor Lara Tapia, haciendo burla del psicoanálisis en cada una de sus clases, llamándolo "Circoanálisis". Envidias asesinas, anhelos desesperados, un discurso despreciado y atacado casi con la misma intensidad con la que es deseado por no pocos estudiosos. Pero ¿qué tiene de especial? Trasladaré ahora la atención de las pasiones de algunos académicos, que no pueden sino resultarme fascinantes, al contenido general del discurso psicoanalítico, para desglosarlo poco a poco a lo largo de los siguientes capítulos.

En primer lugar, eso que le da su fuerza particular se hace notar a raíz de las dificultades a las que se ha enfrentado.

Si bien antes me permití señalar la crisis que afecta a las instituciones oficiales, podemos presumir sin mucha dificultad que la disciplina analítica no puede padecer de dicha crisis. Y la razón por la cual se puede enfrentar de modo distinto a la misma situación, es porque siempre ha sido cuestionada, es decir, siempre ha estado en crisis. Por tanto, y por la fuerza de ese cuestionamiento, como psicoanalistas contamos con una gran experiencia en el conflicto que caracteriza el hecho de andar justo en los límites que dibujan a la humanidad.

Personalmente es como si hubiera cedido mis empeños de encajar entre mis semejantes, es decir que pasé de evitar la diferencia en la medida de mis posibilidades a enfrentarla y hasta agradecerla, así como reconocerla no solo como el origen de los posibles problemas que pudiera enfrentar, sino como un valor fundamental para el funcionamiento de la sociedad en general. De esa manera también llegué a reconocer el valor de mis propios errores e incluso el valor de las demás personas en su particular forma de ser. A mí, en lo personal, el contacto con el psicoanálisis me ha llenado de vida y fuerza, pero de ser honesto soy una excepción, y de aquellas experiencias distintas a la mía puedo entender que no depende de las bondades propias de una disciplina o de la repetición al infinito de un conocimiento en particular, sino de lo que hacemos con eso.

No hay, por lo tanto y desde mi experiencia, una sola disciplina o conocimiento bueno por sí mismo, y eso lo podemos notar en como aquellas intenciones como la pureza y la santidad han sido escudos ideológicos para asesinatos masivos. Esa misma relación nos permitirá distinguir entre la utilidad y valor real de cada disciplina o conocimiento, pues si nos sentamos a esperar que el conocimiento cambie por si solo nuestras circunstancias personales o sociales, es muy posible que esperemos por mucho tiempo y no veamos en realidad ningún cambio, ya que el conocimiento sin exponentes es letra muerta o una bonita intención y nada más. Debemos el desarrollo de las disciplinas a sus exponentes y son ellos quienes sostienen el conocimiento al prestarles sus cuerpos. Freud es el ejemplo de un representante que no solo gozó de la fama, sino que padeció de los conflictos por sostener una postura y un conocimiento que lo puso "en crisis" en más de una ocasión.

Regresando a la disciplina psicoanalítica, para poder representar su permanente crisis les pido imaginar a una disciplina que desde sus primeros días sostuvo fuertes problemas por una frase tan sencilla como "hombres histéricos", que algunos médicos tomaron literalmente como "hombres mujeres" o "hombres con útero". Eso es muy importante, pues el psicoanálisis nació de la medicina. En otras palabras, es como si el padre de quien lee esto le tachara de loco solo por decir lo que vio o bien el hacer uso libre de palabras que le resultan útiles para describir lo que experimentó en carne propia. Según aquellos médicos, no se debe anteponer la experiencia de una persona al orden de una disciplina.

Luego agreguemos a la dificultad de un vocabulario especializado, nacido de la rama médica encargada de los espíritus torturados, heredera a su vez de diversas interpretaciones de las grandes tradiciones griegas; el hecho registrado por la historia de que el psicoanálisis reconoce el goce sexual como presente en toda la vida humana, aun en la más tierna infancia. Y para colmo lo señala como el motor detrás de cada acto humano, incluso de los más horribles y aberrantes.

Dejemos en claro que, por la experiencia que brinda la clínica psicoanalítica, somos testigos que desde la más tierna infancia los pequeños encuentran placer sexual en actos sádicos o masoquistas; y que, en cuestión de la ya nombrada regulación social, hay muy poco que podamos hacer al respecto. Condenarlos no sirve de nada, más que para hacer que los infantes se escondan, persistan en sus placeres, se sientan culpables por ellos, teman por su vida y adopten la miseria y el miedo como marca característica de lo humano.

Antes bien invitaría al lector y a los representantes de los Estados, a hacer un recuento de como aquellas formas de relacionarse con el mundo por el miedo perviven en sus propias vidas, e invitarlos a considerar de que maneras pueden aprovecharse sus propias perversiones para sostener cada vez mejores condiciones de vida, tanto individualmente como en conjunto.

Por otro lado, a esos infantes escondidos ya sea en el cuerpo de un adulto o en un cuarto oscuro, quiero avisarles que ese mundo que les han procurado imponer, en realidad no existe, es solo una apariencia o una pretensión. Eso que condenan y persiguen en ustedes, sus persecutores lo obtienen o lo obtuvieron de otras formas. A veces quienes los persiguen se esconden para procurarse exactamente lo mismo que condenan en ustedes, o a veces les basta negarse a ese placer con todas sus fuerzas para buscarlo y combatirlo todos los días de su vida, con una intensidad que nos permite ver que el mismo placer se puede encontrar en la negación de sus deseos. Si hay algo que vale la pena temer es a la ignorancia y en cuestión de placeres, al parecer no hay lugar en la organización de ciertas personas para los placeres de los otros, por eso les pido no hagan público lo que hacen ustedes para obtener placer. La envidia también puede tomar la forma del odio y la repugnancia, no se expongan abiertamente al criterio ajeno o pueden resultar dañados.

Tendremos entonces razones valederas por las cuales encontraremos que los primeros en escandalizarse con el discurso psicoanalítico son aquellos que niegan todo lo relacionado con el placer; que de ninguna manera se limitan a los practicantes de un particular dogma religioso. El psicoanálisis no solo escandaliza a sus padres ideológicos con su decir, sino a todos aquellos que han establecido en base a su experiencia o por rumores, una relación entre el placer y la muerte.

Y luego, si añadimos que para el psicoanálisis la mente no es lo mismo que el discurso que sostenemos o que tampoco podemos igualar nuestra mente a nuestra voluntad, tendremos un panorama histórico para que los lectores comprendan porque el psicoanálisis es algo así como el patito feo de las humanidades, como se expuso rápidamente en la introducción. Semejante juicio lo ha llevado al descredito y a ser considerado como una necedad retrograda entre un considerable número de bien intencionados científicos humanistas. Quienes también señalan, por si fueran pocas las razones expuestas anteriormente, el escaso interés del psicoanálisis en apegarse al método científico, estandarte y baluarte de la razón. Entonces si fuera una persona, se nos presenta superficialmente como loco, pervertido y hereje, para colmo de males.

Pues bien, ese terrible discurso está tan vivo como lo estuvo hace cien años; y la razón de ello, o al menos la razón más inmediata para mí, es que encuentro un gran placer en cuestionar, indagar y hablar de él, pese a que mis piernas tambalean al contemplar la tarea que me he propuesto. Aun así, independientemente del placer o miedo que su servidor pueda experimentar, soy testigo de que hay provecho en sostenerlo como algo más que un mero discurso. Ahora que, si ustedes gustan verlo así, como la locura irreflexiva de algunos hombres y mujeres "aislados de los progresos de la humanidad", sepan que eso que llaman locura es un conocimiento válido y una disciplina científica digna de experimentar, sepan también que aquellos progresos de los que presumen en su mundo civilizado tienen costos, entre los que puedo nombrar el aislamiento de un considerable número de pueblos e individuos de lo que ciertos sectores denominan como "el conocimiento válido". La historia nos enseña que no solo las iglesias organizan inquisiciones, y en el caso particular del psicoanálisis, el ser cuestionado solo lo ha hecho más y más fuerte.

Confío que presentaré la evidencia para que cada lector pueda hacerse de un juicio al respecto y no se limite a abandonarse ante lo dicho por su servidor o por cualquier otra persona. Lo que me lleva a la segunda pregunta.

¿Por qué este libro y no otro?

Nuevamente, no puedo contestar esta pregunta sin valerme de mi persona una vez más. Si he de destacar este texto sobre otros, al respecto del mismo tema, es por la experiencia que he adquirido gracias a mi cultura y mi país.

En el México de finales del año 2018, vivir es un hecho que debe su ocurrencia en gran medida a la arbitrariedad y a un relativo aislamiento entre cada uno de los que formamos la sociedad mexicana. Pero, al contrario de aquel aislamiento de ciertos sectores de la población por un "conocimiento y ciencia verdadera", nuestra distancia obedece más a una precaución que la experiencia nos indica como valiosa ante ciertos connacionales o agrupaciones de estos.

Como mexicanos promedio, más nos vale cuidarnos de todos, y en especial del gobierno. Robos millonarios, desapariciones de multitudes, asesinatos terriblemente crueles, secuestros millonarios, fraudes descarados... todos estos actos cometidos por nuestros representantes. Aquellos quienes deberían prestar sus funciones para sostener al conjunto conocido como México, procuran antes evitar la molestia que les pueda representar cualquier trabajo o delegarlo a aquellos pobres que guardan una esperanza de obtener un lugar en el gobierno, mientras que los primeros toman todo el crédito, ofreciendo negativas de atención a la población y presentando estadísticas manipuladas para maquillar la realidad de su ineficiencia institucional. Al tiempo que toman todo lo que pueden de los recursos públicos a manos llenas, para luego autoexiliarse en algún país europeo, sin importarles en lo más mínimo el dejar al país sumido en la miseria de las bonitas estadísticas. Con esto no condeno la utilidad de la estadística, sino que cuestiono su valor como instrumento de auto medición y auto evaluación. Tampoco señalo un solo crimen cometido por funcionarios públicos, México parece generar esa cultura del desprecio por el valor del otro.

E independientemente de las decisiones particulares de algunos gobernantes o administradores de los recursos públicos, hay que tener mucho cuidado con el mexicano promedio, pues nosotros tenemos como un valor cultural la burla. Si hemos de burlarnos de la muerte misma para procurarnos un alivio a nuestras penas diarias, ¿por qué no hemos de encontrar motivos para reír a costa de los demás, e incluso de las leyes mismas? Para todo aquel que no sea mexicano, les pido imaginarse el poder ver a Dios a la cara y burlarse de el por cualquier cosa. Podría ser considerado como una ofensa a la divinidad, pero para la gran mayoría de mis connacionales es el único consuelo que tienen ante la vida, que se les presenta siempre fría. Una expresión de este carácter oscuro de la vida se puede observar abiertamente en la película "Macario" de 1960, las manifestaciones más recientes incluyen la declaración de Guillermo del Toro, sobre la relación del mexicano promedio con la muerte.

Si culturalmente preferimos reír a costa de la vida ajena, y a esto agregamos la poca efectividad de nuestras instituciones y sus procedimientos; aquel que ve sus intereses o su persona afectada por los actos de un individuo en particular o incluso por la administración de las instituciones, el ofendido obtendrá poco o ningún apoyo por parte de las mismas instituciones oficiales para resolver su dilema y procurarse de esa manera algún atisbo de dignidad o incluso las condiciones más básicas para procurar su vida. Parecería que el camino a la dignidad o la vida misma en México no pasa por las instituciones, casi podría asegurar que por ninguna. Y lejos de ser una intención de pedir por su desaparición, es su cuestionamiento la forma en la que me aseguro su supervivencia, de la misma forma que el psicoanálisis sigue vivo.

Nos conviene atender esa incomodidad o molestia por su mal funcionamiento, y al mismo tiempo es menester atribuir la carga de su ineficiencia al pueblo, no solo a la administración pública; pues por experiencia propia conozco el poco interés que tiene el mexicano por el conocimiento de sus propias instituciones, en cuanto a su función y valor. Nuevamente, al Estado mexicano, independientemente de los colores de su administración, le digo que soporte los cuestionamientos; pues por un lado es imposible complacer a todos y por otro lado en el momento en que no le pidan nada, dejará de tener sentido y desaparecerá como organismo necesario para traer orden. Ahondaré en esta paradoja más adelante.

Lo que he dicho sobre la relación del mexicano promedio con el Estado, no es una crítica, es historia. Así ha sido la realidad política y social de mi país, casi desde que tengo uso de razón. Yo en lo personal no puedo culpar a alguien en particular o a los diversos proyectos de nación que he visto pasar, sino a toda una cultura de permisividad e impunidad generalizada en todo el país, cultura que vemos repetirse una y otra vez sin importar los valores humanos que alguna institución académica, política o religiosa presuman como suyos. México es una herida abierta en la civilización, una herida que se niega a cerrar.

Pese a la crisis que caracteriza a lo que algunos estudiosos no dudarían en llamar un "Estado fallido", he de destacar una pregunta muy seria y un tanto feliz, ¿cómo es que se sostiene un país sin instituciones funcionales como México?

Es en esta dinámica de terrible incertidumbre en donde encuentro las ventajas de encaminar mis pasos a la historia, que es también fuente de material para el psicoanálisis, y de poder localizar en otras latitudes y tiempos los mismos atropellos cometidos muchas veces en nombre ya no de un individuo o de un Estado, sino de la justicia y la razón. Ello me autoriza a rescatar el valor de mi cultura y de mi persona, pues me permite reconocer el valor de la experiencia que puedo denominar como vivir entre lobos y no entre gente que presuma su alto grado de civilización.

En otras palabras, yo soy parte del Estado mexicano, sin gozar al día de hoy de un puesto en la administración pública; al final no me hace falta un trabajo en el servicio público para apropiarme de una identidad. Si soy capaz de afirmar que soy mexicano, quiere decir que yo soy México; y al mismo tiempo eso significa que me identifico con toda su historia, con toda. Reconociendo todos y cada uno de sus hechos y actores como parte de mi propia vida. Pese a ser pacifista y preferir la separación física a la agresión, aquellos asesinos de masas que han desaparecido a comunidades enteras a lo largo de siglos son parte de mí historia. Pese a que mis padres eran estudiantes de secundaria cuando ocurrieron tan lamentables hechos, yo soy la matanza de 1968. Yo soy hijo de un pueblo sometido y conquistado, pero que encontró la forma de sostener la adoración de sus dioses después de siglos de evangelización. Yo soy heredero de la "traición" Tlaxcalteca y heredero también de dos grandes apellidos de la historia de España. Llevo el bronce en mi piel y el chile en el alma.

Al hacer este recuento tengo muy presente el reclamo "2 de Octubre, no se olvida", que señala la eterna identificación de los manifestantes con las víctimas de la trágica noche del 2 de Octubre de 1968, cuando "el gobierno asesino" mató a los estudiantes en la plaza de Tlatelolco. Siempre llamó mi atención que el pueblo tiende a señalar al gobierno como la encarnación de la maldad, independientemente de las vidas que se prestan para darle forma. Entonces, para alguien que sostiene esa frase, el gobierno de Diaz Ordaz es lo mismo que el gobierno de Carlos Salinas, Vicente Fox y Enrique Peña Nieto. Como si estos no fueran mexicanos, hijos de mexicanos y formados en las más diversos contextos de su país. Como si no tuvieran ninguna relación con ellos, solo por el hecho de que son investidos por los poderes de los que es capaz el pueblo mexicano. Para el mexicano promedio, la investidura del poder significa un motivo para despreciar al prójimo... hasta que es beneficiario de la investidura de aquel para obtener un trato especial dentro de alguna institución.

Es por ello que es mi decisión identificarme con los "asesinos", sin hacer énfasis en mi identificación con los asesinados. Si el lector prefiere identificarse con los muertos, es una decisión respetable que yo no comparto pues creo que ya hay una gran porción de los mexicanos que gusta de identificarse con las víctimas, antes de poner en evidencia que su pasividad y apatía hacia todo y todos permitieron tales actos. De poco sirve llorar por el niño ya ahogado en el pozo que nadie se tomó la molestia en tapar; pero ante la repetición de semejantes actos frente a la tragedia, una tal parece que como cultura nos gusta más celebrar las tragedias antes que trabajar por un mejor mañana. Por mi parte, si me identifico con los asesinos, es porque, nos guste o no, la muerte es también un factor de orden; orden que, si la sociedad o el Estado rechaza, se impone por naturaleza. Ya ahondaré en esta desagradable realidad.

Con este texto me he propuesto presentar el psicoanálisis a los demás, a la humanidad. Pero no a cualquier humanidad, pues yo considero a mis semejantes como a lobos entre los hombres. Y creo que, si he de usar esa expresión pues me ha resultado tan útil y valiosa en el pasado, y me parece tan apropiada para el tema que quiero abordar, me veo obligado a dar un poco más mí, a nombrar aquello que encuentro reflejado de mi persona en esa frase. Mi propio carácter de lobo.

Mi frase está inspirada en un gran escritor latino que vivió cientos de años antes que Cristo y en una variación de dicha cita que fue popularizada por el filósofo Thomas Hobbes, que rezaba: "el hombre es el lobo del hombre". Solo eso necesito, sin nada más. De esa forma evitaré alterar al lector, o alterarlo más de lo que ya lo he hecho gracias al título del presente ensayo; con noticias pasadas, presentes o una proyección a futuro sobre la humanidad.

En semejante comparación podemos hallar un elemento que nos une a todos: Somos, fuimos y seremos lobos, los unos para con los otros. Podemos vestirnos elegantemente y perfumarnos, educarnos en las mejores escuelas y ordenarnos como los más altos sacerdotes de las más excelentes y demandantes religiones; de tal forma que dejemos de hacer muchas de las cosas que sabemos hieren a los demás. Y no solo eso, sino esforzarnos realmente fuerte para evitar el sufrimiento propio y ajeno. Pues bien, todo eso no eliminará nuestra tendencia a herir, del mismo modo que no nos evitará la molestia al encontrar sujetos o situaciones que en otro momento creímos imposibles por el grado de violencia y desprecio que demuestran hacia su propia vida o la de los demás.

En ello podremos ver que el espanto que obtendremos como sociedad se debe en gran parte al esfuerzo por negar nuestra naturaleza depredadora y del mismo modo podremos contemplar como el valor de nuestra herencia como civilización saldrá a relucir, en contraste con aquello que buscamos esconder de nosotros mismos. Y es que, conforme a nuestra historia, en apariencia nos gusta ser temidos, nos gusta cazar de noche, nos gusta ir tras la presa que consideramos débil y apropiada para comer o simplemente para matar, por el gusto, porque podemos, no porque debamos. Y eso, pese que el lector pueda señalarlo y condenarlo como un gusto muy mío, sin tener el menor conocimiento de mis actos como persona; lo encontrará permanentemente en todos los lugares y culturas. En la calle, en el transporte, en las escuelas, aún en la universidad, en las oficinas, con los amigos, con las parejas, en los jardines de infantes de países del así llamado primer mundo; y me refiero a los niños, no necesariamente a los cuidadores de aquellos.

Las presas pueden ser distintas y los medios para procurar su destrucción pueden variar, pero el ejercicio del poder suele ser el mismo en los dos sexos y en todas las edades y culturas. De no ser así, no tendríamos necesidad de códigos de conducta y esos los encontramos en cada cultura, sin importar su tiempo y las condiciones a las que se hayan enfrentado.

Creo valioso señalar que las grandes diferencias que encontrará el lector entre el autor de estas palabras y aquellos transgresores de la ley es la postura al respecto de esta última, y el valor que le atribuyo a la palabra como un medio de actuación muy efectivo a la hora de poner en práctica mis impulsos destructores y sádicos.

Yo no necesito poner en peligro la integridad física de una persona para hacerle saber que no quiero volver a verla, del mismo modo que al reconocer la posibilidad de mi sadismo me brinda un relativo control sobre aquel. Pero, porque puedo reconocer la diferencia, he de advertir a todo lector que no a todo ser humano le es posible adquirir cultura, que en este momento he de definir como el potencial valor de la vida ajena; a la cultura del párrafo ante pasado, la he de definir a su vez como el fruto de las condiciones a las que estuvo sujeto cada individuo y grupo en el globo terráqueo en un momento particular.

Si atendemos al hecho de que las transgresiones a la ley o los mismos atentados en contra de la dignidad de la humanidad son parte permanente de la historia universal, parecería que nada puede detenernos, y estamos condenados en procurar nuestra propia destrucción y la de los demás, pese a los complicados mecanismos que sostenemos para contener nuestros involuntarios, o tal vez muy deliberados, actos destructivos. ¿Puede el psicoanálisis brindar un panorama distinto? No quiero adelantar la respuesta definitiva, pero les puedo avanzar que la dignidad es al mismo tiempo un derecho fundamental y algo por lo que se lucha fuertemente por parte de todos y cada uno de los que formamos esta y cualquier otra sociedad. Lo que me lleva a la tercera pregunta.

¿Por qué hablar del crimen en un texto psicoanalítico?

Por si no bastaran las razones expuestas anteriormente, que colocan al psicoanálisis como un discurso que permite dar cuenta del origen de la posibilidad de la transgresión misma, y que será detallada ampliamente en las siguientes páginas; la disciplina que nos ocupa tiene entre sus ventajas el poder acoger las distintas ramas del saber humano para dotarlas de una dimensión distinta, sin anularlas. Y por ello, puedo señalar una característica muy particular del alma humana, la de moverse en diferentes dimensiones al mismo tiempo.

En otras palabras, me siento obligado por mi formación y experiencia a concebir la posibilidad del crimen como algo más que la transgresión de la ley, al dotar a la figura humana y legal de una o dos dimensiones extra. Y esto lo creo apropiado porque pese a la mezcla en los discursos que son usados para la construcción del lazo social el día de hoy, la gran mayoría obedece desde mi criterio, a una repetición incesante de la misma encomienda, sin considerar las posibles diferencias en la creación individual de la norma. Ya en la introducción hablé de niveles, es momento de profundizar un poco al respecto.

Para hacer notar los niveles no dudaré en señalar dos realidades que considero valiosas, la primera es la más importante revolución de esta generación: la facilidad en el intercambio de la información. Ese sencillo hecho marcará de forma rotunda la dinámica que establecemos con los demás seres humanos, y esto a su vez está en camino a modificar permanentemente a los organismos oficiales; pues no hay una certeza al día de hoy, dada la facilidad del intercambio de información, en la definición de los diferentes niveles, categorías o dimensiones en los que puede situarse un solo individuo en su vida cotidiana gracias al uso del lenguaje. Esta facilidad ha puesto en evidencia que el tejido social está conformado por una serie de discursos que se sobreponen los unos para con los otros buscando imponer un particular punto de vista como valido, sin tener la posibilidad de dar lugar a la diferencia desde otra perspectiva que no sea la de la supervivencia.

Por muy complicado que esto pueda sonar, es en realidad muy sencillo, pues no se trata de simplemente exponer una postura, sino buscar la supremacía de un discurso ante un ambiente hostil, no es una cuestión de derecho, sino de supervivencia. Puedo notar en semejante dilema una separación rotunda entre el ideal del hombre civilizado y el rasgo lúdico y ligero del alma infantil que permea profundamente en la concepción de toda institución humana, y que sigue el modelo de la revolución industrial:

producción y rapidez; utilidad, efectividad y funcionalidad como manifestación de la esencia de las cosas.

Podría comparar nuestra situación como civilización a un hombre que ha olvidado cómo jugar, perdiendo así una valiosa perspectiva de la experiencia que lo hace hombre.

La segunda realidad que me invita de continuo a seguir escribiendo se la debo a mi experiencia personal y a mi particular forma de concebir al Estado como algo más que un mecanismo con sellos oficiales, instituciones propiamente hablando. Se la debo, más específicamente, a todas aquellas víctimas que estimaron como preciosas sus malas condiciones de vida actuales, por sobre una incertidumbre futura que bien pudo haber extendido sus vidas por mucho más tiempo y mejorado sus condiciones de existencia. A aquellos les debo la motivación para hacer un llamado a todos y recordarnos que el tiempo que compartimos es muy limitado.

Lo que he descrito hasta ahora como una crisis en los organismos oficiales se debe en gran medida a su postura frente a la demanda de las grandes masas de individuos. Por dicha crisis, los representantes de esos macro organismos podrían beneficiarse de lo dicho por el psicoanálisis desde hace poco más de un siglo, en particular a lo referente a la doctrina de las pulsiones y su relación con el deseo.

Dicho lo anterior me gustaría señalar que en este texto no se tratará de definir un crimen, para eso hay leyes y deberían ser tomadas en cuenta tal cual están escritas. Con este texto señalo a un lugar más íntimo, al espíritu mismo de la humanidad, de toda la humanidad; apelo más bien a formular el origen de la posibilidad del crimen y con ello a replantear la posibilidad de la justicia, tanto para los Estados como para los individuos.

La justicia la entenderemos por el momento como un valor social, que depende directamente de la aplicación de las leyes sobre las condiciones en las cuales se desenvuelve en un individuo, que un Estado reconoce como un sujeto de derecho, o un sujeto que puede elegir su destino, que puede practicar su propio derecho; pero no podemos limitarnos a la interacción del sujeto con un Estado. La diferencia de este texto con cualquier otro en cuestión de justicia es que me he encargado de señalar los límites que tiene el Estado en la procuración de la justicia, poniendo particular énfasis en la capacidad de cada individuo para procurar la justicia en su propia vida.

Y, por ello, me urge aclarar que no necesariamente se alcanza la justicia por medio de la práctica de la violencia. Esta no es, ni será una invitación a ir agrediendo a diestra y siniestra, aún por las más inocentes o desgarradoras afrentas, y buscar así la justicia o la paz por lo que creemos es válido en nuestra vida. Si alguien agrede tomando estas palabras como una invitación a hacerlo, debe ser tomado como una interpretación de aquel hace de esto. No puedo disculpar la conducta de nadie, ni hacerme responsable por lo que aquellos hacen con mis palabras; del mismo modo que no podemos culpar al Estado, la iglesia o la educación porque un individuo tome sus ideales más preciados para castigar o matar a todo aquel que pensara diferente.

Queremos vivir, o eso decimos, y por ello buscamos que los sistemas que hemos creado como civilización funcionen de manera adecuada, para procurarnos las mejores condiciones de vida posibles. El problema radica en que todos los mecanismos sociales se topan con una figura humana un tanto voluble y volátil, dadas las dimensiones presentes en un solo individuo en un momento dado, ya ni hablar de las variaciones que pueda exhibir ese individuo con el paso del tiempo. De ahí el valor de este texto para las instituciones, pues se trata de un empeño para reforzarlas desde su base, es decir desde su capacidad para acoger el deseo mismo de sus consultantes.

Por otro lado, si nosotros como individuos ajenos a una institución gubernamental, para ilustrar la dinámica global de la humanidad, limitáramos la figura del Estado a los gobiernos que representan a los millones de seres humanos que viven en un solo país, estaríamos en un error. Ellos no son el Estado, sino sus representantes. Y para ilustrar esta perspectiva, veremos que aquellos representantes buscan aliados en todos lados, debido a que su tarea no es nada fácil. Y en las formaciones de esas alianzas veremos que tanto la religión como la ciencia, se han olvidado de sus diferencias y han tratado de ajustarse a los intereses comunes, para poder extender el empeño que los mandos hacen para conservar lo que tienen. Y con esto no me refiero al goce de los poderes económicos y políticos, sino a la fuente de esos poderes; es decir, el conjunto vivo de la gran masa humana. En otras palabras, la tarea de los gobiernos radica en contestar de una forma u otra a la pregunta ¿cómo puedo sostener a mi población?, ¿cómo puedo evitar que no se destruyan entre ellos? Creo que no cometería ningún atropello si generalizara la cuestión a una sola pregunta para acoger la intención de las disciplinas que nos ocupan ¿Qué podemos hacer para que el ser humano no se destruya a sí mismo?

Esta permanente incógnita se traduce en un poder inconmensurable y multiforme, del cual aquellos representantes son quienes pueden dar testimonio de su fuerza y alcance, aunque sostengo que ellos no lo pueden modificar o canalizar con total seguridad por lo grande de la tarea y lo limitado de sus herramientas. La tarea de los gobiernos es comparable a querer detener el cauce de un río solo con hablarle; en teoría es muy impresionante, pero solo desgracias ocurren al esperarlo. Y ante la inminente desgracia, para algunos es mejor sentarse y disfrutar de lo que cada día puede ofrecerles; el mexicano promedio es un buen ejemplo de ello. Pero lejos ser observadores pasivos, uno de los objetivos del texto es identificarnos como mexicanos, es decir señalarnos como parte del Estado mexicano, invitar al lector a hacer algo desde nuestras trincheras frente al espectáculo que es fuente de una permanente impotencia e incomodidad.

En resumidas cuentas, todos y cada uno de los seres humanos sostenemos a un titán llamado civilización. Un titán que parece tambalearse desde su mismo nacimiento; si está borracho o herido, no se sabe a ciencia cierta, pero se tambalea. Me he propuesto ubicar el motivo de su convoluto andar en aquello que entiendo como sexualidad infantil. Yo lo veo ebrio de amor y me explicaré al respecto.

Como humanidad debemos al psicoanálisis el acoger la dimensión del placer, del deseo y del amor, particularmente el infantil. Algo que ya he presentado al lector, pero de una forma muy simple y directa, y por tal atrevimiento creo necesario una explicación que extenderé a lo largo de todo el ensayo, dada la bastedad de sus manifestaciones e implicaciones.

Veremos en las siguientes páginas un ordenamiento muy personal de la figura humana, un ordenamiento que tiene como propósito concebir las posibilidades orgánicas y sociales de todo ser humano, independientemente de su cultura y su tiempo. Es decir, dar un contexto mucho más amplio de lo que entiende un lector por la sexualidad infantil y el crimen.

Y para ello, he de valerme de mucha historia, personal y universal, de mi criterio y de una experiencia muy rica. Experiencia que me pide identificarme como heredero de un saber devaluado por los discursos oficiales, o aún por las expectativas personales de mucha gente. Un saber complicado y a veces confuso, pero que para mí ha sido motivo de alegría y mucha fuerza. Un saber que demanda sus sacrificios, pues no es un dogma más al servicio de los intereses colectivos. Un saber frustrante e imposible de dominar, pero que para mí significa la total libertad y la creación de nuevas e infinitas posibilidades. Un saber único que busca colocar a la figura humana en un cuestionamiento directo sobre su naturaleza particular, sobre aquello que lo conforma en su más profunda intimidad y que se ve reflejado en una realidad social que no conoce fronteras o leyes ajenas a su propio deseo.

Dicho en otras palabras, el psicoanálisis trabaja con la sexualidad infantil de todo consultante, aunque tenga 80 años o sea un organismo conformado por millones de seres humanos que hablan distintos idiomas. Una sexualidad que vemos plasmada en tantas formas que me resultaría inútil tratar de enlistarla o describirla, pero si hemos de empezar a estudiarla, expongamos un ejemplo muy común.

Lo siguiente lo escribí por un amor, el ejemplo que la vida me expuso de como mi propia infancia no se ha ido después de casi 36 años.

2
El peor momento

Este parece ser el peor momento para escribir. No puedo hilar dos pensamientos coherentes, por lo menos no desde el día de ayer. Hace unos días conocí a una chica mientras caminaba con mi perro, y apenas ayer acordamos salir para pasar una tarde juntos. Fue un tiempo que se nos pasó rapidísimo, lo cual me indica que fue grato para los dos. Comimos, compramos algunas cosas y regresamos hacia nuestro rumbo. La dejé en su casa y nos separamos para seguir atendiendo lo que solemos hacer el día a día.

Llegué a mi casa inquieto, canté un par de canciones y quise dedicarme al presente ensayo, pero me fue totalmente imposible. El contenido que había revisado una y otra vez en el pasado me parecía pesado y de difícil comprensión, como leer a Lacan. Además, ella seguía invadiendo mi pensamiento y por más que quería empeñarme en el texto, miles de fantasías me asaltaban. Estaba muy feliz, ¿ella sentiría lo mismo?

Al escribir una de las versiones pasadas de este ensayo, ¿o habría sido otro ensayo?, no sé, en fin; había hecho una fuerte crítica al amor, ¿cómo podemos demandar que otra persona nos pertenezca en cuerpo y alma cuando ni siquiera nosotros podemos presumir total posesión de nuestro propio ser? Y en este preciso momento, siento tantos deseos de estar con ella ejerciendo mi voluntad de dedicarme a lo que ella quiera, haciendo cualquier cosa… siento un nudo en la garganta, pues no me creía capaz de esto. Estoy dispuesto a hacer lo que ella quiera, incluso a largo plazo.

Sin el mayor esfuerzo por parte de ella, he caído rendido a sus pies. Cuanto había criticado no solo el anhelo de posesión de otro ser, sino el deseo de pertenencia a otra persona, y ahora me veo víctima de aquello que soy capaz de identificar claramente como un resto de mi propia vida sexual infantil. Una mezcla de miedo, pero que digo miedo, es pavor y felicidad conmueven cada célula de mi ser. No exagero, estoy temblando. Quiero verla.

Ya he estado aquí, ya he experimentado esto antes y no solo con mis dos padres, quienes despertaron en su momento fuertes pasiones en mí, hasta el punto de esperarlos ansioso siendo un niño solo para saludarlos después de un día de trabajo. He vivido el mismo sentir al menos con otras cinco chicas, incluida por supuesto mi exesposa. No soy ajeno a esta presión en el pecho y pese a la experiencia, mi corazón sigue latiendo fuerte e incontrolablemente, no me es posible calmar mis fantasías, que por momentos parecen tener vida propia.

Recuerdo con cierta vergüenza como frente a ella pierdo el control de mí mismo, al punto de que tartamudeo, sudo y empiezo a hablar de forma desordenada. ¿Por qué me pasa esto?, ¿no soy acaso un hombre adulto?, ¿no soy un psicoanalista?, ¿no he vivido incontables momentos dulces y amargos al lado de muchos amores?, ¿no he escuchado a muchas personas hablar sobre lo más crudo de la experiencia humana del amor? Si, lo he hecho, lo he vivido y lo he pagado; y aun así siento el ardiente deseo de abandonarme ante esta vivencia de amor renovada, abandonarme al menos por un momento. Pues la experiencia me dice que por un lado es inútil pelear con el sentimiento, y por otro lado este sentimiento pasará. Veré y seré visto sin el vestido que el enamoramiento nos provee, y de frente a nuestra propia desnudes, simbólica y/o real, podremos entonces crear y recrear el amor hasta que la propia vida nos alcance, ya sea que el amor muera o lo hagamos nosotros.

Mientras eso ocurre, tengo la garganta seca, su sonrisa me viene una y otra vez a la cabeza, quiero llamarla y olvidarme que el tiempo existe mientras disfruto de lo que sea que quiera darme.

Dicho lo anterior, pienso que debo aclararme un poco y escribo. Escribo esto con varios propósitos, el principal es tratar de calmarme ante esta oleada de energía que me abruma; y lo hago también en un afán de aprovechar semejante experiencia, pues el autor de estas palabras no es extraño a la usanza de sus semejantes y al poder de sus propias palabras. Por ello, como un gancho al interés del lector; quisiera retomar otra parte de mi texto pasado que todo esto me evoca.

No hay error más grande al momento de acercarse a un texto psicoanalítico, que concebir la sexualidad como una práctica genital. Justo lo que estoy sintiendo en este momento rebasa por mucho todas las experiencias sexuales, en el sentido convencional de la palabra, que he tenido a lo largo de mi vida. En esencia, ésta es una impresión que me sobrepasa y bajo la cual tengo muy poco control de lo que ocurre en todo mí ser, pues esto va mucho más allá de mi cuerpo, como si esos efectos no fueran suficientes. Ya saben, palpitaciones, ansiedad y una sonrisa boba que se dibuja en mi rostro de forma involuntaria. Como si eso no bastara, las imágenes de amores pasados, los recuerdos recientes y el deseo de un futuro similar a lo que viví el día de ayer, todo viene a mí como una avalancha ante la cual solo puedo ser testigo indefenso, como un niño recién nacido.

Por lo menos hoy, dejé de ser un ser humano que decide; me siento una víctima del amor, y no puedo hacer algo más que sentir. Y aunque pudiera resistirme, me repito a mí mismo, mi propia historia me dice que sería un necio si tratara de luchar contra esto. Me veo entonces forzado a aceptar mi necedad y hablar de mi lucha contra mí. ¿No es el amor el que llama a mí puerta?, ¿no es la chica que había soñado por tanto tiempo? Pues sí y no. No puedo ignorar lo que el mismo amor me ha enseñado durante mi vida. Es ella y no es ella, su figura puede ser al mismo tiempo una persona con maravillosas y únicas características, y una urna en donde yo deposito muchas más esperanzas y fantasías de las que ella puede en realidad sostener.

En lo que refiere al texto que el lector tiene entre sus manos, texto que representa para su creador otra urna, he hecho de la diferencia entre el psicoanálisis y la psicología un tema fundamental. Debería resultar claro desde este primer momento que, cada disciplina humanista depende de su exponente, y que a aquel le será imposible no tomar una posición frente a su propia humanidad. Semejante postura afectará fuertemente la concepción que pueda albergar el estudiado sobre su objeto de estudio.

Sensación, percepción, así como la memoria... me moría... me muero... siento que me muero, literalmente... bendito y maldito amor, que por involuntario nos fascinas tanto como nos arruinas los planes que hacemos de nosotros mismos. En fin, en el psicoanálisis se comprende aquello que definimos como la mente, como una entidad un tanto esquiva por su naturaleza autodeterminada y ajena al control de la propia conciencia. Así es, en psicoanálisis la mente no es sinónimo de consciente, sin que ello implique necesariamente un estado patológico; y al mismo tiempo asociamos la mente con una serie de mecanismos cuya lógica podemos entender e influir en su decurso.

Para muestra de esa concepción, heme aquí. En este momento y por las muy humanas razones que me afectan, me queda claro que no estoy enfermo y aun así sanaré. Por mucho que experimente estos asaltos entre recuerdos felices y fantasías ajenos a mi voluntad, esto es parte de la vida. Aunque eso no me consuela, contemplar la forma en la que semejantes estados mentales afectan mí cuerpo, no es nada tranquilizador. Es obvio para mí que estoy lidiando con una vivencia natural, estoy embargado por una felicidad tremenda, pero por su naturaleza involuntaria me resulta molesta. Esto se asemeja mucho a la experiencia del toxicómano con su sustancia preferida, tengo "síndrome de abstinencia" por una chica que acabo de conocer. Mis estudios, mi fortaleza física y mental, mi experiencia personal y profesional, todo eso de nada vale contra la vida misma y sus hermosas manifestaciones, poderosamente   hermosas manifestaciones.

De este tamaño es la fuerza de la sexualidad infantil, de ese deseo de ser y estar con otros, de hacer lo que quieran para hacerlos felices y de ser feliz a su lado. Capaz de hacernos ver nuestra suerte, cuando nos creemos dueños del mundo y de nosotros mismos.

Y de esa energía sin forma, sus derivados y consecuencias, hacemos toneladas de producciones originales todos y cada uno de nosotros, todos los días. Desde la Capilla Sixtina hasta "Despacito", de lo más sublime hasta las expresiones más desgarradoras del salvaje espíritu que todos guardamos detrás de las máscaras que nos demanda nuestro contacto con los demás.

3
Naturaleza humana
Estimulo y placer

Ya un poco más calmado de mi experiencia amorosa, quiero hacer el recuento de un solo concepto fundamental para adentrarnos en materia de la sexualidad humana, según la concepción del psicoanálisis. Debo reconocer que no es siquiera un concepto original o exclusivo del psicoanálisis, pero este adquiere derecho de ciudadanía por sus bastas implicaciones en el desarrollo de la teoría.

Por la historia de la disciplina, en lo posible me limitaré a no recurrir a conceptos previos y mucho menos inventar los míos; la única excepción será lo anímico inconsciente, pues es la marca de nacimiento del psicoanálisis, seguida muy de cerca de una palabra que puede usarse en muchos otros campos como lo es la escisión, que aquí he de aplicarla a eso que aspiro a darle forma y que podemos denominar como el alma humana.

Considero valioso distinguir el uso de estas ideas en el ámbito psicoanalítico y exponer algunas de sus implicaciones en la formación de la humanidad, en lo particular y en su conjunto. Detallaré, entonces, a lo largo la primera parte de este texto, una muy personal formulación de la representación psíquica, que significa propiamente una abstracción o una muestra tomada del mundo, hecha con el afán de dominar y someter el mundo exterior, así como ordenar el mundo interior.

Ya hay en esto el germen de toda la sexualidad humana, la primera intención de este texto es detallar esa dinámica. Y es que, por medio de la representación, podemos señalar la particular relación que establece cada miembro de la humanidad con el mundo y sus elementos, al adquirir estos un especial valor para aquel.

Del mismo modo, al desarrollar mi tesis podré ir cimentando las bases para definir y limitar las posibilidades de influencia reales de un individuo inmerso en un mar de opiniones.

Todo esto debido a que en ninguna otra teoría, esquema o aproximación a la mente humana se hace un uso tan particular del concepto de representación y de sus alcances, por lo que su abordaje me permitirá distinguir a la psicología del psicoanálisis y dotar a este de una identidad específica.

Básicamente, mi muy ambicioso propósito inicial es reconstruir cronológicamente al sujeto humano a partir de mi propia experiencia. Y para este propósito me ocuparé en hacer una historia descriptiva de la formación orgánica y social del sujeto humano, así como de exponer su relación con el placer y el deseo, según mis lecturas, estudios y experiencias me han podido guiar. Empecemos.

Tenemos por cierto e irrefutable que todo ser humano tuvo un origen puramente orgánico. Concebido por los padres durante la relación sexual o por medio de una fertilización in vitro, el no nacido forma parte de un sistema biológico compuesto de dos organismos, durante el tiempo que llamamos gestación. No sería descabellado afirmar que es durante este tiempo cuando el nuevo organismo empieza a percibir ya ciertos estímulos de sí mismo y de su ambiente, aunque de tal forma que no le es posible distinguir cual es el origen de aquello que le acontece y cómo puede tramitarlo, pues no hay forma de separarse de aquello que lo mantiene vivo.

Hay en esta primera declaración una muy importante referencia al respecto de la adaptación de los primeros seres vivos a su ambiente y que muy puntualmente señala Sigmund Freud en varios de sus textos. Adaptación que dará un giro notable al trasladar aquella experiencia al ser humano no nacido y sin embargo vivo. Habremos de identificarnos y diferenciarnos, en primer lugar, de organismos unicelulares.

Observamos que los organismos primitivos en una escala evolutiva buscan tener el menor contacto con cualquier estímulo que pudiera alterar su estabilidad interna. Sin saber realmente como aquellos llegaron a poseer la capacidad de emprender una acción, o por lo menos no hasta donde yo conozco, tomaré prestadas sus condiciones para hacer un conjunto de declaraciones descriptivas que en nada han de alterar el estado de aquellos y que me resultan muy útiles en la formación de la idea de un ser humano.

En esencia, cualquier fuente de estímulos podría significar la ruina de aquellos organismos que carecen de la capacidad de aislarse de las fuentes externas de los cambios internos, y por esa dinámica también carecen de la experiencia para diferenciar a semejantes estímulos de la influencia que pueda favorecerlos. Ahora bien, conforme el organismo se expone inevitablemente a los estímulos del mundo exterior, a lo largo de las generaciones irá ganando la experiencia que le será útil para enfrentarse al mundo y sus condiciones cambiantes. De tal forma, que aquello que percibió y que potencialmente sea su perdición, se vuelva tolerable hasta cierto punto.

Esta primera aproximación al factor tiempo y a la influencia de las generaciones previas, ha de robustecerse con la elaboración siguiente, pero no evitare señalar mi asombro ante el hecho de que cualquier civilización humana es evidencia de una herencia de incalculable valor. Pero no solo el conjunto, hablemos de todo individuo que forma parte de esas manifestaciones locales y temporales de la vida misma. Somos herederos de una historia asombrosa, aunque solo contemplemos nuestros cuerpos como parte minúscula de la historia de la vida.

Entonces, a grandes rasgos, vemos que el organismo evoluciona con el paso de las generaciones, es decir se modifica gradualmente en la historia genética que comparte con otros individuos de su misma especie, hasta que es capaz de aislarse o aprovechar el estímulo. Este trámite viene por dos caminos consecutivos, o bien el organismo se altera o altera el mundo a su alrededor; es decir, ya que le ha sido posible modificarse a fin de poder alterar de cierta forma el estado de su propia materia, podrá modificar el mundo a su alrededor a fin de hacerlo más favorable para sí mismo. Esta propuesta teórica es explicada a detalle en el texto "Más allá del principio del placer" de Sigmund Freud, y se refiere a un momento lógico en el cual lo vivo se diferenció radicalmente del resto de elementos, para adquirir sus características más notables como lo son una fuerza o potencial, un camino y una meta.

Semejante formulación se muestra relevante, pues durante el proceso de la gestación el estado general del organismo humano simula muchas de las circunstancias teóricamente primigenias. Es decir, similar a la inactividad o bien lo inanimado de los primeros organismos. No idéntico, similar; puesto que no solo no hay forma de distinguirse del mundo, también cualquier movimiento o actividad carece de sentido.

Tomemos esta primera impresión y desarrollemos sus alcances en cuanto a la formación de la representación, una vez que tengamos al menos una idea superficial de este proceso, podremos ocuparnos de los demás elementos o dinámicas del organismo primitivo y su relación con el orden social.

Si seguimos esta idea, podremos hacernos de una concepción fundamental para todo aquel interesado en el abordaje psicoanalítico de la condición humana o las humanidades: que el inicio de la vida anímica, aquello que nos caracteriza como especie y que entendemos como la mente, no coincide con el inicio de la vida orgánica de un solo individuo, sino que se aproxima más con la dinámica que establece aquel con la herencia que le ha sido transmitida. Herencia que proviene no solo de sus generaciones pasadas, como la burda aproximación de la psicología analítica del inconsciente colectivo, sino de la vida misma. Esta dinámica se ve representada en el acto natural del nacimiento, como una diferenciación o una separación entre el individuo y el resto del mundo, para empezar su madre.

Dicho en otras palabras, podríamos aproximarnos a la concepción psicoanalítica de la mente si consideramos el esfuerzo por la diferenciación de cada individuo; para lograr definir, aunque sea por un momento fugas, aquella experiencia única de un organismo frente a la vida en su conjunto. A esa lucha hemos de agregar una característica muy particular.

La experiencia y observación me permiten hacer una afirmación más que pudiera sonar un poco descabellada, por lo que sugiero considerarla a la luz de la evidencia que presentaré a lo largo de todo el ensayo.

Tal parecería que semejante proceso de diferenciación o separación no se termina de una sola vez y para siempre; sino que, por el contrario, tiende a anularse y repetirse al infinito, justo porque la naturaleza humana así lo demanda.

Entonces, la diferencia no será necesaria solamente entre el individuo y su madre, hablando del nacimiento como una separación orgánica; pues es posible observar que esta separación orgánica dará a luz a una relación cuasi simbiótica del individuo con su medio social, relación que pondrá en evidencia los pormenores y conflictos que la diada madre-hijo supone para los recién nacidos. Por un lado, el individuo menos favorecido por la relación materna, al menos en teoría, tendrá menos elementos o recursos que le permitan un desarrollo físico apto para su introducción al medio social. Y, por otro lado, podemos notar también que aquellos infantes que no pueden distinguirse en lo más básico de sus madres, es decir que son sobreprotegidos, tendrán también muchas dificultades para aceptar el mundo o ser aceptados como parte de aquel, una vez que puedan aproximarse al menos a otro elemento que goce de una cierta autonomía.

Por lo tanto, la profundidad y gradientes de separación que enfrentan los infantes en relación a su madre podrán favorecer o estorbar la integración de este al mundo. Cabe señalar que si bien la relación madre e hijo es un factor del que se han hecho muchos estudios y experimentos a lo largo de la historia, tal parecería que en toda cultura persiste un valor incuestionable de la maternidad o bien de la cercanía de una madre con sus hijos, como si esa relación fuera garante de la vida.

En todo caso, si extendemos el anhelo de autonomía más allá de la relación materna, no podemos descartar que aún la evidencia social e informal nos indica que mientras más independiente sea un individuo del resto del grupo tendrá una cierta ventaja frente a las demandas naturales, hasta que se enfrente a una situación donde sus fuerzas terminen o no le sean suficientes frente al mundo y le sea necesario el apoyo de otro individuo o de la colectividad. Así mismo, podremos notar que aún para poder cubrir las necesidades más básicas o bien para poder decir "yo necesito", es necesario que el individuo se distinga a sí mismo de su propia madre.

La dinámica anterior pone en evidencia que, si bien es casi imposible una diferencia radical y tajante del individuo con el resto del mundo o un individualismo puro casi delirante, al menos es fundamental la diferencia más básica entre el individuo en relación a su madre como organismo, conforme avancen los primeros años. Dicho en otras palabras, debido a que la relación del recién nacido con la madre se funda en la necesidad del primero, esa relación de cuidados es percibida por los infantes como una variación o extensión de la relación simbiótica, por lo que hace falta marcar la diferencia entre su impresión y la realidad. Y, si llevamos esta necesidad de separación más allá, esta diferenciación le será útil al recién llegado para obtener elementos que favorezcan su adaptación individual, con respecto al resto de su círculo social: de su familia extensa y de su pareja, por poner unos ejemplos.

Ahora, antes de avanzar, debo hacer una distinción importantísima, por cuestiones de la exposición he hecho una asociación entre la figura de la madre y los cuidados; sin embargo, dicha asociación carece de carácter real, es decir que ni una mujer que tiene un hijo está obligada a cuidarlo solo por el hecho de haberlo parido, ni podemos limitar la actividad de los cuidados a la figura de la madre. Sin embargo, lo que nadie puede negar es que el recién nacido necesita cuidados, de quien sea.

Ahora, regresando a la exposición que gira por el momento en cuestión de la situación del organismo humano recién nacido y su relación con su nueva madre, más adelante pondré en evidencia que una separación más marca de forma definitiva la vida humana, una separación un tanto involuntaria y de algo mucho más íntimo incluso que nuestra misma madre: la separación de cada individuo con sus propias fantasías o ideales, con sus propias creaciones, asociadas con su placer.

Evidencias de esta molesta diferenciación las tendremos al por mayor, por cuanto todo ser humano es capaz de poder verse a sí mismo como un otro, es decir ser para sí mismo un objeto y verse a sí mismo sorprendido o afectado por lo imprevisible de sus propias producciones, entre ellas sus sueños. Aun así, por cuanto conozco de primera mano la ceguera del espíritu humano, detallaré con calma esto más adelante. Pero antes, vayamos un poco más lento, a fin de no dejar por entendido aquello que ya he mencionado.

Me gustaría explicar a qué me refiero con naturaleza humana, aquella que nos fuerza a nacer de nuevo una y otra vez, y para ello quisiera repasar lo antes dicho, ahora con otras palabras; no sin antes hacer una advertencia.

Mucho me temo que esta dinámica de exposición de retomar el discurso previo será una constante, pues para dar cuerpo a una idea, tendré que dar vuelta al mismo tema en varias situaciones y contextos diferentes, para así dotar de dimensiones a mi decir. Me gustaría hacer una exposición limpia, lineal y sin comentarios, pero esta sería ajena al contexto histórico y cultural en el que se ha gestado esta obra; sería restarle una parte considerable de su propia identidad.

Entonces, sobre la naturaleza humana cíclica, todos los seres humanos hemos sido formados biológicamente en una relación orgánica simbiótica en otro ser humano femenino, relación que en apariencia se rompe al momento del nacimiento, pero que en realidad tal parece que se extiende a otras formas de relación del individuo con el medio, conforme aquella indefensión del infante recién nacido se torna en diferentes manifestaciones o es acogida por diferentes medios.

Pero ¿qué quiere decir indefensión? Esa palabra señala la total o parcial incapacidad de un organismo de valerse por sí mismo o de procurarse las condiciones óptimas o básicas para su supervivencia. Y, por una naturaleza propiamente humana, no puede haber un modelo más claro de dicha incapacidad que el recién nacido. En otras palabras, tal parece que hemos evolucionado como especie para tolerar en los individuos un cierto grado de infantilismo, de indefensión o una cierta inutilidad individual, para trasladar ese poder o el acento del valor individual a los esfuerzos colectivos de supervivencia, encontrándonos así relativamente protegidos de una naturaleza que aún hoy en día posee el poder para eliminarnos a todos al unísono.

Encontramos que, si abandonamos a un recién nacido a su suerte durante un tiempo relativamente corto, éste no podrá sostener su vida por mucho tiempo, dado que no puede procurarse sus propias necesidades, aún las más básicas. Primeramente, por cuanto no es capaz de controlar su propio cuerpo, su nivel de desarrollo neuronal no se lo permite; y posteriormente, porque se verá rodeado de elementos que no serán tan bondadosos con ella o él cómo el vientre materno.

Esta casi total indefensión natural en el ser humano infante no dura mucho tiempo, pues pronto hemos de observar que los pequeños, si no padecen de alguna enfermedad que afecte su desarrollo neuronal, podrán ir haciendo uso de sus extremidades conforme a su propia voluntad a los meses de haber nacido, para poder luego explorar libremente el mundo. Y, sin embargo, en un inicio los recursos corporales de los que disponen los infantes no les serán suficientes para garantizar su vida, si no cuentan con un entorno que los acoja y procure su bienestar.

Semejante dinámica tiende a modificarse más no a desaparecer del todo a lo largo de la vida humana, pues hemos de depender del medio social para sobrevivir; esto es, para vivir entre un grupo humano con considerable poder sobre el mundo. Tenemos entonces una naturaleza muy particular en la especie humana, única en el reino animal, que nos permite como grupo hacer frente a situaciones naturales como las hambrunas, que al día de hoy continúan desapareciendo a especies completas o a culturas aisladas; y al mismo tiempo, nos hace individuos relativamente capaces y dependientes de las herramientas del medio social que la misma especie se ha procurado a lo largo de una historia nada desdeñable. Por dicha adaptación, que forzará al individuo a establecer una dinámica cíclica entre la independencia y la dependencia, entre la igualdad cuasi simbiótica y la diferencia radical, así como sus derivados; me refiero a la naturaleza humana, que hará evidentes sus costos para todos. Costos que nombraremos rápidamente en el capítulo siguiente y que entre ellos se encuentra el crimen.

Esto viene muy a término para la conformación de una imagen del ser humano, pues es en ese primer momento, en el que el infante se enfrenta con el medio, cuando se hace evidente para nosotros como adultos, que la primera herramienta con la que contamos en la infancia para adaptarnos es el afecto o la respuesta emocional cruda. Quiero enfatizar, esa relación entre el infante y sus herramientas es un sentido que construimos desde nuestra experiencia adulta; el infante no puede presumir de haber adquirido una relación entre causa y efecto, pues no tenía uso de su cuerpo y no puede distinguir su propia experiencia dadas las condiciones a las que estuvo sujeta su primera experiencia de vida. Ya he de detenerme en la construcción del significado y el sentido desde la experiencia orgánica, pero por el momento hago esta descripción para introducir al lector a una perspectiva muy fundamental y primitiva.

Desde nuestra experiencia como adultos, el recién nacido podrá hacer solamente dos cosas por sí solo, respirar y sentir. Si bien es cierto que puede comer o succionar para proveerse de nutrientes, los recién nacidos no podrán encontrar por sí solos aquellos medios químicos que les permitan sobrevivir. Sabemos que como infantes simplemente podemos sentir lo que nos rodea y ante la incapacidad física de hacer algo, si bien podremos hacer pocas cosas, la opción de llorar amargamente con todas nuestras fuerzas parece ser justo la reacción adaptativa que los mecanismos instintivos nos han provisto a fin de obtener lo que necesitamos. Una reacción apasionada y certera conforme a nuestras pequeñas capacidades, aunque dicha reacción no cambie nada de nuestras circunstancias. Y es que bien puede ser, nadie lo sabe a ciencia cierta, que los dioses escuchen nuestro llanto y podamos cambiar algo de lo que nos afecta con su ayuda. Claro está que en este punto debo aclarar que los dioses son nuestros padres o cuidadores, no entidades incorpóreas; aunque de estos últimos hemos de hablar también más adelante, a fin de concebir la posibilidad del crimen.

Veremos que, además de la relación de los infantes con sus cuidadores, aquella característica indefensión primitiva no ha de demorar en transformarse en lo que respecta al cuerpo, por un lento avance que harán evidentes al poco tiempo de haber nacido. Este progresivo avance del control que un individuo tendrá sobre su propio cuerpo y de su entorno, será la fuente de las nociones que tiene todo sujeto de aquellos valores que han de definir el mundo humano, como el de la libertad y la justicia.

Primeramente, por cuanto nos es posible ir obteniendo un dominio sobre nuestro propio cuerpo, iremos explorando el mundo y acumulando una serie de experiencias que derivan de esa diferenciación nombrada hace unos párrafos, aquella entre el organismo de la madre y el infante. En cuanto a la justicia, esta ha de formarse como anhelo universal precisamente por el contacto con los cuidadores. Pero antes de ocuparnos de la libertad y la justicia en su relación con la vida infantil, tomemos por un momento la idea de la noción como un punto de referencia importantísimo, y formemos con ella la idea de un hito en la organización biológica.

Una de estas nociones, fundamental para la organización psíquica y por lo tanto con la supervivencia del organismo y de la especie, la identificamos en psicoanálisis como el placer.

Por supuesto no es un concepto perteneciente al psicoanálisis, pues no es propiamente un concepto sino una palabra para describir a la experiencia sensible. Me refiero a que se trata de una vivencia personal que nos permite distinguir el valor del psicoanálisis, pues resulta ser la única disciplina humanística que lo acoge y lo dota de un papel determinado en la vida humana, un papel de eje rector o piedra angular del andar humano.

Es justo gracias a esa consideración por lo que me permito señalarla anticipadamente, como la vivencia que da inicio y sentido a la relación del organismo consigo mismo, y que posteriormente será el medio por el cual el organismo se liga con el mundo a través de la representación, en un eterno empeño por buscar o identificarse con elementos de su medio y diferenciarse o separarse de otros.

Tal experiencia a su vez abrirá el camino a lo que se podrá entender como el individuo, el yo o la identidad, por ese matrimonio indisoluble que se forma entre la representación y el sujeto. Esto debido a que es el placer la experiencia que nos permitirá ubicarnos al respecto de nosotros mismos, al separarnos paulatina y cada vez más fuertemente de la relación biológica que nos trajo al mundo, pues de forma estricta nos permitirá notar la diferencia irreconciliable entre el sistema que nos vio nacer, nuestras propias necesidades y recursos.

El placer es un fenómeno que, por básico, es posible registrar en muchas otras especies; pero que caracteriza a toda la especie humana por la forma en la que ésta se relaciona con esa vivencia. En esta breve presentación, que ha de extenderse a todo el capítulo siguiente, debo señalar lo obvio; esto es qué para nuestra especie, no solo una cultura o la civilización, el placer se vive como un evento subjetivo, la marca de lo que una persona es y tiene para sustentar el valor de su vida.

Veremos que dicha marca de la subjetividad se construye, pues de entrada no es posible separar ninguna experiencia como un evento que le ocurre a ese organismo en particular por la influencia de la vida intrauterina. Se trata entonces de una creación que el organismo recientemente emancipado hará a partir del afluente en el que está inmerso; es decir, haciéndose cargo con sus propios medios de su propia herencia.

Puede el último párrafo ser un poco difícil de comprender, puesto que no hay, hasta donde yo conozco, una obra (científica, filosófica o dramática) claramente definida que nos brinde una ilustración de lo que implique la simbiosis que nos trajo al mundo. Ser y no ser, existir uno dentro de dos, no saber claramente los límites de la experiencia propia y del otro, siendo que ese otro era quien nos daba lugar en el mundo, a quien debemos el latir de nuestro corazón y cuya sangre compartimos.

Al describirlo así, me da la impresión de que se trata de una experiencia cercana a lo que conocemos culturalmente como la locura y que posiblemente guarde una relación indisoluble con ella, pero no es momento de adentrarme en dicha asociación. La otra experiencia cotidiana más aproximada a la simbiosis que pudiera nombrar es el estado del enamoramiento, con el ejemplo del segundo capítulo. Y, aun así, esa sería una ilustración muy apartada de la misma realidad orgánica de la simbiosis madre - hijo, debido a la intensidad y naturaleza que separa a ambas experiencias. Literalmente, sentimos la falta de aire ante la ausencia del ser amado (adiós mi amada esposa, mi espíritu aún te anhela); pero por mucho que sufra un amante por semejante experiencia, no toda decepción amorosa termina en la muerte del quejoso. Situación que es contraria en la relación madre - embrión, pues este último depende totalmente del organismo de la madre durante la relación simbiótica; al punto de verse orgánicamente comprometido por las circunstancias de aquella, o aún los sentimientos o pensamientos que las futuras madres pudieran albergar hacia los no nacidos.

Otra ilustración que nos puede aproximar a esta experiencia es el impacto que nos procura el arte en general, pues sin haber compartido tiempo y espacio con los autores e intérpretes, es posible ser conmovidos en lo más íntimo por sus obras. Como si existiera una conexión entre todos los seres humanos que aquellos pueden plasmar en sus respectivos lienzos, independientemente del tiempo y lugar que hayamos ocupado; es decir que, sin importar las diferencias entre el artista y su receptor, el creador es capaz no solo de transmitirnos algo, sino de tocar nuestra intimidad más sensible sin siquiera estar presente. Como si el artista hubiera vivido exactamente lo mismo que nosotros, como si pudiera transmitirnos bellamente su experiencia, o bien como si nos leyera el pensamiento, a veces dando lugar a sentimientos incómodos. (Killing me softly)

Ante esta dificultad, posiblemente insalvable y paradójicamente universal de representar la simbiosis que nos dio origen, propongo avanzar a fin de llegar a una plasmación somera de la formación de las representaciones y su relación con el placer. Pero he de destacar que no es necesario representar algo para poderlo encontrar al menos en diferentes grados y proporciones en muchos otros ámbitos, o bien podría afirmar que es propio de la representación ser un empeño siempre imperfecto o mejorable de abrazar y transmitir la realidad, así como sostener que es esa imperfección su más grande valor al dar lugar para las experiencias más dispares entre los semejantes, antes que encontrar un único medio para su manifestación.

En primer lugar y a fin de hacernos de una idea introductoria de la formación de la experiencia del placer, haremos uso de un concepto fisiológico, del que ya hemos hecho uso anteriormente, pero que suele pasar desapercibido y del que es preciso desprenderse o distinguirlo: el estímulo. Estímulo no es placer, así como el placer no es un simple estímulo. Este se refiere al registro de cualquiera de nuestros órganos sensoriales, pero cuando hablamos de placer es porque damos cuenta de un estímulo con importancia para un sujeto, una situación que posee ya el germen del significado.

Y es fundamental tratar de hacernos de una idea de cómo llegamos a eso, aunque tendremos que esperar solo un poco para poder afianzar el camino de lo antes dicho.

En un inicio, la estimulación al organismo infantil carece de sentido o propósito para aquel, pues no ha tenido las experiencias que le permitan distinguir entre un adentro y un afuera, entre un yo y un no yo; así como distinguir aquellas experiencias que favorezcan su supervivencia y poseer el poder para elegirlas sobre las demás. Esta vivencia prenatal será parte fundamental de las elaboraciones posteriores, por el momento quiero resaltar la experiencia de muchas madres al respecto del organismo que tuvieron dentro de su cuerpo por aproximadamente nueve meses, para ubicar al menos una idea superficial de la situación del no nacido en relación al estímulo.

Por ejemplo, existe evidencia que cualquier madre puede dar, de que aún en el vientre el producto es capaz de emitir reacciones ante particulares elementos de su medio circundante, ya sea la voz del padre o la música con la que ha estado en contacto desde los meses de haber sido gestado. Esta primera relación del producto no nacido con los estímulos ha de verse alterada en cuanto le sea posible ejercer aunque sea un poco de poder sobre su propio cuerpo. Si bien es posible para algunas madres poder notar el estado de excitación del futuro bebé dentro del útero, y hasta hacer declaraciones como "está feliz" o notar algún estado de ánimo por su inactividad, esos mismos estados no podrán tener el mismo valor para en recién nacido, justo por la diferencia que implica para el recién nacido la vida recién fundada desde su separación orgánica. En otras palabras, no pueden compartir la misma visión del mundo alguien que es capaz de conocer otros estados y alguien a quien le son impuestos, o bien alguien que es capaz de establecer significados. La primera relación que establece la madre con el no nacido al respecto de su estado de ánimo es una suposición, y por lo general no está lejos de reflejar el estado real del no nacido; pero podremos notar que el objetivo de la introducción de un individuo al medio social demanda que pueda distinguir la diferencia entre un llanto por alegría y uno por dolor, al ubicarlo conforme a su propia experiencia.

Ahora bien, tenemos que hacer un alto aquí en el abordaje del placer para hacer una distinción muy importante. Traduciré la situación descrita en el ejemplo en una pregunta: ¿Acaso no venimos dotados de un mecanismo instintivo que nos permite distinguir naturalmente un adentro de un afuera? Mucho me temo que no, esa diferencia se construye por las implicaciones de la relación simbiótica, de la misma forma en la que los cuerpos se van construyendo independientemente de su materia orgánica, por medio de la acción de la palabra practicada por un individuo en un medio social, en tal posibilidad contemplo a la palabra como un verbo y no como sustantivo. De dicha posibilidad del uso de la palabra o el lenguaje hablaremos ampliamente más adelante, pero he de advertir que vemos ahí con claridad un nivel o dimensión del que había hablado anteriormente. No perdamos por el momento la pauta en la construcción del psiquismo más básico. Si algo de lo que he escrito no es comprensible, pido al lector avanzar en la lectura y buscar dentro del mismo texto dimensiones distintas de los hechos antes descritos, para poder relacionarse con el tema.

De ser posible una distinción psíquica natural tal como la observamos físicamente en los organismos, es decir la rotunda diferencia entre dos cuerpos a partir del nacimiento, habría una marcada uniformidad entre las experiencias humanas, así como en nuestras respuestas a las demandas de la vida; no sufriríamos tanto con las consecuencias de las radicales diferencias entre lo que vemos y lo que creemos, no habría distinción alguna entre estímulo y placer, además de que tendríamos menos conflictos al querer moldear a un solo ser humano. O, en otras palabras, no necesitaríamos de un Estado; pero la evidencia histórica señala otro camino a la función, valor e importancia de dicha figura. No podemos prescindir del Estado, cualquiera que sea su forma.

Pero ¿qué hay de lo dicho anteriormente?, ¿no hemos de encontrar residuos de la bondad universal en el sentimiento de unidad de la humanidad? Otra vez, mucho me temo que no. Esa unidad que brinda el arte, la locura o el amor es superficial; ya en lo íntimo no hay dos colores iguales, puesto que mi rojo no es el rojo que otro percibe. La lógica de semejante frase quedará expuesta en cuanto se haya detallado la conformación de la experiencia de placer. Mientras llega ese momento, me permito afirmar que una posibilidad del lenguaje consiste en distinguir una relativa independencia entre significados y significantes, debido al contexto, uso, intención, emisor o receptor de los elementos del mensaje. Entendiendo el significante como el representante de un elemento del mundo que es tomado en el discurso de un individuo para tratar de compartir su experiencia. Una palabra, por ejemplo.

Además de las vivencias antes mencionadas que cancelan en apariencia las diferencias entre los individuos, existe otra fuerte evidencia sobre nuestra particular forma de aproximarnos al mundo como especie, esta vez en relación al estímulo. Con el objeto de introducir esta evidencia, me es necesario hacer un relato histórico con una distinción personal, marcando una diferencia mía con muchos de los practicantes de la psicología. Una de tantas razones por las cuales me apropio del adjetivo de psicoanalista.

A lo largo de su historia como disciplina y en un afán de dotarla de validez científica, la joven psicología adoptó una serie de prácticas, conceptos y modelos de otras disciplinas para definir eso que entendemos como la mente. En relación con la biología, por ejemplo, adquirió el valor atribuido a la fisiología y de ésta última se toma el concepto del estímulo, concepto que he definido previamente. Por medio de esa relación, en la historia de la psicología experimental se abrazó la experimentación animal. Hasta donde mi experiencia me indica, aún hoy se acostumbra hacer la demostración de postulados teóricos por medio de experimentos donde se somete a sujetos de prueba animales a una serie de estímulos o se les aísla de ellos. Los teóricos han justificado tales prácticas durante muchos años, al establecer un paralelismo biológico entre el organismo animal y el humano. El estímulo sirvió para tales propósitos, pues se pudo observar que los animales reaccionaban, puesto que están vivos al igual que nosotros. Entonces, se argumenta desde la psicología científica o experimental, que ambas especies están sujetas a las mismas necesidades o apremios y las resolvemos de forma similar dado que los dos reaccionamos. Por esta semejanza aquellos investigadores aseguran que podemos resolver los conflictos humanos al establecer límites a nuestros cuerpos por medio de procesos que podemos probar en animales, hasta encontrar la llave a nuestra propia excelencia.

En mi opinión, dando lugar a las diferencias entre disciplinas, semejante tipo de pruebas se hallan fuera de lugar al querer establecer una comparación entre el organismo animal y el ser humano, puesto que la diferencia fundamental entre ambos es que el animal por una acción evolutiva, acorta su periodo de indefensión y distingue rápidamente su organismo del otro dentro de la relación simbiótica. Mientras que existe evidencia que se ha expuesto al menos como un argumento en este capítulo y que seguiré extendiendo, de que el ser humano a raíz de su evolución orgánica y social puede llegar a ampliar su periodo infantil de forma indeterminada o bien prescindir total y literalmente del estímulo exterior por medio de un complicado mecanismo adaptativo, a fin de procurar su propia supervivencia en un medio muy particular, del cual se hablará en breve. Dicho en otras palabras, la evolución humana ha derivado en la formación del lazo social para procurar la vida humana; o bien, la sociedad impide que el mecanismo evolutivo alcance el organismo humano para forzarlo a una independencia a la que nuestros cuerpos no están acostumbrados; o bien, la misma evolución humana nos ha llevado a crear una relación específica con la vida a través de la relación que cada uno crea con su placer.

Semejante mecanismo adaptativo, nos permite dar cuenta de algo que no existe según la física, al no contar con materia particular o exclusiva, pero que bien podemos llamar mente. Y esto solo puede hacerse por medio de este recorrido del cual las elaboraciones psicoanalíticas hechas por Sigmund Freud hace un poco más de cien años son piedra angular. Si bien lo que he expuesto han sido mis elaboraciones, confío no haber alterado la esencia de lo descrito por Freud como la etapa primordial en la formación del ser humano, no nacido todavía.

Al respecto de la relación de la mente con el cerebro, supuesta materia física del fenómeno psíquico, no es momento para adentrarnos en los defectos de semejante argumento. Mucho me temo que los que busquen semejante apoyo, tendrán que hacer una revisión de sus propias intervenciones, sus relaciones costos – beneficios a corto, mediano y largo plazo y, por favor, seguir leyendo.

No creo errar al afirmar que para aquellos teóricos de la psicología que sostienen la utilidad de los experimentos en animales antes mencionados, la mente es una emisora de respuestas, la incógnita en una ecuación para la cual debemos hallar una respuesta siempre tendiente a la productividad o la funcionalidad del organismo.

Es curioso que dicha funcionalidad es definida por el científico y rara vez es diferente de los valores que su moral personal se ha encargado de sostener. De esta simpática dinámica resulta que el discurso científico, a veces sin proponérselo, se ajusta a un modelo particularmente subjetivo y relativista de la realidad, el del investigador; y este a su vez no es capaz de diferenciarse de las demandas colectivas irrelevantes e irreflexivas de la moral que sostiene la sociedad que lo vio nacer. Y es así como define, o tal vez sería mejor decir, refuerza la supuesta tendencia o finalidad natural en la fisiología humana; es decir, consintiendo que lo que impone el valor a la vida de un individuo no es su propia voluntad fundada en su propia experiencia, sino la voluntad colectiva manifestada en preceptos que son traídos de interpretaciones particulares de la realidad, y no me refiero con este comentario a los textos sagrados de cada cultura. Daré un avance de este tema, la moral no es bíblica o bien la Biblia no es un libro que favorezca los constructos morales.

Mucho me temo, otra vez, que es el registro universal de la experiencia del placer la que hace trizas todas las ecuaciones, al hacer de cada individuo un sistema autodeterminado, libre aún de su propio fin orgánico o de determinar la gravedad de lo que, a los ojos de un investigador, es un estímulo bien definido. También habrá lugar para ocuparnos del sujeto del conocimiento y de la relación de la sexualidad infantil con el saber inconsciente; aunque primero habrá que definir lo inconsciente para luego plasmar la posibilidad de un paradójico conocimiento inconsciente.

Regresando al estímulo y a la no muy lejana posibilidad de prescindir del mundo teniendo a las representaciones como intermediarios, semejante posibilidad puede contemplarse como radical, y sin embargo es fácilmente distinguible en la esquizofrenia. Esta palabra distingue a un cuadro psiquiátrico patológico que se caracteriza por la irrupción constante de alucinaciones o "estímulos falsos" según la concepción médica, física y biológica. Sin embargo, podemos tender un puente entre aquel fenómeno patológico y la vida del ser humano común, pues el mismo mecanismo se hace presente en la vida de todos para dotar al sujeto humano de otras capacidades, entre ellas las de soñar. (La interpretación de los sueños. S. Freud)

Si bien no puedo decir que todas las noches ocurre, si es un fenómeno universal aquel donde podemos ver, oír y hasta sentir cosas o personas que no están ahí; y, pese a ser una experiencia "falsa o falaz" desde el punto de vista científico duro, puede impactarnos como si fueran vivencias diurnas. De este mecanismo adaptativo, de una capacidad constructiva que permite sostener y vivir con relativa facilidad en un mundo ajeno al físico, de la contundencia de la subjetividad, la experiencia del placer es la llave que nos permite al menos su contemplación para futuras formulaciones.

Veremos en breve como los seres humanos hacemos de un estímulo un placer, a veces muy en contra del anhelado instinto de supervivencia. Por esto mismo, descartemos de entrada cualquier noción de la psicología positivista o progresiva, tal como la codependencia por no decir la salud mental, a la que dedicaré al menos una mención más adelante. Es decir que al escribir estas líneas no es mi intención hacer mejores seres humanos, sino de exponer lo que nos ocurre a todos y de qué manera estamos ligados. Tal vez por ese medio o por el hecho de aceptar como inmodificable una lucha universal, podamos llegar a lugares que nunca sospechamos.

Después de enfrentarme a brujas y demonios durante mi formación como psicoanalista, me queda claro que la vida se impone ante cualquier teoría, incluso al mismo psicoanálisis, de tal forma que debemos abrir bien los ojos antes de imponer nuestras nociones de lo que es correcto o sano frente al mundo, y aun así asumir que sostener una idea incompleta e imperfecta de orden resulta fundamental para la supervivencia de cada vez más individuos y en mejores condiciones de vida.

Por lo tanto, y regresando la atención a las críticas sobre la inviabilidad científica del psicoanálisis, someto lo expuesto en todo el presente texto a una revisión y aporte de toda disciplina y experto, o incluso niños que puedan dar cuenta de otro orden de las cosas. Porque una ciencia intransmisible, incomprensible, que no contempla a los niños y sus creaciones, es solo una secta oficializada.

4
Teoría del placer
El placer de la tristeza

Habiendo hecho mención de las primeras ideas que en mi experiencia se oponen al argumento que quiero exponer, así de como un breve bosquejo de la situación del recién nacido y de algunas referencias científicas ampliamente difundidas, fundadas a su vez en juicios morales; regresemos ahora a la idea central de esta propuesta: la estimulación grosera a un organismo indiferenciado del sistema que lo ve nacer.

A partir de ahí podemos hacernos de una idea de la situación de que dicho organismo y seguir la forma en la que se encuentra encaminado para llevar a cabo una serie de revoluciones biológicas graduales, en las cuales la experiencia sensible forma el eje central de un mecanismo adaptativo que favorece la supervivencia del organismo, insertado dentro de un medio ambiente un tanto ajeno a su propia naturaleza orgánica, por las razones que estamos prontos a detallar.

Tendremos en breve los elementos que nos permitirán distinguir cómo el infante humano transita de la total pasividad a una adopción de modelos autodeterminados y aun así relativamente autónomos del individuo mismo, comandados por la experiencia que podemos nombrar momentáneamente como placer. Pero ¿cómo es que se distingue semejante experiencia del resto?, o bien ¿cómo podemos hacernos de una idea más clara para distinguir eso que denominamos placer? Como si fuera necesario, que de hecho lo es, dar cuenta de nuestra huella en nuestro propio mundo.

Y es que, al introducir el placer a la ecuación humana, no solo complicamos el modelo del estímulo – respuesta, tan apreciado en la psicología; sino que es necesario considerar una evolución de dicha relación entre el sujeto y su cuerpo, pues nos es necesario sumar tiempos en la organización psíquica alrededor de la experiencia sensible, cuya función es la supervivencia tanto del organismo como de la especie y que no necesariamente se cancelan la una a la otra. Es como si el alma humana adulta se conformara permanentemente de dos organismos, y lejos de ver en esta dinámica la representación del conflicto moral "bueno contra malo", ambos impulsos luchan por procurar la vida, ya sea individual o colectiva.

El presente capítulo tiene como objetivo brindar un panorama de tal evento universal, el placer; al reunir un conjunto de premisas y situaciones que, independientemente de la genética, nos ayuden a deducir cómo es que se forma y se desarrolla la experiencia del placer en la especie humana. La razón de excluir la genética es que nos deja fuera de la ecuación, ya sea como individuos o como sociedad; aunque es muy probable que la genética facilite ciertos caminos en la conformación del placer. De ser determinados únicamente por la genética y que el placer fuera un evento meramente biológico, estaríamos castigando a la biología y no a los sujetos, al regular a aquellos. Al respecto de nuestra libertad aún de la genética, me explicaré más adelante. Por lo tanto, ahora abordaré el placer como un evento orgánico y social, y a partir de ello psíquico.

Como premisa, antes de considerar siquiera la relación del organismo consigo mismo en cuanto a su recién ganada ciudadanía del mundo, hemos de recordar y reconocer que, para que el organismo recién diferenciado biológicamente adquiera dicha ciudadanía, es necesario un esfuerzo permanente, tanto por parte del sujeto como por cada miembro de la especie, que tiene el interés de formar parte de la civilización. Esto implica que es natural que no todos han de esforzarse o no todos los que conviven diariamente han de ser parte de una organización. Pero vamos por pasos.

El motivo de esta declaración sobre el esfuerzo radica en la impresión de que el ser humano como depredador, emprende su cacería vuelto hacia su propia persona, pues por si solo cada sujeto humano parece exhibir una tendencia a volver al estado inanimado, o bien de sostener su estado presente lo más inalterado posible, abrazando su condición actual con un anhelo de eternidad, como tratando de emular el estado perdido por la avasallante experiencia del nacimiento con todas las herramientas a su alcance.

Es como si esa separación orgánica, que también podemos nombrar como "diferenciación" o "individuación", y que puede introducirnos en un mundo donde el placer sería nuestro eje rector, chocara con la voluntad de muchos individuos; que desde sus primeros días buscan la extensión indefinida de una situación que les permita revivir el paraíso perdido, una experiencia que podemos comparar entre la muerte y la estasis, esto es la vida intrauterina. Hablo de un estado biológico previo a la formación de eso que conocemos universalmente como placer.

Esa tendencia, que buscara someter la futura experiencia orgánica del placer al modelo de la permanencia, la inactividad o la inmutabilidad, es vista con particular fuerza en la especie humana y podemos notarla muy obvia en aquella condición que la medicina moderna ya no reconoce como neurosis: individuos adultos orgánicamente sanos, pero con marcados rasgos infantiles que puede dotarlos de destinos trágicos o cómicos; así como en su correspondiente social, las naciones donde los empeños comunitarios de civilizar al conjunto de la población, chocan con fuertes costumbres, como en México.

En ambos casos, podemos notar organizaciones donde la estructura primitiva perdura con fuerza. Y ante tal distribución, hemos de ver desde nuestra posición como observadores distantes, a la muerte tocando la puerta del inocente, a veces vestida festivamente de un vivo color rojo. Y antes de que se me mal interprete, no estoy en contra de las costumbres ancestrales de los pueblos, o las señalo como un freno para el progreso.

Primero, al haber hecho mención de la neurosis y la relación aparente que hice con el evento orgánico del nacimiento, debo aclarar que no me es posible sostener, como se ha hecho en el pasado por Otto Rank, un discípulo de Freud; que el llamado "trauma de nacimiento" sea el motivo de la neurosis, sino que este estado patológico que ya no forma parte de los manuales médicos es, por decirlo de una manera, como la exageración de la condición humana por excelencia, humanos demasiado humanos. Ya habrá tiempo después de ocuparnos de la neurosis al igual que las costumbres de los pueblos arcanos. Por el momento solo me parece pertinente aclarar que los síntomas que exhiben los neuróticos si bien guardan una relación cercana con esa dinámica de sufrimiento por una permanente insatisfacción, propia de muchos infantes; bien puede observarse la misma insatisfacción en otros individuos que no desarrollan la sintomatología neurótica y antes quisieran no verse alterados en sus medios.

Entonces, debo distinguir entre una insatisfacción neurótica y el apetito humano por la vida y el progreso que nos lleva a buscar extender las mejores condiciones para todos. En otras palabras, la insatisfacción no es sinónimo de enfermedad, es la impotencia frente a la insatisfacción lo que constituye la marca de la neurosis. El abordaje de tal condición, será un punto posterior de mi desarrollo teórico, pero para ello tendré que presentar una doctrina del placer, luego de la representación y una relación de esta con la patología conocida en psicoanálisis como neurosis.

Si he de hacer evidente mi postura al respecto de aquella corriente de pensamiento psicoanalítico, la de Otto Rank, es por señalar que la experiencia del nacimiento no marca el hito principal de la vivencia infantil, es su inicio más no su fin; aunque hemos de coincidir que resulta en una experiencia registrable para los organismos. Pienso que el hito fundacional de la vida infantil es la formación de la experiencia de placer, pues es en esa creación única donde se juega el nexo que forma el individuo con la historia de la humanidad y la relación que establece ese individuo en particular con su medio específico, hablando tanto de su sociedad, como su tiempo y su lugar en el mundo.

Entonces, si quiero separarme de dicha concepción psicoanalítica de un inconsciente formado a partir del nacimiento, debo la explicación de un distingo sobre la relación del recién nacido con la vida, pues las diversas manifestaciones de la diada primordial anteriormente nombradas (sociedad, ciencia, arte) y otras más; nos dan cuenta de la influencia posterior de la vida intrauterina, que puede y suele ser traducida a una situación que bien podemos comparar con estar muertos en vida, en los dos polos de la experiencia humana frente al placer. Ya sea que la inamovible insatisfacción sea la marca de nuestra experiencia de vida, al ver negada nuestra aspiración a la permanencia y la tranquilidad propia de nuestras fantasías universales; o bien, usemos lo sublime de nuestra experiencia para negar el carácter cambiante de la vida.

Entonces, para dar cuenta del origen del placer, es necesario indagar arduamente en busca de una respuesta al menos superficial a la pregunta ¿Qué fue lo que perdimos? Ya había advertido las dificultades que nos promete semejante pregunta, pero no puedo sino dar la cara a esa dificultad.

Ya he ilustrado anteriormente una somera representación de la situación del producto en el útero, ahora he de agregar que además de sostener un limitado contacto con el mundo, el producto no puede presumir de estar en funcionamiento orgánico pleno, por lo menos no hasta antes de su nacimiento. Básicamente debe su vida no a su cuerpo, sino al de su madre. Tiene pulmones que no usa, boca con la que no come y ojos que no ven; entre muchos otros órganos con muchas otras funciones que no necesita. Todo esto pues se encuentra en un ambiente que lo proveerá de los recursos químicos de los que depende la vida humana, al proveerse la madre a si misma de ellos. Esta situación donde el cuerpo femenino es el primer representante del ambiente o del mundo y de la vida misma, puede en apariencia terminar de alguna forma durante la interrupción de la relación simbiótica orgánica; pero todo parece indicar que en realidad se transforma, adquiriendo diversas manifestaciones que van desde la familia a la dinámica social a partir del nacimiento.

Entendiendo como dinámica social a aquella muda de poder del individuo hacia el grupo, empezando por los primeros cuidados. Pero, esos cuidados nos permiten notar que el ser humano recién nacido, carece de cualquier manifestación de poder. La única excepción es el poder de sentir, que constituye un fin en sí mismo, y adquiere una dimensión distinta en cuanto el infante nace.

Tal trance que constituye el nacimiento representa un primer enfrentamiento del producto con la vida. Lo que hoy es, puede dejar de serlo de forma rotunda e inesperada; o bien, todo es cambio y hay poco que podamos hacer al respecto. Solo vivirlo, experimentarlo hasta que podamos hacernos de otros recursos, si es que no morimos antes. Es esa posibilidad de un cambio rotundo, impredecible y aterrador, la que procuraremos negar el resto de nuestra vida, como individuos y como civilización. Pero esta situación inenarrable y de completa impotencia lejos está de ser un motivo de pena; pues es en la realidad más íntima o en ese terror esencial, donde se asoma de lejos un recurso por medio del cual hemos de hacer nuestro el mundo, al menos desde la postura infantil más temprana. Esto es el placer.

Sin embargo, quiero señalar que aquella otra fuente de la experiencia sensible que he de nombrar como angustia y que hemos de asociar con el dolor, queda ligada al individuo como una posibilidad afectiva. Por el momento, centrémonos en la experiencia de placer para acercarnos a la experiencia sensible y retomar el dolor con más herramientas.

Reconsideremos. El evento orgánico del nacimiento marca la pauta inicial de nuestra relación antagónica ante el mundo y muy posiblemente, al mismo tiempo, nos introduce a la dinámica de la representación, que hemos de definir por ahora como lo similar o lo que apunta hacia un lugar, cosa o persona. Añadiremos a su carácter de abstracción, su carácter de similitud o correspondencia con un elemento del mundo; para desarrollar su evolución un poco más adelante.

Bien puede este simple hecho biológico de separación orgánica, que compartimos con un buen número de animales, ser el evento que nos permita formar símbolos, como una relación que establecemos con la vida, marcada por una transición o cambio entre los elementos y estados. En este caso se trata de una experiencia parecida y sin embargo muy diferente del producto ante la vida y sus escenarios, o el mundo. Si bien el joven organismo carece del control sobre su propio cuerpo y sobre lo que ocurre en su ambiente, ha podido notar la diferencia entre la vida antes y después de hacerse heredero y participe de la lucha que sostiene todo ser vivo, todo a través de la experiencia sensible. La relación entre el nacimiento como hecho biológico y la formación de símbolos, por el intermedio de las representaciones, bien merece ser objeto de estudio de múltiples ciencias, pero por el momento, nosotros avancemos en nuestro empeño de hacernos una idea de la formación de la experiencia sensible.

Los fenómenos que se expondrán a continuación, que nos sugieren que, para el momento en el que el producto es capaz de establecer contacto con el mundo, aquella experiencia que era su única referencia biológica ha de marcar el modelo que anhela imprimir para las otras condiciones a la que la vida lo expone, sin poder notar que semejante empresa pone en peligro su propia existencia. Pues aquel esfuerzo primitivo de permanencia, nos hará notorio el empeño fundamental de muchos seres humanos para los cuales la vida no se trata de sentirse bien con el mundo por medio del placer, sino de eliminar la variación o cancelar la posibilidad de la diferencia, tomando la experiencia del placer para encerrarnos a nosotros mismos en una burbuja física o ideológica. Con esto me refiero a la dinámica del deseo humano y sus diversas extensiones o manifestaciones, que he de ilustrar a lo largo del ensayo.

Entonces, al momento de desarrollar un deseo el joven organismo demuestra que no solo es capaz de experimentar el mundo desde el vientre, sino que es capaz de buscar imitar el estado perdido durante el resto de su vida. Y antes de que este texto sea usado para defender el derecho de la vida de los no nacidos, quiero manifestar que en mi opinión es preferible una muerte planeada que una vida sin posibilidades de ser disfrutada. Y si bien, la posibilidad de goce no la determinan los padres ni de este autor, sino que es una creación del infante, no podemos tampoco negar que todo posible padre o madre tiene el derecho de elegir si quieren o no gozar de la vida infantil. Aún si las organizaciones sociales los obligaran a cumplir un embarazo, si en un momento de su acercamiento con el infante los cuidadores deciden dejarlo, nadie podrá evitarlo; del mismo modo que nadie puede garantizar la vida de un ser humano o su calidad de padre o madre. No es sino hasta que se enfrenten con el desafío de la paternidad cuando cada persona tendrá una idea de lo que implica tener un hijo, pues no hay dos niños iguales; algunos serán por su propia naturaleza, experiencias más satisfactorias que otras. Pero, dejemos a un lado las implicaciones éticas y morales de la teoría.

Replanteemos lo anterior, el placer surge en la dinámica orgánica como una posibilidad en la variación de las condiciones a las que estuvo previamente sujeto el organismo infantil. O, en otras palabras, sabemos que podemos sentir placer entre otras cosas, porque somos capaces de distinguir la presencia de un estímulo o su ausencia, o bien experimentar sensaciones diametralmente opuestas. Y previa a toda esta dinámica de placer – displacer, hubo un momento en el que no teníamos necesidad de nada de eso. Al parecer nuestro cuerpo conserva huellas de ese momento y buscamos repetirlo, extendiendo nuestro estimulo devenido placer lo más que podamos o bien negando la dinámica cíclica entre placer y displacer. Dicho anhelo forzará a los individuos de toda la raza humana a procurarse las condiciones para eliminar la necesidad misma, cosa que todos logramos en cierta medida.

Parecería que repito innecesariamente la influencia orgánica previa a la formación del placer, y en parte es cierto. Pero no puedo evitar hacer más que notoria la distinción entre el estímulo y el placer – displacer, o bien la importancia de la dinámica del deseo humano como una manifestación del anhelo de completud o permanencia. La razón de esa repetición, radica en la importancia que otorgo a tal dinámica, pues considero que en ella podremos observar el valor de la imposibilidad en la conformación del lazo social, que es fundamental para el propósito del texto.

Y por dicho propósito también es necesario distinguir que la forma más grosera y burda para alcanzar el estado más cercano a la experiencia intrauterina, es la muerte. Estado que algunas personas se procuran de las más diversas formas. Si me refiero específicamente a los actos suicidas, es decir el deseo por la muerte propia, es por reconocer que aquellos actos se llevan a cabo las más de las veces por la búsqueda de la paz y la tranquilidad, pues al momento no hay un solo testimonio en toda la historia de que al morir sigamos demandando al mundo o bien que podamos hacer algo con las demandas de aquel. En todo caso, los discursos religiosos ubican la experiencia sensible del suicida en otro mundo después de su acto, no en este mundo.

Ahora, el suicidio está lejos de ser el único camino para semejante propósito; pues al igual que la omnipresente experiencia simbiótica humana, el anhelo de completud o la lucha contra la falta encontrará múltiples manifestaciones entre las que se encuentran la neurosis, la locura, el arte y la experiencia amorosa; experiencias que he nombrado anteriormente y que fácilmente podríamos señalar como una representación de aquello que hemos hecho para cancelar la diferencia. En otras palabras, como adultos a veces el riesgo más grande que podemos enfrentar en el mundo, es un placer que no esperábamos encontrar y que nos fuerza a una nueva organización física, mental y social.

A estas experiencias gozosas he de agregar otra experiencia con múltiples manifestaciones, la religión. No es raro que las diversas religiones ilustren la bienaventuranza de una vida después de la muerte como una serie ininterrumpida de experiencias felices, según la cultura en la que se desarrolle. Si pudiera señalar algunos factores comunes a todas estas manifestaciones, es su relación con la transmisión de una experiencia sensible a través del lenguaje o lo símbolos, por ello su estudio y difusión se limitan a sus respectivos exponentes; pero dado que no es necesario que ninguno de nosotros nos limitemos a un solo tiempo y espacio, la producción de la humanidad sobre la vida después de la vida misma, nos brinda una considerable ilustración del gusto humano por estar vivos y como nos empeñamos en sostener al menos el anhelo de una relativa permanencia. Posteriormente he de retomar el tema desde otro punto de vista que no es necesariamente tan placentero.

De las religiones de la humanidad podemos rescatar el valor de sus muy particulares manifestaciones y la relación que guardan con nuestros propios recursos primarios frente a la vida. Estos son el sueño, la fantasía y el deseo, los recursos que se fundan en el individuo y que se inspiran en la cancelación de las diferencias entre el mundo y nosotros. Es decir, nuestra permanente búsqueda del placer y su deseo de encontrarlo más allá del tiempo que sabemos pesa sobre nuestros cuerpos.

La otra cara de la moneda cultural es que aquellas manifestaciones del espíritu humano: la religión, el arte, el amor y la locura; suelen ser también el terreno donde se ilustran todos los dolores a los que nos enfrentamos, dolores inevitables y hasta típicos del alma humana.

Es esta relación entre placer y dolor, donde podemos fijar un punto clave en la concepción del placer como experiencia sensible, pues en un inicio de la relación del organismo con la vida, placer y dolor no tuvieron punto de comparación, no fue posible distinguirlos hasta ya avanzada una particular organización psíquica. Así como fue necesario para el organismo la distinción entre estímulo y placer, también se hará menester en un punto de la historia individual separar el placer del dolor.

Si bien esto puede ser para el lector una mera locura del autor de estas palabras, les pido paciencia y también propongo la siguiente paradoja para ilustrar mí elaboración. ¿Es la felicidad sinónimo de placer?, ¿puede una tristeza ser disfrutable o haber una felicidad incómoda?, ¿vale más el llanto contenido o la risa oculta?, ¿cuál lastima menos a quien la esconde? Si nuestras emociones son para sentirlas ¿por qué no sacamos la depresión de nuestro sistema de aprobación de sentimientos que constituye el modelo de la salud mental? Podrían negar ustedes que la depresión sea una emoción, pero hay otro argumento que les invito a considerar. Supongamos que podemos eliminar el pesar de muchos individuos frente a la vida, ¿eliminar el pesar es sinónimo de goce?, o bien si quitamos aquello que no nos gusta del mundo, ¿automáticamente lo disfrutaríamos?; medicar para cancelar la posibilidad de sentir una pena ¿es lo mismo que disfrutar de la vida?

No es momento de ocuparme de esa distinción entre placer y dolor, pero lo expongo para hacer evidente una organización social que carece de consideración de la voluntad humana, porque no es capaz de contemplar la fuerza de la experiencia sensible individual y autodeterminada en esa organización. Por otro lado, no conozco obras recientes que ilustren la paradoja que representa para el organismo estatal esta complicada dinámica de la experiencia sensible. Semejante dificultad ha sido motivo de grandes construcciones en la humanidad, incluido el psicoanálisis, bajo la necesidad urgente del "nosce te ipsum" o bien "léete a ti mismo".

Por todo eso es que hice mención de un esfuerzo o una lucha. Batalla que vemos reflejada en todo discurso religioso, que a su vez tiene sus propias herramientas frente a las dificultades. Yo mismo puedo nombrar otras herramientas fundadas en los individuos, entre ellas el placer mismo; pero eso no significa que yo lucho contra la lucha de otros. Semejante relación antagónica frente a la lucha de los demás o sus posibles configuraciones del placer, sí es posible señalarla en algunos religiosos.

Y, sin embargo, al contrario de muchos científicos, no pienso condenar al pensamiento religioso, pues es ahí donde se ven reflejadas y atendidas muchas de las necesidades infantiles que perduran en millones de individuos en el mundo. Y al mismo tiempo, he de advertir a quienes esperan en el nombre de un Dios, que este texto les permitirá recordar que sus valores pueden ser fundamentales e importantísimos, pero aun el amor de Dios no es para todos.

Ya si alguno de mis lectores se cree con el derecho de juzgar sobre las creencias de la humanidad, será aquel quien lleve el peso de sus palabras. De la misma forma, tampoco mis palabras son para condenar a la psiquiatría, cuyos empeños son la única herramienta para sostener la vida de muchísima gente. Antes bien, invito a cualquier psiquiatra que me lee a considerar los recursos de sus pacientes para hacer frente al mundo. E invito a cualquier profesional del área médica o de la salud que esté leyendo estas palabras, a avanzar hasta el capítulo que dedico a la neurosis; donde he de concentrarme en la consideración de la humanidad de ustedes.

Los profesionistas somos ayudantes que podemos ocultar el justo desprecio por la vida propia y ajena que un individuo puede tener. No hablo de un remedo de ser, que de humanidad solo tiene la figura y nada más; hablo de esos otros pacientes que representan para los médicos algo más que un mero tratamiento físico; aquellos casos que pueden poner a temblar toda su experiencia profesional, por los sentimientos que les provocan. Podemos acompañar a nuestros pacientes, pero no es malo velar por nuestra propia integridad antes que por la vida de un paciente que ha demostrado una y otra vez su deseo de morir o matar, ya sea a un familiar o a nosotros mismos. De nuevo, más adelante volveré sobre este tema.

Ahora bien, la cercanía de la imagen de la psiquiatría o la ciencia médica en general con el empeño de "no molestar" que al parecer cada recién nacido trae como collar en el cuello, me permite hacer una liga a un último y muy popular empeño de completud que se sostiene desde la ilegalidad y asociar dicho empeño con la satisfacción que reciben muchos del pensamiento religioso.

Puedo comprender como empeños conciliadores con los conflictos del mundo, las manifestaciones de la paz promovida por algunos intérpretes y representantes de la religión. Y, a partir de tal finalidad, puedo hacer una asociación con el estado psíquico del que podemos dar cuenta como presente en algunos sujetos dependientes de las sustancias psicoactivas. Un estado que puedo expresar en palabras tales como "aquí no pasa nada", que en muchos sentidos se asemeja a "la paz de Dios que sobre pasa todo entendimiento" o la situación intrauterina de no necesitar nada.

Las marcadas diferencias entre la fugacidad de la experiencia tóxica y el esfuerzo de sostener determinada corriente de pensamiento, no cancelan la urgente necesidad de paz que de continuo surge en la raza humana; paz que se ve imposibilitada en su máxima expresión por el sencillo factor orgánico, del cual algunos prescinden por medio del suicidio, como había comentado antes.

Tomando el factor común de todas estas experiencias, puedo señalar que el placer surge como un recurso adaptativo por parte de cada individuo que ha hecho una relación con su propio cuerpo frente a la amenaza que representa el mundo, impredecible, salvaje y contundente.

Es debido al gran esfuerzo que realiza cada individuo para dar lugar a su persona, es decir a su propio cuerpo y sus propias emociones, la razón por la cual actos como el suicidio o la adicción suelen provocar el pesar y el descontento general. Tocan una sensible fibra en el corazón de todo ser humano; pasado, presente y futuro. No por nada, un fuerte pilar de la fe cristiana como el apóstol Pablo, proclama: ¡Miserable de mí!, ¿quién me librará de este cuerpo de muerte? (Romanos 7: 24) Como si los testigos de aquellos actos dijeran para sus adentros "¿eso es posible?" o "si eso es posible, es inmoral".

Es como si por momentos pudiéramos estrechar la mano de la naturaleza por medio del placer, para luego tomar esa misma experiencia y procurarnos la muerte por un rodeo mucho más largo. Esto es inevitable, pues semejante pacto ilusorio que representa el placer también suele ser violado por el medio ambiente que se muestra adverso en muchas formas a nuestra existencia, una de ellas la hemos de nombrar como el crimen. Pero, vamos paso a paso.

En primer lugar, no es el placer el que mata a los individuos; somos nosotros usando el placer para negar al mundo. Y en segundo, el mundo mismo suele devorarnos, especialmente cuando nosotros lo hemos hecho a un lado o lo ignoramos; y no solo eso, nosotros mismos formamos parte de esa naturaleza devoradora.

Invito al lector a ver al mundo en general no con ojos de un ser humano civilizado, tranquilo en su propia casa; sino con los ojos de un historiador. De tal manera es percibida la amenaza permanente a nuestra vida (hablo como ser humano, no solo como mexicano) que se vuelven necesarias las más diversas manifestaciones y soluciones del conflicto vida - muerte en toda cultura.

Una de ellas es la justicia y el sistema legal; al cual, por supuesto, hemos de dedicar un amplio estudio más adelante. Pero esta solución no surgió de la nada, de tal forma que podemos ver sus rastros en esos dos fenómenos sociales o discursos (la intoxicación y la religión) muy relacionados con semejante conflicto y su resolución legal, administrativa o institucional que quisiera enumerar para acercar al lector al apetito universal.

Me replantearé usando otras palabras. Si hemos llegado a ser un considerable número de personas, tantas que podemos poner en jaque la administración de los recursos materiales en todo el mundo; es porque como civilización hemos sido capaces de una adaptación bastante buena de la amenaza que representa la naturaleza, propia y ajena. Todo esto por la formación y posterior evolución de la experiencia de placer o nuestra relación con nuestro cuerpo.

Debido a que es nuestro propio cuerpo lo que nos enlaza al mundo y a sus demandas, al mismo tiempo que nos hace sus propias demandas; por lo que nos vemos en la penosa pero muy divertida necesidad de hacer el recuento del placer desde el punto de vista biológico, ya no tan cultural.

En dicha faceta, dado que el organismo recién emancipado carece de la capacidad de disponer libremente de su propio cuerpo, es introducido por los cuidados de sus progenitores o cuidadores a una dinámica que tiene como fin extender su vida, una vida cuyas condiciones presentes son muy distintas a las anteriores.

Recordemos que el recién nacido no cuenta aún con ningún control sobre sí mismo. Su único recurso es sentir, sin poder otorgar un significado sobre eso que siente. Ya una vez que pueda establecer una relación con su propio cuerpo, podrá hacer manifiesta su emoción.

Naturalmente no hay un tiempo que yo pueda señalar para que el infante haga tal relación, entre su cuerpo y su voluntad; depende de los recursos de cada infante, tanto orgánicos como ambientales. Y, por otro lado, esta infinita variabilidad cuyo fin es dotar de poder al infante sobre su propio cuerpo, nos permite considerar tal empoderamiento como un fenómeno que nunca llega a un final concreto. Ya me adentraré en dichos problemas, por el momento enfoquémonos en el acto del sentir, que funda la experiencia del placer-dolor.

Resulta natural y hasta obvio que la impotencia de los infantes se origina en una ineptitud natural propia de la vida recién fundada, por lo que los cuidados tendrán que ser una constante; es decir, tendrán que repetirse una y otra vez en un espacio de tiempo relativamente corto. Esto llevará al joven organismo a experimentar una serie de cambios propios que devendrán en experiencias sensibles. Cambios que bien podríamos nombrar con la palabra satisfacción, aunque recordemos que los recién llegados al mundo no tienen ni conocimiento ni experiencia en tales manejos. Su cuerpo es una experiencia que irán construyendo poco a poco. Tenemos al momento una completa similitud entre estímulo y aquello que conocemos como la experiencia sensible o placer – displacer.

Ahora bien, resulta completamente obvio que el motivo de que esos cuidados se extiendan es por la influencia del tiempo en el organismo. Esa será una premura fundada en la propia experiencia de los cuidadores con su cuerpo. Ellos saben que el infante necesita esos cuidados, porque ellos mismos tienen necesidades que si no atienden pueden comprometer su vida misma. Pero no perdamos de vista la experiencia infantil y su relación con los eventos que nosotros podemos ubicar como universales gracias al lenguaje.

En cuanto el infante se vea expuesto nuevamente a una necesidad, que no sabe cómo se origina y cómo puede tramitarla, tal parece que encuentra en el anhelo su segundo recurso frente al mundo. El primer recurso sería poder notar un algo indiferenciado que ha modificado su estado orgánico, sin saber cómo o porqué. Es decir, desde nuestra perspectiva, los cuidados le harán sentir satisfacción. Desde la perspectiva infantil, no hay experiencias que permitan distinguir la necesidad de cuidados y la separación física entre los cuidadores y el infante. Es por ello que el universo indiferenciado se presenta como un mundo molesto y extraño, en contraste con el caliente, oscuro y relativamente silencioso útero.

Entonces, es muy posible que esa experiencia de estímulos devenga placer en base a la memoria que se tenga de aquellas posibilidades a las que estuvo expuesto el organismo ya emancipado del organismo materno. Distingo aquí como memoria a la huella corporal de los cuidados, que es diferente del uso de la voluntad para evocar un recuerdo.

Podríamos afirmar, al menos teóricamente, que el deseo como el anhelo de la experiencia sensible de satisfacción es quien antecede al placer-dolor como experiencia subjetiva.

Evidencia de esta posible configuración la podemos hallar al señalar las herramientas universales de la humanidad frente a la frustración. Ya hablé previamente del mecanismo adaptativo que nos permite aislarnos del estímulo, pero no hablé sobre su propósito. Pues bien, las experiencias del sueño y la fantasía en los adultos e infantes por igual, de toda cultura y en todo tiempo, nos permiten dar cuenta de nuestra capacidad de procurarnos alivio a nuestra frustración o miedo, al aislarnos temporalmente de las dificultades del mundo y ubicarnos dentro de nuestro propio universo de representaciones comandado por nuestra búsqueda de placer. He aquí el llamado Principio de Placer de la doctrina psicoanalítica. Sobre las excepciones de estos fenómenos, hemos de abordarlas al nombrar la angustia.

Y este fenómeno del placer va más allá de un mero recuerdo, se trata de un empeño infantil muy temprano por buscar y encontrar dentro de nosotros un algo a lo que estuvimos expuestos anteriormente. Repito, un algo que a veces no puede tomar forma clara. De semejante experiencia podemos dar cuenta en psicoanálisis, pues no se trata de una terapia de "ven y cuéntame tu vida", como decía mi querido maestro Héctor Lara Tapia; es volver a vivir aquello que nos dio forma como individuos a partir de la experiencia sensible, no el mero recuerdo. Y en semejante posibilidad de revivir, reexperimentar y reconstruir el pasado al hablarlo, es que podemos dar cuenta de la influencia del placer y el horror en nuestra propia autoconstrucción.

Es decir, retomando esos primeros días, que la voluntad encontró en la memoria su primer campo de acción, vestigio de nuestra más pura y aterradora indefensión e impotencia infantil. Pero estas experiencias que se limitan a nuestra mente, el sueño y la fantasía, distan mucho de ser las únicas armas en contra de las demandas de la realidad. Vale la pena solo hacer una mención, para tenerlo presente.

Por un lado, el cambio radical de la experiencia intrauterina a la vida como la compartimos, marca la posibilidad de establecer diferencias y por lo tanto de un ejercicio progresivo de la voluntad desde los primeros momentos en los que los infantes pueden respirar por sí mismos. Todo a partir de una experiencia desgarradora, no tanto por ausencia de los cuidados que se tengan con los recién nacidos, sino por la diferencia radical entre las condiciones del útero y la vida recién fundada.

Para ilustrar semejante situación, quisiera colocar de improvisto al lector en un nuevo país, entre nuevas personas y un nuevo lenguaje. Dejo este ejercicio a la libre elección de quien lee, teniendo como única premisa el total desconocimiento del entorno nuevo. En semejante escenario y en condiciones sociales óptimas, como adultos será cuestión de tiempo para que cualquiera de nosotros hagamos la búsqueda voluntaria y directa de ciertos elementos de aquel medio, elementos que a su vez nos resulten más útiles para poder sobrevivir entre la confusión. Y por supuesto, elementos que encontremos a nuestro alcance.

Pero ¿por qué un sujeto que no tenía necesidad de nada ha de elegir otro escenario? Supongamos que aquel viaje que hacemos a otro país fue forzado. Y en semejante país somos sometidos de constante a situaciones que desconocemos y que realmente no son de nuestro agrado. Por el contrario, se nos separa de los lugares donde teníamos todo y de la gente que apreciamos. Ante semejante atropello, ¿por qué seguir?

He argumentado hasta ahora de que realmente como infantes no elegimos del todo un camino o el otro, sino que transitamos por los dos caminos simultáneamente, entre nuestro nuevo país y aquel que anhelamos. Justo por adoptar a un elemento en particular, relacionarnos y enfocarnos solo en dicho objeto para tratar de hacer de nuestros días algo parecido a lo que perdimos. Ya después iremos encontrando y haciéndonos de más aliados en nuestro secuestro hacia la vida.

Parecería que como civilización vivimos buscando la seguridad de la que gozamos alguna vez, seguridad que si bien hemos de ver satisfecha parcialmente por nuestros empeños individuales y colectivos, nunca podremos alcanzarla a plenitud o siquiera garantizar la permanencia de lo poco que tenemos. Y, sin embargo, semejante atropello también vendrá a inaugurar la capacidad creadora de toda la raza humana, creadora por cuanto escogemos, por cuanto hacemos una relación propia entre nuestra nueva condición orgánica y ese nuevo mundo que ahora nos saluda con la mayor de las variabilidades. No se trata de construir un trasbordador espacial a días de haber nacido, sino de construir un puente entre un mundo a veces hermoso a veces aterrador y la anhelada experiencia previa. Será frente a esa carencia o perdida del paraíso donde todo infante abrazará elementos de su medio y se empeñe en sostener su experiencia única e irrepetible frente a aquellos, el mayor tiempo posible; y ante sus obvias dificultades los anhele, los sueñe y en cuanto puebla hablar, los pida. En otras palabras, los desee y sienta en lo profundo de su nuevo ser ese deseo.

La dualidad placer - displacer, entonces, se levanta como una creación individual entre las diferencias radicales del todo y la carencia, una suerte de experiencia cíclica que se funda a partir de la necesidad y verse de pronto llevado por otros a un estado anteriormente desconocido, marcado por una experiencia orgánica o corporal que podemos nombrar como satisfacción. En otras palabras, la experiencia orgánica sensible de la satisfacción conducirá en base al deseo y a su repetición, a la experiencia sensible subjetiva del placer. Tenemos en semejante trayecto el principio del orden psíquico, pues sin organismo no hay placer; y, del mismo modo, el placer es solo una huella de nuestra relación con nuestro propio cuerpo. Esta relación será ampliada un poco más adelante, cuando sea momento de tratar al dolor.

Semejante experiencia del placer resulta paradojal, pues como seres humanos libres y capaces, supuestamente maduros, hemos de procurar llegar a niveles de satisfacción cada vez más intensos, con la posibilidad de rayar muchas veces en la muerte literal. Ya sea por el placer de la comida, la bebida, el sexo o cualquier otra forma del placer, pues al parecer solo así sentimos un cuerpo que decae con el tiempo.

Espero poder dedicar un espacio a dicha dinámica corporal, pues guarda una relación muy importante en la dimensión del crimen como una experiencia de satisfacción sexual. Por el momento regresemos al infante en su mundo aun por crear, ya hemos de dedicar pronto un capítulo en cuanto a la función sexual en la que se inserta el infante en una familia relativamente normal y en base a la cual se funda la relación de la humanidad con la transgresión.

Dejemos en el aire la clave que ya hemos citado, el placer nace como posibilidad humana por la acción de otros; dado que el infante se limita a sentir, pero no por ello deja de elegir elementos que le brinden experiencias corporales particulares. Es a partir de los derivados de semejante experiencia, que el ser humano hace la muda de un estímulo al placer y no ha de olvidar en tal trance la figura de los otros.

Pues bien, si ya hemos cimentado desde nuestra experiencia propia la posibilidad de distinguir el placer del estímulo, a fin de reforzar los motivos por los cuales un organismo humano elige el mundo ante la nada, hemos de seguirlos en el curso de su evolución. Por ello es importantísimo señalar que el placer orgánico es una experiencia que se enlaza íntimamente con aquellos cuidados que resultan vitales para la conservación de las funciones orgánicas, conforme el desarrollo del organismo lo ha ido capacitando. Estos cuidados serán el caldo de cultivo para las experiencias que los infantes convertirán en placeres.

Tenemos, por tanto, que uno de los primeros placeres comunes a la raza humana será proporcionado por la succión, seguido por el control de esfínteres y finalmente la estimulación genital, por lo general proporcionada a temprana edad por los cuidadores, con el afán de procurar la higiene. Veremos entonces que la relación con los alimentos, la higiene y finalmente la reproducción, dicho de manera groseramente general, marcarán de forma definitiva la ruta de adaptación secundaria que caracteriza la vida humana frente al placer. En otras palabras, el primer proceso adaptativo del organismo al medio físico por conducto los cuidados, sufrirá modificaciones para la adaptación social; modificaciones que no cancelan la primera organización.

Hablo, entonces, de adaptación primaria pues el ser humano nace incapaz de procurar su cuerpo y es ajeno a sus propias necesidades, es decir que ni las conoce ni las puede atender. Es como si el infante humano naciera enajenado ante la vida misma. Literalmente es imposible que un infante recién nacido pueda tener el conocimiento de lo que significa el estado que conocemos como "tener hambre", primeramente porque no conocía semejante experiencia por sí solo, en su propio cuerpo. En segundo lugar, porque no es posible dotar de significado a ese estado que ya siente o experimenta como organismo independiente. Es por medio de los cuidados que tendrá noticia que aquello que siente tiene un nombre y que él o ella podrán influir sobre semejante condición que marcará su vida de acuerdo a sus propias voluntades, en cuanto sepa que tiene una voluntad justo por cuanto es capaz de hacer manifiesto su deseo, que en un inicio se haya totalmente indiferenciado por su total indefensión.

Si hemos de rescatar otro principio de semejante decurso es que, en efecto, como adultos podemos ver un cuerpo y solo un cuerpo; el infante, por otro lado, ha de ir experimentando su cuerpo de forma paulatina, conforme a su propio desarrollo neuronal. Propiamente lo ha de ir construyendo por medio de la experiencia sensible y ha de distinguir a otros cuerpos como el suyo en poco tiempo, también gracias a la experiencia con su propio cuerpo. En otras palabras, el placer surge como un recurso adaptativo del organismo a sus nuevas condiciones singulares e independientes de vida, condiciones que sufrirán otro revés al poco tiempo de haberse establecido.

El primer tiempo de la estructura del placer, es un placer puramente orgánico y de carácter inmediato, placer que tendrá que modificar su trámite en cuanto se busque insertar al infante a un medio más amplio. Hago aquí la indiferencia o completa similitud entre el mundo y los padres, recordando que para el infante más joven, su mundo son sus cuidadores; aunque dicha relación también se haya en desarrollo para el recién nacido. Frente al caos de la indeterminación, la formación del placer es la primer noción de orden para el joven organismo. En cuanto a la relación de los infantes con el dolor, como la otra cara de la experiencia sensible, merece ser considerado más adelante, por las dificultades que plantea para su reconstrucción teórica.

Antes de nombrar las características de la segunda organización del placer, o el placer social, he de subrayar que tal parece que ambas caras del placer querrán sostenerse el mayor tiempo posible en aquella experiencia que conocemos como satisfacción, a fin de emular en lo posible la experiencia uterina de no necesidad. A esto último se le nombra teóricamente como Principio de Nirvana y se refiere al empeño de hacer del placer no un instrumento para una alianza con la vida, sino un instrumento en la negación de su carácter cambiante.

En todo caso, el placer derivado por medio de las experiencias proveedoras de cuidado al infante antes nombradas, marcará el camino para que aquel pueda hacerse de una idea de sí mismo y de su independencia orgánica. Independencia orgánica más no social de sus cuidadores; dicha asociación entre cuidados, cuidadores y vida será fundamental para la posterior organización psíquica y social del individuo.

Por ello podemos ver en una proyección muy futura, que algunos seres humanos asocian directamente la transgresión con la muerte; así como otras personas podrían ver en el mundo una entidad buena, una proyección del carácter benévolo de los cuidados paternos. Y antes de que se me ataque por negar la existencia de un Dios, cualquiera sea su nombre, lo que acabo de escribir está lejos de ser una negación. Más allá de una afiliación doctrinal particular, estamos vivos, ¿qué otro Dios buscan mis queridos lectores? De lo que me ocupo aquí es de dotar del significado infantil el cuidado del cual es objeto en las experiencias más tempranas, para comprender un muy probable origen de las formaciones religiosas y legales, pero eso vendrá después.

De aquellos cuidados los infantes se obtendrán primeramente un cúmulo de experiencias que le brinden satisfacción orgánica, es decir un alivio momentáneo de los requerimientos propios de su cuerpo o bien una alteración sensible de una condición orgánica a la que no son capaces todavía de atribuirle un significado; así como frustraciones, cualquier situación o eventualidad que lo aparte de un elemento o persona deseada, o bien la negación de un estado orgánico anhelado.

Las vivencias del placer y del dolor le servirán para distinguir poco a poco su propia experiencia. Sin poder notar que tiene un cuerpo y que ese cuerpo le demanda ciertas condiciones, aquel individuo conocerá de la mano de sus cuidadores, o los dioses, las diversas caras de la satisfacción o alivio.

Puedo afirmar sin mucho miedo a equivocarme, a que el placer es la experiencia orgánica que marca la inauguración de la experiencia subjetiva aun antes que el dolor; y ambas pueden irse construyendo en la medida en la que el infante distingue esas satisfacciones como suyas y de nadie más, conforme pueda establecer con mayor nitidez la diferencia entre su persona y el resto del mundo.

Por esta situación es que nos podemos explicar que una caricia no necesariamente es placentera para quien la recibe, sino hasta que pueden distinguirse otros atributos del hecho, entre ellos la intención de quien la emite para quien la recibe. Semejante distinción es imposible para quien acaba de nacer y una sola experiencia no le proveerá de los detalles de la misma.

Es esta distinción una importante diferencia entre la experiencia sensible de los infantes con los adultos, quienes podemos señalar claramente cuando una caricia es más desagradable que placentera, pues entre otras cosas distinguimos cuando y con quien la queremos experimentar. De la misma forma, el dolor surge como una posibilidad muy humana frente al mundo, al permitirnos manifestar nuestro desagrado ante el cambio o la diferencia.

Si como cultura algunos han hecho una lucha en contra de la tristeza, forzando e imponiendo la alegría diestra y siniestra, no nos puede resultar extraño que esos simpáticos sonrientes culturales sean los más afectados por los actos de suicidio que se cometen a su alrededor. Por otro lado, tampoco es agradable estar junto a una persona permanentemente triste; y si quien lee esto pasa por un momento álgido en su vida, le suplico busque ayuda y no se abandone en la experiencia sensible de su frio vacío. Bien puede ser que ese vacío le permita obtener un placer hiperintenso de no necesitar a nadie; lo cual es respetable, si es su deseo. Bien puede alguien escoger no amar.

Estos ejemplos nos introducen ligeramente en la siempre cambiante dinámica del placer, cambiante por cuanto que cada individuo podrá ejercer poder sobre aquello que ha destacado en su propia vida, eligiéndolo una y otra vez aún en contra de su voluntad adulta. Sobre tan curiosa posibilidad hablaré más adelante, en cuanto explique la dinámica de la neurosis. Otra cara de la dinámica del placer, es al respecto del paso del tiempo o las diversas eventualidades a las que puede estar sujeto un individuo a lo largo de su vida. Lo que hoy es placer para muchos, es muy probable que cambie con el paso del tiempo.

Regresemos una última vez en este capítulo a la consideración de la condición del infante. Con posterioridad, por medio de su contacto con los "dioses", podrá tener noticia de un mundo más amplio, será entonces que aquella impresión que ha hecho del placer le servirá de piedra fundacional para su contacto social. En otras palabras, de las experiencias de placer y displacer vivido hallará el sujeto una vida por su cuenta, dentro y fuera de aquel marco de referencia biológico (su cuerpo) y social (de cuidados familiares o instituciones), conforme el individuo sea capaz de encontrar un lugar propio y exponerse a diferentes fuerzas. Es aquí donde puedo hacer una primera mención de lo inconsciente según el psicoanálisis. Fruto del conflicto entre los mundos interno y externo, algo que no es nuestro cuerpo ni la sociedad, pero que depende de ambos mundos para tomar elementos sobresalientes y dar forma a nuestra particular lucha y a nuestra experiencia sensible.

De ahí podemos dar cuenta de la autodeterminación de todo ser humano, pues dado que el estímulo ha sido despojado de sus características objetivas o medibles, hemos de reconocer que es la importancia subjetiva la que llena de vida a los elementos del medio; y pese a semejante creación, hemos de vernos burlados por nosotros mismos al querer dominar nuestros propios placeres y dolores, hablare de ello en el capítulo siguiente.

Mientras redescubrimos nuestra increíble capacidad para asombrarnos a nosotros mismos por las creaciones que hemos hecho inadvertidamente, recordemos que es posible hacernos de una idea general al asociar la primera formación universal del placer con funciones corporales y sociales en su proyección futura.

Tal como los animales nos formamos en un inicio, en base a algo que podemos comparar con un instinto de supervivencia. Luego, poco a poco nos hacemos de una idea de nosotros mismos al experimentar placer y dolor ligado a nuestro cuerpo y sus funciones. Sabremos que tenemos necesidades y que los elementos del mundo son útiles para atender a esas necesidades y hacernos sentir mejor, entonces los buscamos y los queremos de inmediato, pero no nos quedamos así.

No sé si decir que para bien o para mal, pero por múltiples experiencias y testimonios a lo largo de la historia, tal parecería que aquella experiencia previa de la completud que caracteriza la vida uterina, marcará de forma definitiva la nuevas vivencias frente al placer orgánico y social, dejando un rastro que podemos identificar como una cierta insatisfacción aún después de los logros más sobresalientes.

Para ilustrar esta realidad particularmente humana, haré uso de una hipérbole: a veces parecería que ni todo el dinero, ni todo el sexo, ni todo el poder serán suficientes para satisfacer a un solo ser humano. Esta aparente exageración, de la cual podemos dar cuenta con varios ejemplos a lo largo de la historia de toda la humanidad, tiene fuertes razones de ser, fundadas en la relación que establecemos con nuestros cuerpos a partir de la experiencia de la completud inherente a la relación simbiótica que nos ve nacer y su posterior pérdida. Sin embargo, posiblemente a semejante maldición debamos también todos nuestros notables avances como especie, al no estar satisfechos con las conquistas que hemos tenido ante lo que la naturaleza nos impone.

Aquellas experiencias infantiles moldeadoras pasarán a formar parte vital de la adaptación del individuo a su medio ambiente, una adaptación que paulatinamente le demandará más y más, conforme su propia capacidad de dominio se haga observable para los cuidadores o sus sustitutos, hasta demandarle el completo dominio sobre los estados que derivan de sus necesidades orgánicas.

Vemos entonces una situación en la que el infante es el digno receptor de una serie de atenciones que se deben a su relativa pasividad y real incapacidad, atenciones que de alguna forma subsisten en la forma del núcleo familiar, la sociedad, la cultura y el Estado. Atenciones que tienen una razón, puesto que forman parte de un entramado construido por las necesidades biológicas de los individuos y una aproximación permanente al organismo por parte de aquellos representantes de un poder ajeno al sujeto, que lo invitan de continuo a resignar parte considerable de su poder y sus comodidades conforme va madurando y que al mismo tiempo fundan nuevos caminos al placer.

De semejante papel que adopta involuntariamente el infante y que se espera de los individuos de todas las edades y culturas, se entiende que los empeños moldeadores no cesen en ningún momento en la vida del ser humano, al mismo tiempo que el molde se extienda a cada aspecto de la humanidad conforme el individuo pueda hacer un reconocimiento de su propia experiencia y sea capaz de hacerlo notar a los demás. Y pese a ello, ningún empeño externo puede llegar a quebrantar aquel llamado que la naturaleza paulatinamente hará de cada uno de los miembros de la especie, para atender según nuestras propias urgencias y capacidades. Pues si bien el hambre nos afecta a todos en distintos momentos, la forma de hacernos cargo de ese llamado varía radicalmente de persona a persona; tanto que, incluso algunos han podido hacer de esa experiencia de carencia un mecanismo de placer que atenta en contra de su propio "instinto de supervivencia". Explicare esto último.

De la noticia que tenemos del llamado de la naturaleza y de nosotros mismos, que en un principio no seremos capaces de distinguir como una manifestación particular de la vida, haremos otra cosa según nuestras propias capacidades y las posibilidades del mundo que nos rodea. Podríamos hablar entonces de un mecanismo de placer primario o universal, ligado a la supervivencia orgánica; y de uno secundario, puesto que la experiencia humana contempla que, entre la demanda y su correspondiente fin, existe tensión que muchos han de asociar como una experiencia de placer. No es la cesación del estímulo interno o externo lo que les brinda satisfacción a ciertas personas, sino su acumulación o al menos es una posibilidad muy presente en la vida de los hombres y mujeres civilizados. Para ellos no se trata de buscar y consumir lo que necesitan, sino de alargar indefinidamente su tiempo de espera a fin de poder ver satisfecho su apetito con la esperanza misma; o bien, invirtiendo el eje de interacción, gente que acostumbra hacer de su contacto con los demás una fuente de conflictos que los hacen sentir vivos. Ya retomaré la dinámica orgánica frente al mundo de representaciones que lo fuerza a una solución tan descabellada.

En semejante esfuerzo, ajeno por completo a las demandas biológicas, se construye la civilización humana, al favorecer la formación del lazo social; mientras que, por el apremio biológico, todo individuo es capaz de cometer hechos que ponen en entredicho lo construido y sostenido entre todos. Esta podría ser una primera aproximación a la explicación del fenómeno que conocemos como crimen, pero es por demás una aproximación muy superficial.

En este punto quiero adelantar que la operación entre demandas y acciones, o el deseo mismo, consiste en un mecanismo adaptativo que hace de las funciones propiamente mentales una fuente tanto de estímulos como de satisfacciones sustitutivas con cualquier objeto o medio que se tenga al alcance de la mano. Una vez más lo diré de forma directa, no solo la experiencia de placer facilitará el desplazamiento del estímulo como el protagonista de la experiencia sensorial, sino que la dinámica de la representación o el intercambio de valores que dan el carácter elemental a los objetos y experiencias, hace imposible el poder determinar desde fuera u "objetivamente" el valor de un solo factor definido por un investigador.

Un ejemplo de ello, de fácil observación, son los niños que ante una situación estresante, se calman a sí mismos succionando su dedo. Esto es, el placer como una herramienta del sujeto orgánico. El dedo no lo alimenta, pero el placer lo calma, lo ordena.

Esto llevado a la dinámica social, se traduce en una incapacidad inherente a ciertos individuos frente a la satisfacción. Es decir, acciones de semejante naturaleza ponen en evidencia que el infante, desde muy temprano, se hace de recursos para atender a sus necesidades, por lo que no depende entonces de una "buena" o "mala" madre el calmar al infante, sino de lo que ha hecho el pequeño de aquellas fuerzas a las que fue sometido desde el inicio mismo de su lucha, fuerzas que no pocas veces toman la vida de aquellos menos favorecidos por el ambiente o por la biología. Siendo así, lo que nosotros entendemos como maternidad o paternidad, es decir como un esfuerzo voluntario adulto, no deja de ser una dinámica que también establece el infante para procurar su supervivencia, con los medios que una larga cadena evolutiva personal y colectiva lo han dotado. Con esto no señalo como ilógica la lucha social por mejores condiciones de vida, como si indico que hay seres humanos imposibles de satisfacer, puesto que es una posibilidad fundada en el individuo mismo. Más adelante trataré a detalle semejante decurso de eventos.

Propongo que detrás de semejantes esfuerzos del infante hay ya una voluntad por repetir algo indeterminado, no un estímulo sino una vivencia única, la experiencia de placer o un evento que le permite crear un gusto muy particular por la vida. Eso es la sexualidad, la liga que une al individuo con su entorno y consigo mismo, bajo ningún concepto puede reducirse únicamente a un acto genital, este sería una imagen claramente distinguida de una dinámica mucho más grande y fina a la vez.

Por lo tanto y sin ser necesario establecer un tiempo aproximado para el inicio de la separación al menos parcial entre el infante y su madre, pues la naturaleza humana demanda una separación continua del individuo con su medio e incluso de su propio placer, he de avanzar en la exposición.

En base a la experiencia de placer el joven organismo ha de hacer de su mundo una red de elementos de la cual es imposible separarlos dada su cercanía y la incapacidad de distinguirlos e individualizarlos claramente, pues uno mueve al otro de manera insospechada; de tal forma que lo que empezó siendo una mera operación de trámite, se refuerza y complica con todo un universo de fuentes de estímulos autónomos, destacados, creados de aquello que viene de los mundos internos y externos; y que pueden llegar a tomar primacía sobre el apremio mismo que convoca la movilización del organismo al llanto, por poner un ejemplo.

Por último, he de admitir que he abordado de forma muy superficial la posibilidad de gestar una experiencia que podríamos llamar placer en la formación biológica y social del ser humano. Es necesaria una extensión de la realidad social dentro del mismo organismo, o la introducción del nuevo individuo a una dimensión independiente de la orgánica y social; a fin de contemplar todas las posibilidades en la estructura de los complejos de representaciones o en las formaciones que contemplamos como placer. Pero ello será objeto de otros capítulos, conforme hayamos cimentado la dinámica entre los elementos que dan forma a la sexualidad infantil.

Sentio me voluptatem ergo cogito, cogito ergo sum.

Ya después, un poco después; vendrá la terrible duda.

5
En busca del significado

El dolor, la angustia y la prehistoria de la maldad

Llegado a este punto de mi exposición quisiera compartir con el lector que este ha sido el capítulo que más trabajo me ha costado, pues en el reúno el punto nodal de toda mi apropiación y elaboración del psicoanálisis. Todo esto empezó tras la interrogante ¿Cómo explicar a un niño la maldad? Tal duda surgió en mi mucho tiempo antes de iniciar mi seminario de formación como psicoanalista.

Durante algún tiempo me contestaba asociando la maldad con el concepto del dolor. Pero eso chocaba con muchas limitaciones que haré evidentes en este capítulo. Trataré de ser lo más conciso posible, aunque he de advertir que de aquí parten tantas implicaciones que será necesario plasmarlas en otro capítulo y muy posiblemente en una continuación a este ensayo, que por el momento solo atino en llamar "La dialéctica del castigo". Ahora, al proponerme ilustrar el mecanismo de formación de la experiencia sensible del dolor, en contraste de la evolución del placer; me aproximaré a una descripción más completa de los factores que dan forma a la sexualidad humana, como la conocemos hoy en día.

Por cuanto la infancia más temprana o los primeros años es el tiempo durante el cual las familias buscan dar forma al libre espíritu infantil, que goza de la libertad del cuidado de sí mismo y que no tiene aún la necesidad de someterse a la dinámica de inserción simbólica por medio de un lenguaje. Veremos que esa aproximación al alma infantil no empieza con la educación como la influencia cultural sobre un solo individuo, sino que se trata en un inicio de introducir inadvertidamente la diferencia y el dolor, frente al criterio del infante.

Tenemos que considerar el hipotético punto de partida una vez más, aquel tiempo donde los recién nacidos están formando su mundo de representaciones, estableciendo en base a su propia experiencia sensible una relación con la vida.

Dado que el infante no cuenta ni con representaciones ni con símbolos, resulta ser el cuerpo de los más pequeños el escenario por excelencia donde podrá experimentar la diferencia radical entre la satisfacción y el deseo. Posteriormente, esa diferencia, que hemos de asociar con el dolor, será explotada para introducir al infante a la dinámica social por medio del castigo; situación que le hará sentir sus faltas al orden que requiere para seguir vivo, según el criterio de los cuidadores. Pero primero ¿Cómo es que podemos dar cuenta de una experiencia que conocemos como el dolor?

He considerado que la experiencia del nacimiento somete al infante a fuerzas que creía imposibles y lo obliga a asumir parcialmente un cambio radical y permanente de sus condiciones de vida. Permanente desde nuestra propia perspectiva, el infante no tiene nociones del tiempo. De la misma forma, la nueva condición orgánica lo expone a la dinámica de los cuidados a los que está sometido sin saberlo, al no poder contar con el uso libre y voluntario de su cuerpo. Recordemos, el único poder propiamente infantil es el de sentir. Y en base a ese capacidad, podrá distinguir poco a poco su propio cuerpo.

Me es necesario hacer hincapié en una variable que no había considerado sino muy superficialmente en el capítulo anterior, para otorgar prioridad al lugar del placer en el orden psíquico. Mucho antes de poder molestar a los niños con demandas, aquellos cuidados fundamentales para su supervivencia también pueden resultar extraños o molestos para los infantes. Ellos los someterán a una reevaluación por la lógica que estamos por considerar.

Todas estas circunstancias antes nombradas: el cambio definitivo de la situación orgánica a partir del nacimiento, los cuidados necesarios y la impotencia infantil frente las nuevas condiciones, lo harán vivir de primera mano una diferencia entre lo que implica el paso del tiempo en su cuerpo, o necesidades; y la estrecha relación que hay entre los elementos de su medio. Elementos que podrá distinguir cada vez mejor, conforme es capaz de interactuar con ellos.

Esto se debe en gran medida al desarrollo neuronal o mielinización, junto con la evolución de los sistemas perceptuales. Ambos permitirán al infante distinguir los elementos, al otorgar características particulares a los objetos a su alrededor y atribuirles un monto de afecto. O, en otras palabras, la huella del placer y el dolor ligada a sus primeros objetos: los padres o cuidadores, para empezar. Dejemos como mención, que dicha organización que permitirá la diferencia entre los elementos; no cancela que pervivía en lo más intimo del alma humana, una cierta organización que se estructura de forma diversa. En dicha organización que se funda de la experiencia más temprana, persiste la libertad frente al tiempo y no hay contradicción entre sus elementos, quienes solo podrán presumir de contar con mayor o menor notoriedad en dicha organización.

Había mencionado desde el principio de este ensayo sobre la indefensión infantil, e hice una referencia del evento que conocemos como placer y como aquel se levanta frente a lo indeterminado del mundo como un factor de orden personal. Pero el placer no se limita a una sola experiencia gozosa, sino que es solo una cara de la experiencia sensible en la formación de redes de asociación entre los elementos del mundo, con base a la naturaleza infantil. Tal mecanismo girará en torno al intento de definir los contrastes y definir así objetos y fines.

Todo esto fue posible por los cuidados brindados al infante, pues por medio de ellos se estableció la relación de los cuidados con la vida, relación personificada o hecha carne en la figura de los cuidadores o padres. Padres igual a Placer, Placer igual a Vida; posteriormente, esto se convierte en un Padres igual a Vida, en cuanto el infante puede distinguirlos como entidades independientes de su organismo, partiendo de su placer y de su dolor. Ya abordaremos los detalles de esta evolución, partiendo primeramente de la relación que el individuo establece consigo mismo.

Para darnos una idea de las dificultades en la formación de la experiencia del dolor, tengamos en cuenta, que partimos de una situación de total indiferencia entre nuestras experiencias orgánicas y una total incapacidad de hacernos cargo de nuestra propia vida, que nos obliga a depender totalmente de nuestros cuidadores.

Primeramente, se instaurará en los infantes la dinámica del deseo, en base a la satisfacción que puedan obtener de los cuidados a los que están sometidos. Satisfacción que le será imposible extenderse indefinidamente. Por ello y por la huella que deja en nuestro cuerpo, será que anhelamos que se repita eso, un "algo" que todavía no pueden distinguir. En tales condiciones todavía hablamos de un fenómeno universal, pues el deseo se haya en cada ser humano como la huella de su total indefensión y dependencia; la diferencia más radical se localiza en lo que hacemos cada uno de nosotros con esa diferencia entre nuestro anhelo y la realidad. Tendremos en tal diferencia entre nuestros deseos y la realidad, la fuente del dolor por excelencia en toda la raza humana.

Una diferencia que apela a la experiencia corporal, y no me refiero a la falta de cuidados que puedan notarse en un infante. En la experiencia corporal más básica, no se trata de que un infante llore por hambre, para poder ubicar la diferencia entre insatisfacción y dolor. Se trata de la diferencia entre lo esperado y lo obtenido. De forma más específica, podemos ilustrarlo de la siguiente manera, si damos leche al infante que espera miel, aquel experimentará dolor. De igual forma, si damos miel a quien quiere leche, habrá molestia.

Y dado que en sus primeros días no habrá forma de que los infantes puedan manifestar su voluntad, no puede resultarnos raro que los cuidadores tengan que leer a los niños a su disposición. Lectura que irá perfeccionándose conforme avance el tiempo; si los cuidadores cuentan con el tiempo y la dedicación, de lo cual no hay garantía.

Pero supongamos que existe un tiempo de cuidado amoroso del infante, aun durante ese tiempo, el infante será sometido a un numero indeterminado de experiencias de dolor. Repito, dolor por cuanto le es posible identificar experiencias que busca repetir y que no encuentra, o que encuentra con ligeros cambios. No necesariamente me refiero a dolor causado voluntariamente por lo padres, de acuerdo a su propia experiencia corporal, o un dolor que busque introducir un orden a los pequeños, como el castigo. No puede haber castigo cuando no hay significado, y no hay significado donde no hay experiencias.

Esta situación de total dependencia contribuye a una ausencia de significado o la relación entre la vivencia y la posición subjetiva frente a ella. En palabras más sencillas, pese a haber una experiencia sensible, no es posible distinguir en un principio entre placer y dolor, dado que ambos provienen indistintamente de las mismas fuentes, es decir los padres. El infante tarda en identificar a su cuerpo como la fuente de la experiencia sensible, por la influencia de los cuidados; que son a su vez necesarios, dada su incapacidad motriz de procurarse.

Puede ser que por el simple hecho de vacunarlos o negarles la opción de comerse el insecto que encontraron en el jardín, eso hará a los cuidadores representantes de un deseo otro que no es el del pequeño o la pequeña, y en tal diferencia encontrarán una buena dosis de dolor. Dolor que no podrán dotar de dimensiones, pues ni siquiera pueden concebir sino muy superficialmente su propia independencia orgánica.

Entonces, para los recién venidos al mundo, aún la experiencia de dolor es algo que irán construyendo en base a su propia vivencia en su contacto con los cuidadores. Experiencia que podrán asociar con su cuerpo, exactamente como la experiencia del placer. Y al igual que el placer, el dolor contendrá en su evolución la huella de la historia sujeto, su carácter subjetivo.

Por esta razón no es necesario que un cuidador castigue para que el infante conozca el dolor, o que el dolor sea causado por una herida en un descuido del cuidador. Basta con cargarlos cuando ellos no quieren, despertarlos para darles de desayunar, limpiarlos después de que defecaron pues ya están jugando con su caca. Aun si todo esto hecho de la manera más amorosa posible, si no es por voluntad del infante, aquel lo vivirá como un dolor. Espero que el lector note qué, desde la perspectiva infantil, la diferencia es fuente del dolor; cuando hay una voluntad. Y es por esa voluntad, que podemos dar cuenta de la primacía de la experiencia del placer frente a la experiencia del dolor, como formadora del orden psíquico primario. Repito, el Principio del Placer.

Entonces, no estoy negando la naturaleza orgánica del dolor o que sea nuestro cuerpo su fuente primordial; sino que señalo que esa relación de total dependencia con nuestros cuidadores y su progresivo distingo como seres independientes de nuestra propia voluntad, impide la diferencia radical entre nuestra experiencia subjetiva de placer y dolor. Dicho en otras palabras, el dolor que pudieran provocar los cuidadores ha de ser tolerado, dado que no tenemos ninguna opción frente a aquellos; y que, junto con la molestia que nos causan, eventualmente también tienen aciertos.

Desde la perspectiva infantil, es por aquella natural dinámica de los padres, como fuente también de situaciones placenteras y displacenteras, por la que podremos dar cuenta de una situación psíquica que podemos nombrar como ambivalencia afectiva. O bien, la natural convivencia entre el amor y el odio depositado en aquellos seres que hicieron de nuestros primeros días tanto el cielo como el infierno, por el simple hecho de cuidarnos o tener una vida independiente a nuestros deseos.

Eso bastará para ser odiados como padres o cuidadores y para ser fuente de una angustia de intensidad variable ante los infantes, dependiendo de los métodos que usen los cuidadores para atender las necesidades más básicas de los pequeños. Pero, he venido hablando de la angustia como si fuera ya algo conocido. Me explicaré.

Aquella paulatina diferenciación entre el sujeto infantil de sus cuidadores y de los elementos de su medio ambiente, no cancela de ningún modo que aquella experiencia enormemente intensa del nacimiento pueda ejercer una influencia de anhelo por aquel estado donde no necesitábamos de nada; pero también de pavor, al no tener ninguna noticia de cómo fue que ocurrió nuestro cruento despertar a la vida. Y tanto el anhelo por la satisfacción infinita como el pavor ante lo desconocido e inesperado, son la base para la formación de un sujeto, por cuanto se funda un sentido y significado para aquel organismo en particular. En base a su propio ordenamiento por sus experiencias sensibles y su posterior reorganización tras el desarrollo motor.

Podríamos pensar que el infante goza de una vida afable, conoce y experimenta tranquilamente su paulatino control sobre sí mismo, el mundo y sus elementos, sin el mayor conflicto. Pero esa experiencia de exploración tiene una implicación doble, pues si bien cada día se aproxima más a la noción de poder y libertad que le brinda su experiencia de control corporal, esa misma experiencia de potestad sobre sí mismo lo somete a reconsiderar su propia estabilidad conforme a sus experiencias pasadas.

Veremos por un lado que los infantes pasarán de llorar como un acto sin implicaciones o significado, a diferenciar cada vez más su experiencia particular y hacer uso de sus recursos corporales para impactar su mundo. Por eso pueden llorar por un cuidado amoroso a destiempo, porque han sido capaces de distinguir su propia voluntad. Además, gracias a su evolución motora y las experiencias de cuidado particulares, se encargarán de buscar activamente en el medio a aquellos elementos que le brinden el afecto, el calor y los alimentos que desea; y sentirá la ausencia de estos como un evento insoportable, y ante ello podrán llorar para manifestar su postura ante los cambios que sobrevienen.

El llanto pasará de ser una reacción indistinta a eventos cualquiera a un recurso del que podemos hacer uso para manifestar nuestro dolor, nuestra incomodidad, nuestras penas, nuestra angustia ante lo indeterminado. Pero antes de todo eso, planteo una situación donde el organismo está adquiriendo poco a poco experiencias que le permiten adquirir una forma propia, en base a sus más primitivas reacciones frente a lo indeterminado del mundo.

Hagamos una recapitulación para la introducir la función de la experiencia sensible. Nuestro cuerpo y sus manifestaciones adquieren un sentido con el tiempo, conforme el mismo organismo infantil puede establecer una relación entre sí mismo y el mundo que representan los cuidados de los que es objeto. Semejante dinámica le permitirá distinguir su voluntad y las herramientas que dispone para interactuar con su medio, gracias a su experiencia sensible. Tenemos que tanto el dolor como el placer serán los mecanismos naturales para la adquisición de limites deseables o significados de los hechos que ocurren a nuestro alrededor.

Haciendo este modelo extensivo a todo recurso afectivo, la angustia surge como un recurso adaptativo primario entre nuestra recién fundada capacidad de hacer algo voluntariamente y la posibilidad de perder lo que uno tiene, incluido el cuidado de los cuidadores, de manera repentina e inesperada. Esto es, que la angustia surge como el resultado de un ejercicio inadvertido de la voluntad infantil en un contexto extraño a nuestras personas, por ello la angustia tiende a paralizar a los sujetos que la viven. Se paralizan para sobrevivir, pues apelan a que de alguna manera serán acogidos por un superior o ignorados por los cazadores. No descuidemos el carácter social del superior, será objeto de un futuro desarrollo teórico.

Dado que el desarrollo del infante no permite que los recién nacidos distingan entre los actos que procuran sus necesidades y un acto de odio hacia su persona, al estar en total sumisión al cuidador. Su vida consistirá en distinguir el amor del odio, el placer del dolor, su persona y sus semejantes, sus deseos y sus necesidades.

Pero tales distinciones también son hipotéticas o difusas; debido a que, durante el trayecto para distinguirnos entre un violentado infante por un padre irreflexivo, a comprendernos como un infante con un padre que nos castiga por amor o que simplemente nos cuidaba haciendo uso de recursos muy cuestionables, no tenemos ninguna garantía. Por poner solo un ejemplo.

Hablando de distinciones, es gracias a la consideración del dolor que nos es posible señalar la diferencia entre el miedo y la angustia. Esta diferencia consiste en que en el miedo podemos señalar al objeto que nos promete dolor, esto es una reacción consciente ante un evento determinado con sus bien conformados elementos. Mientras que la angustia es vivir en carne viva y propia la indeterminación, en el vacío, en la nada que es exclusiva de la dinámica inconsciente. Esto es importante por la relación del miedo con el castigo, pues la experiencia de angustia excede por mucho las posibilidades de influencia por el acto del castigo.

Siendo así, enfatizo, la angustia no es una emoción pasajera, no es una impresión que podamos corregir con consejos, es una experiencia abrumadora que afecta a todo el cuerpo, algo así como el contrario del enamoramiento. La angustia es una experiencia donde no solo no hay objeto que podamos identificar claramente, tampoco hay una solución al no haber objeto y por si eso fuera poco, no hay un tiempo específico para que se nos afecte con una indeterminada experiencia de intensidad también desconocida. Bien podemos representarla someramente como "lo terrible del no saber", o la energía libre de objeto y fin que tiene un efecto desagradable en el individuo que la emite.

Estas pequeñas descripciones pueden servirnos para ilustrar la base de la experiencia de angustia. Recordemos que la organización frente a las experiencias sensibles tiende a cambiar conforme el sujeto establece una relación distinta consigo mismo al momento de incrementar sus capacidades motoras. Puesto que la experiencia infantil se modifica conforme el individuo se desenvuelve entre sus cuidadores. Dicho esto, vale la pena señalar que no puedo estar seguro de introducirlos a aquellos como fuentes de angustia, veremos que todo dependerá de los padres.

En cuanto a la configuración de estas posibilidades en la dinámica familiar, puede ser que existan padres cuyos hijos sean una fuente de angustia terrible, por hacerles ver los límites a su "insignificante criterio" de forma terminante y caprichosa. Del mismo modo que habrán padres que hagan uso indiscriminado de la crueldad sin medios o límites claros con afán de educar a los infantes a su disposición y cuidado, con actos que legalmente podemos considerar una tortura. Siendo entonces que no hay forma de saber a ciencia cierta una relación universal entre la educación familiar o la formación de límites dentro de la familia y la angustia, que muy posiblemente sea una mezcla de los dos escenarios descritos, sugiero avanzar en la descripción de un posible escenario en la conformación de la voluntad humana. Pero antes, quiero hacer un comentario con el afán de definir mejor el carácter inconsciente de la angustia.

Lo que he escrito anteriormente no quiere decir que la angustia se combata brindando a los infantes conocimiento sobre como nacieron, o regañando a los adultos por paralizarse frente a un evento que rebase sus capacidades de asimilación y atacar sus creencias como manifestaciones primitivas de necesidades de seguridad también primitivas. Si bien algunos individuos pueden abrazar prácticas de un sistema de creencias o a dichos sistemas para hacer frente a eso indeterminado del ambiente que los amenaza, tal solución no es para todos.

Al respecto del conocimiento y la reprimenda como herramientas frente a la angustia se abordará un poco más adelante, primero quiero señalar como se suelen configurar los límites de manera inconsciente al respecto de lo deseable e indeseable, al apelar a la conducta sexual del lector. Asumiendo que haya adquirido alguna preferencia sobre sus semejantes, que podamos categorizar como heterosexual u homosexual, ya sea un camino o el otro se adquiere y se sostiene en base a la influencia de su propia experiencia sensible, sin verse influida por la educación formal.

Los heterosexuales suelen manifestar diversos niveles de angustia ante la posibilidad de un contacto homosexual y lo mismo ocurre en sentido inverso; es decir, un homosexual suele sentir considerable angustia ante la posibilidad de un contacto sexual con una persona de sexo distinto al suyo. No se trata solo del placer que acostumbramos sentir o que la sociedad dicta como el correcto, sino que la experiencia sensible de angustia nos determina de maneras más allá del poder de la intervención grupal y más allá de nuestra propia voluntad consciente. En este sentido, cabe mencionar el registro de una constitución bisexual innata desde los primeros textos psicoanalíticos, con implicaciones de lo más variadas que se abordarán más adelante.

Luego, es también ahí donde podremos observar una limitación de los mitos en la regulación de la angustia. Y es que su función no radica en eliminarla, sino en facilitar su transformación en miedo. Recordemos, el miedo tiene un objeto y fin; en la angustia no hay nada. Esa experiencia sensible que fue fuente de la orientación infantil de cara al mundo, pervive dentro de los discursos para sostener su carácter regulador hacia los individuos; pues de nada sirve tener a un Dios del todo complaciente para con el creyente.

Incluso puede que la angustia tome como base al sistema de creencias para sostenerse. De ser así el creyente tendrá miedo de que Dios lo castigue sin saber por qué. Espero qué de estos ejemplos, el lector pueda considerar los alcances de la influencia grupal en los individuos en contraste con la influencia inconsciente en un solo individuo. En lo inconsciente persisten representaciones que el individuo no puede influir voluntariamente, a pesar de ser creaciones suyas. Este fascinante fenómeno será objeto de una posterior argumentación.

En todo caso, repito que no se trata de reprimir o castigar lo que por naturaleza hace o dice un sujeto, o bien acusar de inoperante a un sistema de creencias porque uno de sus creyentes tiene miedo sin saber a qué o porqué, ya ni hablar de que se ataque a una religión porque uno de sus creyentes comete un pecado. Sobre los límites de la religión como empeño rector del ser humano se abordarán en futuros capítulos, donde buscaré explicar aquella frase que enuncié en un principio "la Biblia no es un manual de moral".

La práctica del psicoanálisis consiste en permitir a aquellos individuos que son aquejados por la angustia hablen libremente y puedan encontrar en la práctica de tal libertad tanto las fuentes como los medios frente a su propia angustia. Acompañados por individuos que soporten la escucha y la diferencia, y que no tienen la intención de moldearlos, sino de entregarles el molde con que los primeros se enfrentan a la vida.

Ahora, para ilustrar aquella relación del saber con la angustia, recordemos que la mayoría de los pequeños tendrán curiosidad por todo, conforme a su empeño por imponerse ante la vida. Es totalmente natural que extiendan su necesidad de saber a todo aquello que tiene relación consigo mismos y que ello implique que buscarán toda la información que puedan obtener sobre cómo llegaron al mundo. Y sin embargo, en base a su propia experiencia, al mismo tiempo que gestan el conocimiento, gestarán cuestionamientos completamente válidos hacia aquellos.

Veremos que no se trata de "creer" como sinónimo de "saber" a fin de combatir los efectos del vacío en el cuerpo, sino que la misma dinámica de la vida con todos sus elementos, pondrá en cuestionamiento el ordenamiento que hacen los infantes. En cuanto al conocimiento, la información que adquiere un pequeño será confirmada o desmentida a lo largo de toda su vida, abarcando también lo que ocurre con aquellos que ya no están entre los vivos, y las razones por las cuales son castigados. Como lo iré detallando el resto de este ensayo.

Aquello que conocemos en psicoanálisis como teorías sexuales infantiles se entiende como la organización que hacen los infantes del mundo conforme a sus propias capacidades y elementos. Tal organización toma en cuenta una buena porción del abordaje de los mitos que sostienen los adultos que los cuidan para sostener su relación con el mundo, mitos que no necesariamente son los que dan forma a las religiones, sino que consisten en los empeños de dar forma a los individuos dentro del grupo familiar o primario.

Ya había señalado que para el psicoanálisis la sexualidad no se limita a la copula, sino que nos referimos a las asociaciones y relaciones que establece un individuo con la vida y al mismo tiempo con la muerte. Bajo esta concepción, los mitos que compartimos como sociedad contribuyen a cimentar un orden que trasciende el orden familiar; y, sin embargo, un orden que depende directamente de aquel. Esto se logra al expandir las implicaciones de los significantes amor-odio y placer-dolor, a todo el espectro social, por medio de la figura de Dios y sus representantes.

Lo diré con otras palabras.

Lo que empezó como una relación de cuidados no tarda en generar molestia en los más pequeños. Tanto el amor como el odio que los infantes generan como reacción ante la vida y sus elementos, queda como un recurso afectivo de adaptación por medio del cual "pintan" sus respectivas experiencias. En cuanto el infante es capaz de asimilar una relación con su cuerpo y como depende de apegarse a un conjunto de cuidados, lo más normal es que odie lo que ame. Y no tenga ningún conflicto con tal contradicción.

Para el infante en un principio de su relación con el mundo no hay diferencia entre el amor y el odio, al igual que el placer y el dolor, esta diferencia se introduce en cuanto le es posible hacer un ejercicio de su voluntad. Sin embargo, aun constituidas tales categorías, esas diferencias no se cancelan terminantemente con la evolución de su pensamiento. Por lo que, en la mente infantil, esto es en lo anímico inconsciente e inmodificable de la mente humana y que da forma a la dinámica social; el amor es y no es lo mismo que el odio, simultáneamente. Repito, en lo inconsciente el amor es y no es lo mismo que el odio, simultáneamente.

Es distinto por cuanto cada afecto es una manifestación de un deseo; pero ambos constituyen en esencia la misma cualidad de "importante" que un objeto puede ser para un infante. En otras palabras, si decimos sí o no; nos estamos colocando frente a la promesa que nos representa un objeto. Me refiero a la posibilidad de que indistintamente amemos u odiemos, encontramos un orden en la diferenciación de tales afectos, por cuanto nos permiten orientarnos al respecto de alguno de los elementos del medio para señalarlo como deseable o indeseable.

Y previo a ese orden, que marca la diferencia fundamental entre un adulto y un infante, así como entre neurótico y el resto del mundo; hubo un momento en el cual el cuerpo de todo individuo en la historia de la humanidad fue objeto de una manipulación que le hizo sentir, y en base a esa experiencia justificada en su indefensión, fue que distinguimos experiencias subjetivas, como el placer y el dolor. Esta dinámica es sumamente rica en producciones, tanto que me veo obligado en detener en este punto para avanzar con la exposición. Con respecto al orden social, consideremos lo siguiente.

¿Cuántos infantes realmente aceptan o comprenden que son castigados o limitados por amor?, o bien ¿cuántos infantes sostienen que son odiados por sus padres, porque no los dejan salir a jugar en medio de un ambiente violento?, o ¿cuántos criminales consideran que es bueno que existan límites, aunque sean superficiales o nominales en la sociedad?

Antes bien, para un niño y para muchos criminales, el límite es sinónimo de odio y toman postura al respecto, de acuerdo a sus posibilidades. Pues bien, ahí se encuentra jugada gran parte de la humanidad por sus límites inconscientes y no es posible influirlos por medio de un aprendizaje o discursos. Esos límites se construyen en base a la relación que cada uno tiene con su propio cuerpo; repito, cada ser humano.

Y, si pasamos semejante dinámica a la interrelación de los Estados, ¿cuántos proyectos de nación no toman a un enemigo único como factor de unión entre sus pobladores?

Así como el amor y la tolerancia, el odio y el miedo sirven también como un factor de organización grupal e individual, por cuanto nos permite orientar los empeños individuales o grupales hacia los factores más básicos, vale decir infantiles, de la supervivencia individual o grupal. En otras palabras, la angustia también es sentida por las masas y ellas acuden rápidamente a cualquier llamado para señalar un enemigo y hacer correr sangre, esperando que así puedan hacer algo con ese vacío.

El punto fundamental de tal orden es dar vida y forma a un elemento de lo desconocido e identificarlo como una amenaza y luego usarlo como símbolo para movilizar a las masas de seres humanos y canalizar su frustración tras la incapacidad de afrontar aquello que nos trasciende. Entre lo más sobresaliente cabe destacar la naturaleza misma, pero no está por demás recordar que esa naturaleza se haya en nosotros mismos, como lo está por descubrir el infante. O bien, lo que me inspiró para escribir este ensayo, por cuanto reúne muchas de las características de la dinámica que he estado nombrando: el crimen. No sin antes una breve recapitulación.

Hasta el momento el infante se organiza conforme a su estado orgánico recién adquirido. No se puede mover, apenas y distingue las características más superficiales de los objetos a su alrededor, incluidos sus propios padres o cuidadores. Por estos rasgos orgánicos se verá obligado a depender totalmente de los cuidados que alguien más le pueda ofrecer. Por ello, no le será posible distinguir claramente placer ni dolor, sino experiencias sensibles indeterminadas en su fuente y objetivo que han de influir en su estado orgánico. En base a estas experiencias irá construyendo una relación con su cuerpo, y dado que carece de esta relación por su incapacidad motora y las huellas mnémicas de la experiencia intrauterina, buscará apropiarse del mundo, adueñándose de los vestigios más primitivos de lo que pueda encontrar, haciendo de aquellos experiencias sensibles. De dicha incapacidad motora también se deriva que el primer empeño de control se extienda en la memoria del infante, para formar el distingo de experiencias agradables y en base a ellas, experiencias no tan agradables por el cambio que pudiera notar entre ambas. Cabe señalar que el distingo entre placer y dolor, solo se ha podido rastrear teóricamente, en esas diferencias entre los elementos del mundo. Posteriormente, seguiremos el rastro de la experiencia del dolor, conforme el desarrollo motor.

En otras palabas, la dinámica del dolor en el ser humano se ve alterada por la influencia de los cuidados, estos permiten hacer una muda del dolor como experiencia meramente orgánica a una conjunción del factor orgánico con el social. Dicha fusión en la más temprana organización mental infantil entre ambos factores, permiten que subsista un rastro de aquella relación simbiótica entre el infante y su madre, y que esta se extienda al hacer la transición entre la madre al mundo, pasando por la familia y el Estado. Por las infinitas variaciones que podemos observar en las relaciones de un individuo con cada uno de estos actores bien identificados en la dinámica social, es que no me es posible hacer un distingo claro entre placer y dolor, por lo que me cuidaré de usar las dos categorías y usar la frase "experiencia sensible" para abarcar a ambas. Por otro lado, ya que continúe en mi abordaje hasta incluir la escisión psíquica, podre explicar porqué para algunos individuos la indiferencia entre placer y dolor puede ser permanente.

Si en el transcurso de esta descripción de la evolución del organismo humano he incluido breves avances en la organización, es para dar al lector una idea de lo que intento ilustrar.

6
Representaciones, el conflicto humano por excelencia
La creación del orden simbólico

Si he de avanzar en la exposición a fin de concebir la posibilidad, los orígenes y las consecuencias del crimen, tendré que pasar de la consideración de la experiencia orgánica a la formación y sostenimiento del lazo social, que fuerza al organismo a una dinámica de negación o aplazamiento indeterminado de su propia naturaleza. Pero para hacer semejante transición de manera satisfactoria, se nos demanda cimentar aún más la clara diferencia entre aquello que entendemos como mente y el cuerpo, sin entrar en terrenos metafísicos o religiosos.

Hasta el momento he ido trazando un curso de evolución particular en el que cada ser orgánico ha procurado hacer una alianza al menos parcial con el mundo por el mecanismo de la formación del placer. Dicho mecanismo se funda en la posibilidad de reconocer las diferencias entre los estados que han dado forma al individuo, es decir entre la total pasividad del útero y los requerimientos de la vida como ser relativamente independiente. Es esta relatividad la que nos coloca en un entramado entre aquello que percibimos del mundo y aquello que somos cada vez más capaces de distinguir como nosotros mismos, es decir nuestro cuerpo.

Vemos entonces, que la posibilidad de establecer una paulatina diferenciación entre aquello que somos y lo que no, marcará la pauta para la distinción de una actividad que podríamos llamar mental, al haber hecho una asociación entre la satisfacción y la aparición del deseo. Es este último un espacio entre el mundo y nuestro propio cuerpo, que no es ni lo uno ni lo otro, sino un producto de ambos universos autónomos y que al mismo tiempo funciona independiente de nuestra conciencia, aunque todavía he de detallar ampliamente esto último.

Por cuanto es posible distinguir, al menos en teoría, una dinámica diferente a un instinto de supervivencia, que se origina por la experiencia de placer; hemos de conceder que al infante no le es impuesta la vida porque si, sino que la escoge al hacer particularmente suyos elementos del medio. Del mar de estímulos devenidos en experiencias particulares, cargadas de afectos placenteros y displacenteros, indiferenciados hasta el momento; el infante podrá ir construyendo en base a la repetición de los cuidados, de las experiencias gozosas y frustrantes, una imagen propia de los eventos y cosas que lo invitan de continuo a extender su estado orgánico actual, sin permitirle extender indefinidamente su gozo.

Había pedido al lector que se colocara en un nuevo país, entre nuevas personas y nuevos objetos; ahora supongamos que en tal situación no tengamos la necesidad de procurar nuestro sustento, sino que somos provistos por alguien más, que también parece adorarnos casi como a un dios.

En tal situación no sería descabellado que mostremos toda nuestra gratitud hacía el desconocido proveedor, y que terminemos asociando su presencia como una condición no de comodidad, sino de nuestra vida misma. He aquí el significado infantil de aquellas figuras puestas en jaque por el pequeño monarca, en un inicio significan para aquel la vida misma. Por ello, sería justo proponer a aquel supuesto proveedor como uno de los primeros elementos que hemos de considerar como valiosos en nuestro nuevo mundo, pero no sería el único.

Poco a poco iremos conociendo a los elementos que conforman aquella realidad por medio de nuestros sentidos y encontrando otros elementos o circunstancias que nos resultan placenteras. Ahora, en nuestro ejemplo de recién venidos al mundo, despojémonos de nuestro carácter maduro y recordemos nuestra más tierna infancia, o bien contemplemos de lejos su poderoso carácter.

En verdad, encuentro literalmente increíble el entusiasmo y la energía infantil. Una tremenda libertad de ejercer la voluntad pese a los avatares a los que se pueda enfrentar, la bendición de la inocencia. Y no resulta extraño, pues el recién nacido ha pasado de la casi total pasividad que asemeja aquellos organismos primitivos o a la muerte misma; a conocer un mundo lleno de colores, olores y sabores que desconocía y de los cuales desarrolla un apetito descomunal.

Literalmente todo le es nuevo y con esa alegría se acerca al mundo para tratar de poseerlo, sin poder reconocer ningún tipo de límite para sus avances. Vemos que el recién llegado al mundo no dudará un solo segundo en introducir en su boca todo lo que encuentra al alcance de su mano, literalmente todo; ya sea el alimento que le ofrecen sus cuidadores, la cola de la mascota de la casa o sus propios excrementos. Por su naturaleza nos parecería que los recién nacidos tienen un urgente e insaciable apetito por todo y por todos, y hemos de reconocer esta misma magnitud en el deseo indiferenciado de la humanidad en su conjunto, e incluso en nuestro propio andar cotidiano, con algunas ligeras modificaciones.

Hemos sido traídos a un hermoso mundo prístino, del cual parece que somos los dueños y soberanos, dados los cuidados y atenciones de los que somos objeto en nuestra más tierna infancia. Y sin hallar límites para nuestro deseo, hemos de reclamar como nuestros todos los elementos que tenemos cerca. Todas y cada una de las dimensiones de los elementos nos han de servir de referencia y material para construir un universo particular, el de las representaciones.

La representación, para ilustrar la definición propuesta anteriormente, sería similar al consulado de un país en otro, de cuya relación diplomática se espera obtener un beneficio. Una representación sería la imagen compleja que hemos hecho propia de un elemento del mundo externo y cuyo interés se origina al identificarlo como una fuente potencial de placer o displacer. Fundamentalmente un elemento que sirve al sujeto para dar sentido a la vida misma que le fue otorgada sin su consentimiento, en la cual encuentra muchas facilidades que irán desapareciendo con el tiempo.

Pero por el momento, detengámonos en el placer para hacer una observación importante. Hay entonces una relación inseparable entre placer, representación y sujeto; y esto lo podremos notar en el hecho lingüístico de las diferencias en la constitución del significado.

Encontraremos que al ser una creación y no el objeto como tal, el sujeto está obligado a hacer una serie de movimientos internos a fin de sostener una representación en particular, o bien un determinado placer proporcionado por el objeto, sin olvidar la huida que emprende ante determinados elementos del mundo cuya relación particular ha sido marcada por la angustia que estos generan sólo en el sujeto. De esta relación entre la representación y el sujeto, se puede derivar una particular experiencia entre el sujeto y el objeto mismo.

No es como si esa relación subjetiva que sostenemos con el mundo a través de la representación sea tersa y fácil de sobrellevar, la relación entre representación y el sujeto tiene un costo y este será obvio para toda la raza humana, así como para los individuos que los sostienen. En otras palabras, el proceso de la construcción del significado o significación, permite considerar que todo significado implica una experiencia sensible y que este se debe a la relación que estableció el sujeto con el mundo por medio de la representación. Volveremos a retomar la significación como un esfuerzo permanente, cuando podamos aproximarnos a la experiencia del castigo.

En base a dichas experiencias orgánicas, el placer y el dolor, todavía indiferenciadas; con los elementos del mundo físico, únicas e intransferibles; el nuevo individuo irá haciéndose de un mundo de imágenes que le permitirán hacerse de una red de representaciones y dominar o apropiarse con ello de la experiencia a la que se expone, al imprimir su muy particular sello en la conformación de las mismas, según la noción de su propio ser que le brinda la experiencia sensible del placer-dolor.

Vemos entonces que existe una diferencia muy marcada en lo que podemos apreciar objetivamente como lo mismo, el estímulo a secas. Todo por cuanto cada individuo ha de hacer una representación de eso que ha vivido. Es decir, nos cuidan, hacemos un placer, y conforme vamos siendo capaces de distinguir entre un deseo y el mundo, al diferenciar las fuentes y condiciones para nuestro placer, iremos formando el mundo físico por medio de las representaciones de sus elementos. Estas representaciones serán más que reales, puesto que nos han costado un esfuerzo considerable para levantarse y sostenerse.

Esta sencilla dinámica tiende a oscurecerse conforme pasan los años, oscurecerse más no anularse. Veremos que hay muchos individuos insertados en la sociedad totalmente ajenos a su propio ser o bien víctimas del destino. En las representaciones de estos podemos escuchar una suerte de fuerza impersonal despiadada, que los despoja de todo beneficio y ante la cual no les es posible hacer nada. En contacto con tales individuos cabe destacar la forma en la que se relacionan con sus propios deseos a través de la queja. Ellos jamás reconocerán el goce que obtienen de la vida; sino que, pese a no vivir una realidad particularmente dolorosa o difícil, encontrarán motivos para sostener su queja aunque sean premiados con la lotería.

Puede esto resultarnos hilarante, pero consideremos que la insatisfacción de los individuos contribuye notoriamente al sostenimiento del orden público; y es así como esos individuos incapaces de ser felices se tornan en una amenaza literalmente para todos. Pero de nuevo, regresemos al tono del ensayo, no se trata de imponer socialmente felicidad donde reina una voluntad. Un orden muy distinto a la "salud mental" surge cuando consideramos a cada individuo como dueño absoluto de sí mismo, pese a que pueda señalar lo involuntario de algunas de sus producciones.

Y es que no solo debemos considerar un precio por sostener nuestros placeres maduros, precios que al parecer no queremos pagar; sino que a veces esos placeres se organizan por cuenta propia al no poder gozar de un reconocimiento, pues atentan en contra del orden que tanto trabajo nos ha costado sostener como individuos, ya no se diga como grupo. Entonces, citando una vez más a San Pablo, "...ya no soy yo quien hace aquello, sino el pecado que mora en mi". (Romanos 7:17)

Ahora bien, hay dos limitaciones importantes en semejante ecuación, aquella que busca un orden propio, una de ellas proviene de la misma dinámica que sobreviene del placer y del anhelo de completud. De semejante posibilidad que nace del placer hemos de ocuparnos el resto del texto, por lo que no veo necesidad más que de nombrarla: eliminar el dolor es imposible, indeseable e innecesario. La otra limitación se deriva de esta y hemos de hallarla manifestada en nuestro contacto social. Me explicaré.

El nacimiento marca el inicio de una nueva dinámica para el organismo, donde en apariencia es forzado a vivir por la influencia del medio, pues pese a que en inicio el recién nacido no tiene mayor dificultad para que su organismo sobreviva, hablando de un caso típico, esta experiencia de tranquilidad y paz infantil dista mucho de la experiencia previa, uterina. Y aun cuando acostumbramos exhibir avances importantes en la cancelación de la experiencia de necesidad, gracias a la fuerza de nuestra unión como especie, tal parecería que las demandas del mundo social nunca serán satisfechas, del mismo modo en el que, al parecer, ningún ser humano puede ser totalmente satisfecho.

La demanda del mundo es comprensible, pues el sencillo factor temporal nos introduce a todos los seres vivos en la dinámica inconmovible y urgente de procurar nuestro propio bienestar, si lo entendemos como la extensión de las condiciones ambientales y orgánicas que consideramos propias del preciso momento. Es cierto que hemos de lograr sostener por cada vez más largos periodos de tiempo esas condiciones, pero la vida misma se encarga de cambiar en dos segundos las condiciones que tuvimos por seguras.

Y si a esta dinámica volátil agregamos la plasticidad del deseo humano, llegamos a una mezcla peligrosa que puede dar como resultado con mucha facilidad el conflicto generalizado en el mundo humano. Desde el punto de vista del orden social, todo ser humano es una potencial bomba de tiempo que puede conmover los cimientos de un organismo mucho más grande, por ser quien es y no quien se espera que sea.

Ante semejante panorama desalentador, he podido vislumbrar un alivio en mi trabajo al buscar plasmar lo inconsciente anímico, esto es tanto identificar su influencia en la determinación de los eventos cotidianos como en la formación de los grupos.

Pronto llegaremos a la conformación de los macroorganismos humanos, por el momento solo baste decir que los gobiernos nada tienen que temer frente a esta incertidumbre, pues la supervivencia de los Estados como formación social no depende de las instituciones, su función o su nombre; sino de aquella demanda infantil que hemos sido capaces de crear como raza humana a partir de nuestro deseo sexual insatisfecho, recordando que con sexual quiero decir de unión. Para compartir mi alivio, o tal vez exponer mi inocencia, les invito a seguir la lectura.

Para un sujeto cualquiera, hombre o mujer, espantados por lo que las noticias profetizan, una decadencia moral de la humanidad en general; los invitaría a todos a buscar la calma y la felicidad, y a preguntarse si en verdad el mundo de hoy es distinto del mundo antiguo. A mi criterio, lo único distinto es la facilidad de enterarnos y aterrarnos por lo que siempre ha ocurrido y posiblemente sea una constante. Los seres humanos no somos seres naturales, nuestra fortaleza como especie está en poder aprovechar las diferencias entre los semejantes y en procurar nuestra vida en cada vez mejores condiciones, esto implica tomar lo peor de nosotros mismos y traducirlo en otros actos que no son necesariamente la muerte física de nuestros enemigos.

Por lógica, no todos serán capaces de escribir un poema de odio o incluso fumar mariguana para no matar a sus respectivas madres. La muerte seguirá siendo la consecuencia de la vida, eso es inevitable. Pero frente a ello tenemos un mundo de posibilidades y el consuelo del placer mismo. Puede ser que nuestro avance como civilización no implique cancelar nuestra posibilidad biológica de morir, sino que demostremos que hemos avanzado lo suficiente como humanidad al procurarnos no la extensión indeterminada de las condiciones orgánicas en un eterno dilema, sino de concebir una serie infinita de placeres en los actos ajenos a nuestra historia. Es decir, de reconocer la experiencia del prójimo como digna representante de la vida con avatares distintos a los que nosotros hemos conocido. Pero para que ese otro paraíso u otra paz pueda ser siquiera fantaseada, hay un largo camino por las complicaciones que estamos por considerar.

Había comentado que el organismo humano se ve afectado por una tendencia a la inactividad, una especie de anhelo de permanencia o continuidad que he rastreado teóricamente a la experiencia del no nacido dentro del útero materno en la conformación de un psiquismo, al exponer al individuo a unas condiciones muy particulares.

Por un lado, esas condiciones del organismo en el útero les proveen de todo lo que necesitan, y por otro simulan a la materia inorgánica en cuanto a que imprimen en el no nacido una incapacidad para establecer acciones y reacciones hacia el medio. A ese anhelo de incapacidad no le será posible sostenerse del todo ya que podamos hacer algo, aunque esa acción solo sea desear. Es decir, cuando podemos reclamar un dominio al menos superficial de nuestro cuerpo, estamos forzados a hacer al menos un pequeño esfuerzo, el mínimo para sostener la esperanza. Y por otro lado, tal parece que la humanidad no está dispuesta a abandonar del todo su anhelo de pasividad y eterna felicidad sin costos.

Ante semejante transición universal entre nuestro deseo y la realidad, en cuanto el infante concibe la posibilidad de establecer un vinculo placentero con el mundo que lo rodea, se mostrará heredero de una fuerza por demás notoria, que favorecerá el florecimiento de una demanda fortísima.

De aquel juicio de valor de carácter orgánico ("mi placer es primero") no es posible exentar a los más pequeños, pues en cuanto un niño se torne un individuo que ha distinguido su necesidad, su placer y su propia voluntad o fuerza motora, así como la fuerza de sus palabras; se hará un miembro más de un considerable número de individuos que procurarán primeramente su propia satisfacción lo más extensamente posible, antes que la del resto del universo, del cual son solo un elemento. Ante colosal empresa, lo más natural es que el infante se tope con frustración tras frustración; y que, idealmente, hará de su intercambio de demandas con el mundo una limitante considerable y formadora de valiosas cualidades personales. Pero semejante panorama tiende a tener desafortunados destinos.

Para empezar, es necesario notar que no podemos asegurar que todo infante pueda formar y sostener semejante vínculo con el mundo, un vínculo de influencia recíproca. Y por otro lado consideremos que, si bien podemos distinguir la preeminencia de la representación a partir de la experiencia sensible sobre los estímulos, la definición tanto del placer como del dolor es autónoma, una creación de cada individuo, no depende de nuestra propia concepción personal. Compartiremos el rastro de la impresión con el resto de la humanidad, es decir el significante "placer- dolor" lo entendemos todos; pero los medios y fines que hemos de encontrar en nuestro andar social y orgánico, son infinitos en sus formas. O bien, eso que cada uno entiende por placer es totalmente diferente en cada miembro de la especie humana.

Digo lo anterior debido a que he observado la tendencia de educar en supuesta libertad al ser humano, libre de violencia y de estereotipos de género u otros. A los futuros padres y educadores les quisiera recordar que independientemente de sus acciones o valores que anhelan transmitir a las futuras generaciones, por medio de una educación libre de la violencia que ustedes vivieron de niños; lo más probable es que si bien esos niños podrían interactuar de forma distinta a la de ustedes con el mundo, el eliminar la violencia resulta en un empeño estéril. Ustedes luchan con su propia representación del mundo, no contra el mundo; y antes de tomarme como un enemigo de su cosmovisión, quisiera invitarles a formar alianzas, pues efectivamente la violencia nos afecta a todos.

No se trata de evitar en lo posible la frustración o las molestias que podamos concebir como seres humanos adultos en la vida de nuestros niños, puesto que cada frustración depende exclusivamente de la persona del infante, de la misma forma que el placer; tanto en su creación, como en su percepción y manejo. Al final, todos inevitablemente nos hemos de topar con un no o con diferencias irreconciliables en nuestro contacto social. En todo caso, aquellos que busquen una guía para ofrecer al recién nacido una nutrida serie de alternativas a sus sentidos, para fortalecer la relación del infante con la vida, recuerden y organicen sus esfuerzos desde la consideración por las diferencias más marcadas entre nosotros y las nuevas generaciones. Compartan con los niños sus placeres y permitan que aquellos manifiesten abiertamente los suyos propios. Para semejantes fines no han de olvidar establecerse firmemente en sus posturas, con una determinación a toda prueba sobre sus propias formas de obtener placer del mundo. Repito, las suyas propias.

Posteriormente he de ocuparme de este escenario donde la violencia toma lugar entre las diferencias, antes he de seguir fundamentando el carácter infantil general en relación a su experiencia sensible y la formación de representaciones en el mundo. Llegamos entonces, ya un poco calentados, al principio del conflicto humano.

Tenemos por un lado el conflicto que implica al ser humano su llegada al mundo y su posterior autodeterminación por medio del Principio del Placer, a través del cual conoce y experimenta el mundo circundante; y por el otro vemos con relativa sencillez y naturalidad que semejante autodeterminación representa un problema para el mundo en general. Lejos de ser este un problema que demande una solución inmediata por parte de educadores o psicólogos, quienes en mi experiencia buscan someter y/o uniformar las representaciones ajenas; se trata de reconocer el fundamento mismo de la ciencia y de las relaciones amorosas, de la necesidad de conocer a profundidad, incluso lo que creemos conocer. Mientras que concebimos la posibilidad de que otros disfruten de diferente forma con su propio cuerpo, aunque puede que esta última propuesta en particular sea literalmente imposible.

De acuerdo a mi experiencia, tal parecería que la psicología y las disciplinas humanísticas basan su modelo de intervención en la violenta conquista del terreno en apariencia salvaje del espíritu iletrado, es decir del alma infantil. Si antes hablé de la inocencia de los infantes, no me refiero a que los niños tengan una percepción deficiente de la realidad; serán inocentes, pero no tontos. Con mi comentario me refiero a que he encontrado una y otra vez que se sostiene una concepción del infante limitada por nuestra propia incapacidad de concebir como infinitas las dimensiones de los elementos del mundo, al limitar nuestra propia percepción y comprensión a nuestras representaciones como una fuente de placer, es decir a nuestra relación con nuestro propio cuerpo.

Y por otro lado los adultos que pueden tratar a un niño como igual, también suelen pasar por alto la libertad inherente del alma infantil, como si el hecho de que compartiéramos palabras con los niños sea una garantía de compartir las experiencias que nos dan sentido a los dos, como si nuestro orden sea similar. Y lo cierto es que no lo es, pues son las representaciones las que sostienen los significados y ambos se sostienen por la relación que estableció un organismo con el mundo por medio de la experiencia sensible. En otras palabras, si queremos formar un alma infantil, tenemos que apropiarnos de nuestra propia experiencia infantil, en la medida de lo posible; y así adentrarnos en su mundo en formación como representantes de sus propios intereses en un mundo que no respetara ni su estatura ni sus deseos, al igual que no respeta los nuestros.

Para detallar esta propuesta, de entrada consideremos que todo infante que ha sido capaz de establecer contacto con otro sujeto por medio del lenguaje, ya goza de su cuerpo y de su medio social. Si esto no es comprensible, aquí presento la sucesión de eventos constitutivos analizados hasta el momento, en orden temporal: Especie - Civilización - Cultura – Estado – Familias – Padres - Nacimiento – Placer – Deseo – Dolor - Cuerpo– Representaciones – Conocimiento – Lenguaje. Y dado que cada elemento de esa experiencia es totalmente vivido de forma totalmente personal e intransferible, es natural que nos depare dificultades para la comprensión; difícil, más no es imposible, aun a través de las diferencias. Naturalmente hemos de abordar esas diferencias el resto del texto, así que les pido nuevamente paciencia.

La principal dificultad en la presente propuesta, la de aproximarse a las nuevas generaciones por medio de un esquema relativamente libre de la violencia que hemos visto asociada con la educación, radica en la formación directa de los adultos que tienen a su cargo a las nuevas generaciones. ¿Cómo podemos invitar a un niño o niña a disfrutar de la vida si nosotros no la disfrutamos? Se me podrá objetar, "¿Pero para qué invitarlos a disfrutar de la vida? Mejor limitemos el concepto de la educación a la transmisión de ideas inconexas y a veces literalmente inútiles por el contexto sociocultural".

Eso ocurre justamente porque no hay una representación de la infancia que contemple los mecanismos del placer, o por lo menos no una que sea de conocimiento popular, al alcance de los organismos institucionales que regulan la actividad académica de mi país (México, 2018).

Para acotar tales diferencias entre los infantes y los adultos es necesario hablar del placer que la vida nos brinda como adultos, compartir nuestras dificultades, nuestras similitudes y señalar diferencias tal vez muy marcadas entre nosotros y nuestras nuevas generaciones, sin la necesidad de atacarlos o ridiculizarlos por sus muy particulares formas de ver el mundo y de disfrutarlo. En otras palabras, debo admitir que, para llegar a tal comprensión de la infancia, tendremos que apelar a nuestro muy particular placer y eso es una propuesta que hay que valorar detenidamente.

La formación de las nuevas generaciones no radica en imponer, mediante un ejercicio de poder, una representación particular del mundo o sus elementos, pues una típica respuesta infantil es hacerle creer al adulto que ya entendió al repetir lo que le están diciendo, mientras se sostiene libremente por cuenta propia todo el placer del que es posible una sola representación o acción. El mismo principio aplicó a las multas monetarias impuestas por la Inquisición Española a los nativos mexicanos que se atrevían a llegar a conclusiones distintas a las oficiales. El multado paga a la Inquisición, y repite verbalmente la enseñanza del sacerdote; mientras que en su vida personal guarda sus pensamientos para sí mismo y la gente de su confianza. Siendo el placer la experiencia sensible que sostiene al conocimiento más básico, queda como un terreno donde es literalmente incapaz cualquier ser humano de moldear a su antojo las voluntades ajenas. En lo íntimo de nuestro ser, que posteriormente dará forma a nuestros pensamientos, nadie puede entrar sin apelar a la experiencia sensible.

Creo que como especie hemos perseguido ampliamente a las diferencias físicas e ideológicas, para ver todos nuestros empeños frustrados al encontrar las diferencias más insoportables en los lugares o detalles más íntimos o cercanos, tal vez en nuestra propia casa. Considero que una solución al conflicto humano, que choca una y otra vez con los límites impuesto a la influencia social desde lo anímico inconsciente, consiste en separar y considerar al infinito las características del objeto de estudio o del objeto de amor, así como considerar infinitas las posibilidades humanas para formar experiencias de placer a partir de las representaciones y experiencias particulares, e incluso considerar como infinitas las capacidades propias de gozar del mundo. Algunas de ellas atentarán en contra de todo lo que creemos debe ser el ser humano, definitivamente; pero por más que queramos evitar que en el mundo ocurran eventos terribles, encontraremos que nadie puede prever aquello, mucho menos evitarlo. Todo sucede.

Si pudiera mencionar el papel del psicoanálisis en semejante panorama, sería que consiste en despertar aquella energía infantil dormida tras nuestra sufrida adaptación social, y posibilitar el deseo de la asimilación siempre parcial y unilateral de un objeto. Pues eso somos, solamente un pequeño elemento dentro de un basto universo y nada más; aquello que no somos capaces de dominar o de considerar siquiera, es posible que otro ser humano lo tenga por natural, tanto en lo constructivo como en lo destructivo. Todo sirve, siempre y cuando esté en el lugar apropiado. Y si esos lugares no existen, pues será necesario crearlos.

Puede ser que sea un afán inocente o idealista el mío, pero creo que es posible un cambio social profundo. Si bien no creo posible satisfacer a todo el mundo en todo momento, si creo posible una organización para brindar facilidades en la consecución masiva de algunas satisfacciones que rayan en lo inmoral o ilegal. Ante semejante propuesta no dudo que encuentre molestia entre mis semejantes, pero debo recordarles que, en realidad, semejantes barreras son desconocidas e ignoradas monumentalmente por los infantes, ya no digamos por el espíritu humano en general. Los delincuentes no van a pedir permiso para delinquir, de la misma forma que los infantes no requieren de todos nuestros limites para poder vivir su propia vida.

Y por esa misma libertad del espíritu humano, personas adultas con considerable poder económico han de encontrar la complicidad de amplios sectores de la población mundial para llevar a cabo aquellas acciones que ciertos sectores han de condenar, moral y legalmente. Quiero aclarar que, para los primeros, eso que hacen les da sentido a sus vidas, muy posiblemente desde pequeños. Es como si el éxito económico, político y social brindara los elementos por los cuales una persona pudiera recuperar el poder que tuvo en su más tierna infancia y procurar extenderlo por tiempo indeterminado, haciendo a un lado las limitaciones que dolorosamente le dieron forma. Sobre esa realidad social, el Marqués de Sade nos ilustró hace algunos siglos por su representación ficticia de una realidad potencialmente mucho más escandalosa, y semejante situación no ha cambiado en absoluto. No por individuos inusualmente longevos, sino por el precio que todos hemos pagado por sostener lo que tenemos.

En los capítulos siguientes he de detallar tal drama, pues aquel ser sin límites que en un inicio se interesa por todo, posteriormente se somete a un conjunto de fuerzas que lo hacen temer por su propia integridad, o bien por perder el amor de los cuidadores. Ello lo lleva a evitar hacer notoria una selección muy particular de aquello que le gusta. Semejante amenaza no pocas veces termina haciendo al sujeto ajeno a su propio placer, que hemos de distinguir en esencia como activo o sádico y pasivo o masoquista; aunque solo en muy raras ocasiones tales polos se manifiesten puros.

7
Indefensión infantil y el Estado Neurótico

Quisiera tomarme la libertad de recordar al lector que tengo como base de estas formulaciones mi propia lectura de los textos freudianos, entre muchas otras referencias de diferentes culturas. Destaco la lectura de la obra freudiana, pues gracias a ella me hice la impresión de un tiempo primordial en la formación de un psiquismo, donde cada uno de nosotros no podía distinguir lo que da forma a nuestro mundo: nuestra persona y el otro, el estímulo y el placer, el placer y el dolor, el amor y el odio, la satisfacción y la frustración, la actividad y la pasividad o el mismo paso del tiempo. De la formación de todas estas distinciones tratará el texto y para ello un ejemplo, que espero sea muy sencillo.

Mi lectura no fue tranquila, sino que mientras leía, un conjunto de fuerzas fueron dignas de ser tomadas en cuenta a lo largo de los días. Aquel amor que me inspiró el segundo capítulo cedió al paso del tiempo y hoy no significa más que un bello recuerdo, así como una advertencia sobre las irreconciliables y profundas diferencias entre los semejantes.

Ante esas enormes diferencias tenemos varias alternativas, una de ellas es modificarnos y procurar el placer lo más posible al lado de aquellos seres humanos que se organizan de formas particulares; o bien apartarnos, y seguir en la búsqueda de alguien diferente de quien tenemos enfrente, otra persona un poco más similar a nosotros.

Me asombra que con el paso del tiempo he descartado por completo la opción de callar sobre las diferencias y simplemente abrazar a la primera persona que se me presente con lo primero que tiene que ofrecerme, asumiendo como natural todo el dolor que eso implica para los dos.

Me he vuelto muy demandante, y me lo explico a mí mismo diciéndome que ya no soy un niño indefenso e inocente. Por eso puedo distinguir qué, si bien nuestro contacto con el mundo nos demanda un esfuerzo permanente, hay gente que se aprovecha de semejante conflicto para no ofrecer nada a cambio de pedirlo todo; como queriendo que paguemos las deudas contraídas por alguien más, casi en cuanto establecemos contacto. Ante semejantes propuestas, no hay nada de malo en decir adiós. Y antes de representar un daño indescriptible por un corazón roto, tales actos pueden significar una vida nueva para los miembros de lo que alguna vez fue una pareja.

Esta es una ventaja que he de reconocer únicamente en los individuos, no así en los Estados. En estos macroorganismos observaremos que las diferencias diplomáticas pueden conducir a alianzas con otros Estados que representen mejores condiciones para establecer acuerdos, pero esas alianzas nuevas no cancelan la relación diplomática con los otros Estados, aquellos que nos motivaron a voltear nuestra mirada hacia otro lado.

Podría el mero interés lógico y directo por un bien o servicio ser motivo de un conflicto internacional, pero en el ambiente diplomático, semejante conflicto de intereses no puede extrañarse. Vemos en esta difícil situación donde los cuerpos estatales no se eliminan con voltear la mirada, que el velar por los intereses propios en un ambiente donde no podemos cancelar libremente nuestras relaciones, no es algo tan sencillo.

Pero eso no es todo, pues dada la naturaleza cambiante en las administraciones de estos macroorganismos se podría favorecer la resolución de un conflicto de intereses con el simple paso del tiempo. Es como si un Estado dejara de ser ese Estado después de un periodo de tiempo, ya que al entrar una nueva administración, esta lleva a su vez una idea distinta de la nación que representa, así como otros intereses y una particular idea de cómo planea obtenerlos. Esta alternativa puede favorecer la solución de conflictos diplomáticos por medio del simple uso de la paciencia; pero nuevamente, no es todo.

La relación del Estado con el uso de la fuerza militar lo hace proclive a tener otro tipo de resoluciones, unas mucho más violentas que la mera espera de cambio de administración o la negociación con otros Estados. Y a todo esto hemos de agregar otro factor importante.

He mencionado antes que pienso hacer una aproximación particular de la figura del Estado, y su relación con las instituciones que perviven en su seno al día de hoy. Por ello, me autorizo a hacer una liga de la religión como un prototipo del Estado, a la cual debemos la Teocracia como una organización social primitiva y también los reinados que perviven en diversos países y que no dudan en señalar a sus exponentes como representantes de Dios o hasta sus descendientes directos.

Veremos que, en toda cultura, si bien podemos hacer una distinción de un Estado laico, tal condición no cancela la necesidad del pueblo por el consuelo que la religión ofrece. Pero semejantes consuelos no pocas veces implican declarar la guerra tácita o activamente hacia los extranjeros, o a quien adora a otros dioses.

Tenemos, entonces, en la historia de los pueblos, que a veces las diferencias más básicas impedían la formación de alianzas comerciales; por ejemplo, las diferencias ideológicas. No se trataba de los beneficios que los pueblos podían adquirir al sostener una relación superficial con otros; sino que antes de desear los buenos días y acabar un trueque en un par de minutos, corría la sangre de aquellos que pensaban distinto.

Los ejemplos que nos ofrece la historia de aquellas guerras emprendidas por motivos ideológicos, nos pone en evidencia que no siempre se trataba de combatir al otro por una cuestión de supervivencia directa, o por la amenaza física real que representaba un grupo con ideales distintos; sino que una simple diferencia de pensamiento, terminaba por conducir a los líderes de ciertos grupos al pavor y de ahí se contempló el asesinato de un individuo o de naciones enteras como una solución real, simplemente por algo que no pudieron tolerar en el prójimo. Algo que, sin ser directamente amenazante como un pensamiento o una idea, fue terriblemente ofensivo.

Ya en cuestión de los Estados contemporáneos, las guerras por motivos ideológicos pueden ser fácilmente enmascaradas con motivos de seguridad internacional, a fin de no solo eliminar a quien piensa distinto, sino tomar por la fuerza los recursos de otros Estados mientras justificamos nuestros actos "en afán de procurar la paz mundial". En otras palabras, la guerra no solo es muerte a gran escala, puede ser una muerte estimada como necesaria para la paz de todos, y de paso quien hace la guerra saquea a sus sometidos. Si algún lector puede señalar a un Estado de su tiempo que hace tal cosa, puede condenarlo; pero no evitará que semejantes actos se repitan una y otra vez a lo largo de la historia, por lo que estamos por considerar.

En tales posibilidades de transferencia y ataque de nuestros miedos personificados en el prójimo, o bien de usar a los demás como títeres en un escenario creado para atender nuestros propios intereses, he de distinguir dos puntos fundamentales que desarrollaré de ahora en adelante.

El primero: que los Estados, como los pudiéramos comprender por su mera verbalización, se ven obligados a seguir la misma dinámica que observamos en los organismos primitivos. Esto es, un funcionamiento interno y una forzada relación con el mundo exterior, así como la urgente demanda por reconocer y atender las amenazas potenciales que pudieran surgir en su relación bidireccional. Por esta dinámica me autoricé desde casi el principio del texto a asociar al Estado con la biología.

El segundo punto lo he de distinguir como una interrogante de origen personal y que se me impone por esa dinámica orgánica primitiva observable en los Estados, ¿puede esa misma relación que el Estado establece con sus elementos y semejantes, tener un equivalente a la dinámica orgánica descrita por Freud como neurosis? Puede que semejante pregunta tenga solo sentido para mí, por ello me explicaré a fin de introducir un problema que resolveré en cuanto los elementos "Estado" y "Neurosis" se puedan definir claramente.

He de admitir que hay otro objetivo al plantear esta pregunta. Al señalar la neurosis como la evidencia de un conflicto y asociarla con una noción como el Estado, no he hecho sino abordar un concepto que es punto nodal de varias disciplinas (el Estado), desde la que he adoptado como la mía (el psicoanálisis).

Por ello me veo en la necesidad de explicar lo que me he preguntado en dos sentidos, pues hasta ahora no he establecido claramente a que me refiero con eso que llamo neurosis; y de igual manera, solo he proporcionado una idea superficial del Estado, que no es ni política, ni legal, ni filosófica; sino superficialmente biológica.

Me pregunto, entonces, si es posible delimitar desde el psicoanálisis a semejante organismo, pues si bien forma parte del subtitulo de este trabajo, no es propiamente materia de estudio del psicoanálisis, como sí lo es lo anímico inconsciente o la relación del ser humano con sus propias creaciones, en especial con aquellas que parecen tener vida propia e independencia de la voluntad de sus creadores.

En otras palabras, mi intención al plantear la posibilidad de un supuesto Estado Neurótico, ha sido evaluar la posibilidad de hacer al Estado objeto de estudio psicoanalítico al asociarlo con lo anímico inconsciente.

Para ello me es necesario plantear al lector primeramente lo que se comprende en psicoanálisis como neurosis, sus orígenes y formas; así como comprobar si me es posible delimitar o señalar algún hecho en la organización social similar a la escisión psíquica que introduce al individuo civilizado a la dinámica de luchar a muerte contra sus propios impulsos o necesidades.

Si bien anteriormente he abordado diversas problemáticas de carácter humano, ninguna de ellas la puedo señalar como neurosis. Ya había hecho la mención hace unos capítulos de que esa condición tuvo el carácter de enfermedad reconocida por la sociedad médica durante un tiempo considerable. Hoy no es así y casi podría asegurar que solo aquellos que se sostienen a sí mismos como psicoanalistas, no psicólogos ni psiquiatras, pueden presentar evidencias sobre su vigencia y persistencia entre la población.

La definición de tal condición patológica, al menos en México, durante mi formación profesional en psicología; no forma parte de los planes de estudio en la mayoría de las Universidades, posiblemente por la inversión que requiere un especialista en afecciones neuróticas, o un psicoanalista.

Por tal falta de atención, es posible observar un impacto profundo en la sociedad, pues si consideráramos frente al Estado la relación costo – beneficio, podría resultar más barato y efectivo a corto plazo, el capacitar a miles de estudiantes sobre la forma apropiada de aplicar pruebas psicológicas; antes que brindarles las herramientas que les permitan escuchar a un individuo fuera de su marco de referencia personal.

Por otro lado, si atendemos la relación entre los individuos, sus semejantes y los organismos estatales, son incalculablemente mayores los costos humanos y económicos de, por ejemplo, someter a un número indeterminado de pacientes a un régimen de narcóticos como único medio para sostener su existencia, y al mismo tiempo condenar el uso de sustancias ilegales como un medio al que recurren millones de individuos para adormecerse, enajenarse o protegerse de su experiencia diaria.

Aquí hallamos ya una noción del Estado como la idea que pesa sobre las instituciones; y de igual forma, hallamos que es así de fácil encontrar la neurosis en el Estado; pero siendo más estrictos, continuemos con la pregunta, ¿Qué es neurosis?

Con el afán de recuperar lo antes dicho y tener un contexto mayor de la neurosis, previamente también hice mención de que la neurosis tiene una relación con la infancia, o siendo más específico consiste en la persistencia y dominio del carácter infantil sobre un individuo biológicamente adulto. Pero una vez expuesta la dinámica de la representación, eso de "infantil" puede no tener ningún significado para quien lee, y por ello se autorice a nombrar como neurótico a cualquier adulto que hace un desplante o un berrinche, que tiende a realizar acciones que pueden ser juzgadas por un observador como egoístas, o que simplemente no entiende. Bien puede ser que dicha incomprensión hacia los demás sea una manifestación de neurosis.

Es por ello que, si he de distinguir a la neurosis de cualquier otra manifestación infantil en los adultos, es por su relación con un concepto médico que se asocia con ella, así como con los orígenes y funciones de la ciencia y técnica médica. Al hacer esto, espero hacer también evidente la razón por la cual la neurosis era considerada como una condición patológica por la comunidad médica de hace aproximadamente 80 años: el síntoma.

Semejante concepto médico pasó de enumerar una serie de manifestaciones corporales idénticas o de dinámica similar en varios casos (la histeria), a abarcar rasgos casi idénticos de los individuos en cuanto a su forma de aproximarse a elementos del mundo (los rasgos obsesivos), conforme la comprensión de la condición neurótica fue extendiéndose y perfeccionándose.

La historia médica nos enseña que la razón por la cual la condición de neurosis fue incluida como un padecimiento clínico fue porque era posible distinguir un cuadro específico a partir de muchos casos similares. Esto es, un conjunto de síntomas muy parecidos en un número considerable de casos, en un periodo específico de tiempo y en localidades distintas.

Y por esto pasó a formar parte de la agenda gubernamental, pues aquello que se identificó por toda la comunidad científica como neurosis era motivo de grandes pérdidas económicas y conflictos sociales, como cualquier otra enfermedad que conozcamos hoy en día. Aunque a diferencia del resto de las enfermedades, en un principio no se pudo identificar el elemento que enfermara a los pacientes, al menos no hasta la aparición del psicoanálisis.

Por ejemplo, en la antigua Grecia, cuna de la ciencia moderna, se tenía como explicación de la condición histérica, que el útero de las enfermas se movía por todo el cuerpo, generando los síntomas en su trayecto. Después de haber descartado semejante posibilidad, tras un estudio cada vez más especializado del sistema nervioso, los médicos asignaron tal condición a una "irritación, hipersensibilidad o debilidad" de dicho sistema, que se caracterizaba a su vez por un conjunto de síntomas físicos observables y severos en los enfermos.

La enfermedad en general, no solo la neurosis, era y sigue siendo para algunos un sinónimo de debilidad; así como un motivo para emprender una discriminación fundada. Y en esta enfermedad había una serie de factores a considerar; por ejemplo, el sexo del paciente. Ya había mencionado que cuando Sigmund Freud habló de varones histéricos fue atacado y ridiculizado por sus colegas, quienes sostenían que, según la tradición, solo mujeres podían enfermar de histeria.

Esto fue muy al principio de su carrera, cuando aún Freud no había fundado el psicoanálisis, teoría que sirvió para desarrollos posteriores en el ámbito humanístico que se sostienen hasta el día de hoy. Los discursos como el feminismo que se derivan de los estudios de género, deben su identidad histórica al psicoanálisis freudiano. Podemos ver en tales aproximaciones una historia de la representación de la mente humana; mente que el psicoanálisis define como algo inconsciente, definición a la que he de acercarme en este capítulo y extender en todos los siguientes.

Pues bien, como condiciones para el diagnóstico del cuadro clínico neurótico, los médicos tenían que descartar la influencia de algún virus, bacterias o cualquier otro elemento biológico o químico externo que afectara el cuerpo de los enfermos. Y pese a carecer de dichas influencias, aquellos enfermos podían manifestar síntomas de lo más escandalosos.

Podían, por ejemplo, perder la sensibilidad de la mitad de su cuerpo, de tal forma que los médicos quedaban boquiabiertos al poder introducir agujas por el miembro afectado, sin provocar dolor alguno en el enfermo. Otros enfermos perdían de un momento a otro la movilidad de una extremidad, y dejaba a un pequeño ejército de expertos sumamente calificados en la total ignorancia sobre las causas del padecimiento, así como sus posibles tratamientos. Otros pacientes que, estando bien alimentados y perfectamente sanos, perdían toda la energía de un momento a otro y tenían que permanecer por meses en cama. Arranques de ira o pánico sin razón aparente, palpitaciones y dolores en el pecho sin rastro alguno en los exámenes médicos, pérdida total o parcial de los sentidos, alucinaciones esporádicas e inexplicables por la historia médica del paciente.

Todo esto y más se curaba, al parecer, de modo espontáneo y sin intervención médica alguna, o bien llegaba a reclamar la vida del enfermo ante la impotencia médica. No era raro también, que los expertos acusaran a los pacientes de fingir su condición ya que no había una causa evidente en conformidad con los cuatros clínicos previos a la formación del cuadro neurótico. Y pese a no tener idea como se originaba aquello, ellos mismos eran testigos de los alcances y costos de tales condiciones, para el paciente y sus seres queridos.

Fue por el estudio del término descrito por la comunidad médica de su tiempo como neurosis, por lo que mucha gente antes de Freud identificó que no todas las enfermedades se debían a los efectos de un elemento patógeno ambiental sobre el cuerpo. La contribución de aquel médico judío vienés fue la de señalar que ese elemento patógeno bien podía ser un elemento del universo de representaciones del paciente, en conflicto con el resto de la organización psíquica.

A grandes rasgos, planteó que un conjunto de representaciones podía pasar desapercibido para quien la gestaba, y que dicho conjunto entraba en asociación de forma ríspida con el resto del universo de representaciones al cual debía su existencia y características.

Los síntomas eran la manifestación de ese conflicto de carácter puramente subjetivo o personal, donde esas representaciones reprimidas eran formadas durante los más tiernos años, representantes de los deseos más fuertemente anhelados y combatidos por sus propios pacientes para formar los lazos sociales primordiales; es decir, con sus seres amados más cercanos. Esta conclusión le tomó años a Freud y le hizo objeto de los más cruentos ataques porque acertó en nombrar que el contenido de dichas representaciones reprimidas giraba en torno a la vida sexual infantil, es decir el placer que los infantes tienden a vivir y luego combatir. ¿Cómo llegó a esa conclusión? Simplemente escuchando a sus pacientes.

La lógica de los pacientes de Freud así como la de gran parte de la humanidad, conforme a la educación tradicional, les hacía pensar qué al restar la atención a dichas formaciones mentales, estas perderían su fuerza; pero pasaba justamente lo contrario. Esos conjuntos de representaciones que eran desviadas de la conciencia se hacían cada vez más fuertes, y mientras más eran combatidas más "terreno" invadían, por lo que terminaban adueñándose de considerables porciones de la vida del paciente, por medio de los síntomas.

Cabe destacar que Freud no inventó la cura o el alivio a la neurosis por medio de la palabra, sino que esta propuesta vino de los mismos pacientes neuróticos, quienes en su relación con el joven médico Sigmund Freud, platicaban libremente de su enfermedad. Fue así, que por medio de una relación que ellos mismos establecían entre sus síntomas con aquellas representaciones primarias, hacían que los síntomas desaparecieran, al menos por un momento.

Freud fue testigo de ese proceso inadvertidamente autoregulado de enfermedad y curación, y fue capaz de favorecerlo al identificar la lógica que sostenía los síntomas; y cómo él mismo era introducido sin quererlo o buscarlo a un escenario construido y sostenido inconscientemente por sus primeros pacientes neuróticos.

Con el paso de los años, Freud desarrolló un conjunto de suposiciones alrededor de los hechos observados y formó con ellas un cuerpo teórico y un método que hoy conocemos como psicoanálisis. Pero este es solo el principio de una apasionante historia llena de bemoles, historia que trasladó su acento de la decadencia del Imperio Austro - Hungaro a París, después de la Segunda Guerra Mundial. La escuela francesa, por mano de Jaques Marie Emile Lacan, retomó el carácter subversivo de la doctrina freudiana para fortalecerlo por medio de la lingüística estructuralista de Ferdinand de Saussure, haciendo evidente que, entre el significante y el significado, hay un sujeto que busca algo.

Ahora bien, regresando a la neurosis, semejante posibilidad en la relación inadvertida del individuo consigo mismo y con el mundo, no se ha modificado en absoluto, lo que cambió es el abordaje de ello.

Un ejemplo de tal abordaje médico psiquiátrico de la actualidad es que lo que Freud llamó inconsciente es descartado y dejado de lado para sostener indirectamente conceptos, como lo que ahora llaman algunos profesionistas de la psicología o psiquiatría como "pensamiento egodistónico". Eso quiere decir, pensamientos que surgen sin mediación de la voluntad del individuo y que están en conflicto con la organización de su ego, su yo. Desde la perspectiva del paciente, estos podrían decir algo como esto: "yo pienso algo que no quiero pensar y que me angustia".

Ese "ego" del "egodistónico" o "yo" que usé en la frase explicativa, no es aquel concepto de "ego" o "yo", que construyó Freud durante su investigación y la elaboración de su teoría. Es algo así como un préstamo lingüístico que hace a un lado la teoría psicoanalítica que contempla la posibilidad de la neurosis, de lo inconsciente y de una dinámica psíquica escindida que explicaré el capítulo siguiente. Para los psiquiatras y psicólogos que usan el termino egodistónico, no existe la neurosis, pues sus manuales no la contemplan. La neurosis será para ellos parte de un paradigma medico ya en desuso, parte una moda ideológica pasajera. Pero ese no es el único término del que hacen uso.

Otro ejemplo de este abordaje sin influencia psicoanalítica pero que depende de ella, es el llamado por la psicología cognitiva "pensamiento disruptivo" o bien un pensamiento que asalta la vida de los individuos de forma involuntaria y que genera considerables dosis de angustia. Padecimiento que se combate, según algunos expertos en psicología cognitiva sin ningún conocimiento teórico - práctico sobre neurosis, evitando esos pensamientos con el ejercicio de la voluntad del paciente y apoyados por medicamentos.

Tales recomendaciones pasan de largo por la historia, tanto de la medicina, psicología, de la psiquiatría, sin mencionar la absoluta indiferencia hacia la historia más importante: la del paciente mismo. Como si el mismo enfermo no hubiera intentado antes tal aplicación de su voluntad, recurriendo incluso al uso drogas ilegales. O como si en semejante lucha consigo mismo, el enfermo no haya adquirido su propia enfermedad o padecimiento, al asociar los límites del ejercicio de su voluntad dentro de su propia consciencia, con la vivencia de sufrimiento. Es como si el paciente sostuviera la frase, "me duele no controlar mis pensamientos" y se haya eliminado de la historia de la medicina tanto la figura del psicoanálisis como su influencia.

En todo este abordaje no hay posibilidad de reconocer una cierta autonomía normal entre nuestras voluntades y nuestras representaciones, que son el material de nuestro pensamiento. Lo que me recuerda que otro ejemplo de la medicina moderna sin psicoanálisis, es la concepción de las pesadillas recurrentes como una enfermedad.

Y de igual forma, para hacer evidente los límites de la determinación de las instituciones en la condición humana, quiero señalar que la homosexualidad fue una enfermedad reconocida por la ciencia médica hasta 1973, momento en el que las cupulas directivas de la ciencia médica internacional decidieron que era momento de sacarla de los manuales que determinaban lo que los profesionales deberían considerar era una enfermedad.

En un aspecto institucional de la ciencia médica, esta no puede comprender una voluntad dividida, una voluntad que genera producciones sin percatarse y que se padecen o se disfrutan, a veces al mismo tiempo.

Aun cuando al día de hoy existen severos padecimientos físicos que carecen de una causa identificable, tales padecimientos no son motivo de diagnóstico de neurosis, pues ese término dejó de existir en la práctica clínica en cuanto la comunidad médica tuvo dificultades con la interpretación de los manuales clínicos. Semejante pérdida dejó a las comunidades médicas sin la posibilidad de distinguir aquellos cuadros que serían las bases para otros padecimientos contemporáneos como lo pueden ser la depresión, la anorexia, bulimia, la ansiedad, las fobias y el abuso de sustancias. O que incluso participan en la formación de condiciones bajo las cuales se adquieren y se sostienen por largos periodos de tiempo enfermedades fácilmente tratables desde la ciencia y técnica médica, y que terminan matando al enfermo o generando pandemias de gravedad variable.

Todo esto por enfatizar el poder de las instituciones sobre el individuo mismo, un individuo que bien puede manifestar un deseo ferviente de estar sano o sin afección; pero por alguna razón, que nadie se atreve a señalar como proveniente del quejoso, se sostiene en su condición. Para las instituciones no hay sujeto de lo inconsciente, por cuanto no es posible que tras un padecimiento se esconda una forma de placer que permita a un solo individuo hacer trizas toda la historia de la ciencia, sin proponérselo.

Es en este abordaje un tanto inocente que hacen todas las disciplinas con prefijo psico frente al ser humano, sin considerar la posibilidad de la neurosis, donde puedo destacar el respeto que he observado en diversos representantes de la comunidad médica, con evidentes e incuestionables valores científicos, por aquellos que se arriesgan a platicar con el paciente y llevar su relación más allá de lo que ellos consiguen con su técnica de entrevista.

Los médicos esperan que ayudemos a los pacientes a cambiar su forma de pensar y al mismo tiempo puedan corregir el rumbo de su andar. Para ellos no es necesario contemplar las formaciones de placer del paciente, y por lo tanto el enfermo no necesita modificar sus formas de obtener placer del mundo, solo tiene que pensar distinto y a veces atinan muy bien en señalar el motivo ideológico tras el padecimiento, pero hasta ahí. La medicina sin neurosis, es una ciencia ciega ante su objeto de estudio; ciega porque considera la enfermedad como un estado indeseable y que podemos combatir de forma contundentemente efectiva por distintos tratamientos sin la intervención de la voluntad del paciente.

Por ello, mis queridos doctores, si sus tratamientos no los siguen sus pacientes, no necesariamente se debe a sus efectos adversos; sino que ellos pueden haber creado un vínculo productivo entre su padecimiento y sus condiciones sociales o económicas. En otras palabras, si no se toma sus medicamentos o si persiste en su descuido físico, es muy posible que el paciente no quiera curarse. Podrían ustedes, en base a esa observación, llegar a la conclusión de que son además enfermos mentales y los canalicen para hacerlos cambiar de opinión, y hacen bien.

Sin embargo, en mi experiencia he de dar cuenta de que sí semejantes cambios en la forma de pensar son posibles, estos cambios son radicalmente distintos a un mero cambio en el discurso; y esto se debe a que los pacientes pasan por una experiencia cercana a la muerte.

Y al señalar esta dinámica de autoridad entre el experto y el paciente, no estoy hablando de la psicología, mucho menos del couching; sino que intento definir el papel del poder y la diferencia entre estas técnicas y el psicoanálisis.

La diferencia fundamental es que nosotros podemos ubicarnos en un punto de intervención distante al modelo médico, más en consonancia con el placer que el enfermo obtiene de su padecimiento. Y, aun así, pese a que podemos colocarnos en un lugar distinto, tampoco me atrevería a decir que tenemos la única solución o la más efectiva para "combatir la voluntad" del enfermo.

Incluso el psicoanálisis a veces tiene que ceder el paso a la naturaleza implacable, que no tendrá la más mínima duda de eliminar a quien persiste inútilmente en imponerse frente a ella. No hay cura ni para el amor, ni para el odio, ni para el placer, ni para la terquedad humana.

Entonces, si bien no hay cura para la condición y voluntad humana, podemos tomar otros caminos para procurarnos como individuos o como instituciones, sabiendo con quien contamos y para qué. Lo cual resulta importantísimo para el tema que nos convoca. En breve señalaré la relación del crimen con la neurosis, partiendo de la enfermedad en general.

Regresando al "cambio" que sostiene esa fantasía de orden tras las palabras "salud mental", también he visto que semejantes cambios de pensamiento no garantizan de ninguna forma que el paciente abrace nuevas formas de organización psíquica o social; pues la misma enfermedad puede ser, para algunos, una manifestación por excelencia de la libertad, su único rastro de identidad y dignidad.

Para ejemplificar esto, invito al lector a repensar sobre la depresión, teniendo en consideración que para algunas personas es el único rasgo de su vida que pueden identificar y que llegan a apreciar como suyo. Si bien esto puede sonar como una aberración libertina y puramente enfermiza, no está lejos de describir también la relación de muchos individuos no solo con patologías médicas, psiquiátricas y psicológicas claras, sino con las sustancias psicoactivas; esas que son consideradas por grandes sectores de la sociedad médica y general, como un elemento que lleva por sí mismo a la enfermedad o la muerte.

Para muchos individuos son lo único que vale la pena del mundo y de la vida. Para ellos no hay familia, no hay libertad, no hay amor, no hay placer; solo hay droga y ella puede significar o ser el camino a todo lo que enumeré.

Otro ejemplo muy común al respecto de la enfermedad médicamente tratable, es que algunos pacientes abrazan su condición, una gripe por ejemplo, como una forma de castigarse por alguna decisión que tomaron en su vida; por lo que los empeños, tanto de familiares como de médicos, tendrán el mismo efecto que la recomendación "no te castigues". Ahora traslademos este último ejemplo a aquellos que sostienen situaciones que saben derivan en cáncer y tenemos a la mano un panorama epidemiológico donde la neurosis influye libremente en la población.

En semejantes empeños frustrados de influir al enfermo, podemos notar que el poder que sostiene a los síntomas viene de un conjunto de representaciones no educables de los individuos, representaciones particularmente reacias a la influencia discursiva, representaciones que el mismo individuo sostiene inconscientemente, pues le fueron muy útiles en sus primeras relaciones; como atribuirse el derecho de castigarse para defenderse del castigo hiperintenso del padre. Y esto no es receta psicólogos, no todo castigo auto proporcionado es una defensa hacia el padre; es solo un ejemplo. Vayan ustedes a preguntar a sus pacientes porqué se autocastigan, y si no son capaces de escucharlos, acudan ustedes con un psicoanalista.

Ahora, si tomamos en cuenta la neurosis en la dinámica social, veremos que los individuos serán capaces de ser libres de su inquebrantable voluntad, y que por ese medio alcanzan un poder increíble, serán capaces de reclamar de forma contundente e incuestionable el derecho sobre su cuerpo y su vida.

Y si introducimos en esa dinámica a las instituciones con su identidad propia, la ciencia médica institucionalizada, no tendrá otra opción para acoger la voluntad individual más que como una patología mental. Por este camino se ha condenado el libre uso de la voluntad sobre la enfermedad, y se ha llegado a considerar a la voluntad como un evento enfermizo e indeseable. En otras palabras, si nos empeñamos en desconocer la función de la enfermedad para los individuos, si dejamos de lado que esos síntomas pueden guardar gran estima o valor para quien los sostiene; nos enfrentaremos tarde o temprano a una realidad social donde no consideraremos que nosotros mismos sostenemos nuestros problemas por no asumir el costo de su superación. Costo que tiene que ver con reconocer y ceder el placer que nos traen los problemas o quienes los generan.

He ahí, una primera idea de la Neurosis del Estado. Aunque no es lo que yo pensaba cuando formulé mi pregunta sobre el Estado Neurótico, advierto que hay todavía mucho material para extender esa relación entre neurosis y el Estado.

Tenemos por ejemplo que esa relación que establecen algunas personas con sus médicos no está exenta de "vulnerar" al paciente neurótico mismo. El paciente que no haya soluciones tras seguir superficialmente muchos tratamientos con muchos médicos, se asume entonces como enfermo incurable, al aceptar sin dudar que está condenado e impotente frente a su destino y no poder notar que hay al menos una ganancia emocional o social en sus diversos padecimientos.

Para esos pobres no hay esperanza, y siguiendo la formación de una identidad en el sufrimiento; el perder la esperanza o el tocar fondo es el primer paso de la epopeya de su recuperación. Pasamos de la neurosis y el psicoanálisis a la victimización permanente de los individuos que fomenta la cultura de la autoayuda y las cupulas científicas psicologías y psiquiátricas americanas, que se empeñan en categorizar el deseo y la lucha que sostenemos como humanidad frente a el.

Ahora llevemos el juicio de propiedad y derecho de existencia e influencia de nuestras enfermedades, al conjunto de representaciones primordiales que forman nuestros pensamientos adultos; pensamientos infantiles que, al no hallar cabida en nuestro mundo adulto, son sometidos al silencio, y de esa manera se fortalecen en la oscuridad. Para dar cuenta de semejante conflicto, recurriré un poco más a la historia, pues ante esas condiciones que eran diagnosticadas y acusadas como neurosis, que generaban problemas sociales y económicos severos, nació el psicoanálisis. En otras palabras, Freud no inventó la neurosis.

Cuando Freud hizo sus estudios en Paris en compañía de su querido maestro Charcot poco antes de 1890, pudo notar que por el uso de la hipnosis los pacientes eran capaces de dejar atrás de sí sus síntomas, en cuanto estos se veían libres de su propia regulación, al entrar a un estado hipnótico; de una manera muy similar a la que se podían quitar una prenda de vestir. Les ruego poner atención en esa libertad del dominio propio y seguir sus rastros en la conformación del Estado. Luego, terminada la hipnosis, los pacientes de Charcot volvían a adquirir sus síntomas. Es decir que, en cuanto el paciente adquiría total control sobre sí mismo, los síntomas regresaban, cual maldición sobre un inocente desafortunado.

Estaría en curso una de las más grandes revoluciones para la humanidad en su conjunto, y se dio gracias a que ese joven médico judío fue un rotundo fracaso como hipnoterapeuta. Freud regresó de Francia sumamente emocionado para ejercer su práctica médica en su patria, pero al no poder hipnotizar a sus pacientes tuvo que escucharlos. Y mientras atendía médicamente sus molestias, pudo destacar el valor de las experiencias en la formación de representaciones del paciente, y de cómo el quejoso hacía uso inadvertido de ellas para introducir a un inocente médico en un universo particular, muy ajeno a sus pretensiones clínicas.

Como fruto de su trabajo o su mayor contribución a la historia, más que servir de base ideológica a una industria internacional de la salud mental y luego ser desechado al no ser comprendido; sería el aportar las bases para cimentar una nueva concepción del ser humano, una donde era más que posible el lidiar con al menos dos nociones simultáneas de la humanidad. Esto es el individuo como un medio y como un fin para sí mismo. Esto es otra noción de lo inconsciente.

Al hacer semejante transición, era también posible delimitar nuevamente los alcances de la libertad humana, repensar las posibilidades sociales frente a una doble naturaleza o una naturaleza dividida, escindida. Una naturaleza en un conflicto posiblemente irresoluble, pero no por eso menos hermosa o disfrutable. Una naturaleza que a veces tomaba formas que pudieran parecer enfermizas, como la neurosis o los organismos Estatales. Si hago aquí mención de una percepción negativa sobre el Estado o el Sistema, no es por tenerla como propia; sino que la señalo como viva y que forma parte del discurso antisistémico de muchos sujetos, evidencia de un conflicto notablemente neurótico. Ahora, ¿cómo se forma dicho conflicto?, para contestar superficialmente esta pregunta, introduje la cuestión sobre un Estado Neurótico.

Pero antes de seguir, quiero hacer una advertencia. La neurosis no existe, al igual que la adicción e incluso me atrevería a decir que la familia. Todas estas son palabras, son simplemente un conjunto de signos que nos permiten compartir representaciones y que nos son útiles para poder describir eventos, situaciones o cosas. Y todos estos ejemplos que di y entre los cuales me atrevería a incluir al Estado mismo, no son cosas físicas, sino situaciones humanas que tienden a compartir el carácter de lo humano; es decir, una tendencia antinatural que nos hace proclives a huir de nosotros mismos, a no ser definidos; una tendencia que nos lleva a luchar fuertemente en contra de lo que somos y nuestros deseos, al igual que una cierta indeterminación y fugacidad.

Es como tratar de definir los pecados, ¿fornica el que ve pornografía?, ¿y si solo la ve y no se masturba?, ¿y si fantasea con una mujer vestida y sin advertir ningún deseo sexual hacia aquella, ya fornicó con ella en su corazón? Reduzcamos la neurosis a una sola condición expresada de la siguiente forma "quiero, pero no puedo". Si no hallan ustedes motivos físicos y orgánicos que los incapaciten para alcanzar su deseo, es usted neurótico o neurótica. En la distinción de tales dificultades, solo resta apartar el uso de su voluntad para crear y sostener dichas imposibilidades.

Un segundo punto muy valioso al considerar la incapacidad de los cuerpos médicos de comprender la neurosis, es que las palabras se insertan entre los grupos como medios simbólicos para sostener una identidad o para ejercer poder entre sus miembros y organizarse frente al medio. De esta dinámica hablaré después, pues guarda una estrecha relación con la concepción del crimen. Pero lo diré de modo simple y directo: médicos, si ustedes con su excelente formación, no pueden con un paciente, muy posiblemente tengan enfrente a un neurótico.

Si odian a su paciente, si el paciente se niega a cooperar, si acude con ustedes cada vez peor con la intención de que lo salven; no lo regañen, porque bien puede ser eso lo que hace que ese paciente regrese con ustedes. Libérense de el o de ella y mándenlo con un psicoanalista. No un psicólogo, ni un psicoterapeuta, ni un psicólogo psicoanalista, ni un psicólogo ecléctico (esos que abrazan toda corriente como herramienta posiblemente útil). Un psicoanalista, alguien que puede sostener en su práctica un no deseo y no alguien con una buena intención. Un psicoanalista no es alguien que quiere ayudar, es alguien que ayuda. Espero que quede claro que entre la intención y la acción hay una enorme diferencia. Puede ser que la ayuda que reciban del psicoanalista es la frase "abandone usted a ese paciente, por bien suyo y de él o ella. Se van a destruir el uno al otro, es inevitable e inminente". Si ustedes persisten en tratarlos, prepárense a pagar el costo de su relación médico - paciente.

Pues bien, para exponer mi consideración sobre la posibilidad de un Estado Neurótico y separarlo de un empeño de Estado Laico, quisiera retomar parte del discurso que había manejado en los capítulos pasados para darle un giro. Recordaré aquella ilustración del forzado visitante extranjero, pero ahora introduciendo la postura del cuidador y los efectos de sus acciones. Esto a fin de poder distinguir el origen y limitaciones del conflicto neurótico.

8
Sexualidad infantil y formación del lazo social

La escisión psíquica como principio de la autonomía entre el placer y la conciencia

Antes de empezar, recordemos la situación infantil. Dado que no hay actividad motora que pueda influir en el proceso de satisfacción, la experiencia sensible depende totalmente de los cuidados. Por estos, no habrá una diferencia clara entre placer y dolor, del mismo modo hay una completa indiferencia entre los eventos que ocurren y su orden temporal. Ante este caos, el carácter subjetivo de la experiencia sensible aportará al organismo los estímulos que apelan a activar la huella mnémica que le invitará a extender sus condiciones presentes el mayor tiempo posible. En otras palabras, en esta primera organización no hay una noción del tiempo y apela a la primacía del placer como experiencia adaptativa frente al caos que representa el medio.

Todo esto se verá alterado por la evolución de los sistemas perceptuales, que le permitirán al organismo recién nacido un mayor contacto con el mundo, al poder separar las características de lo que ocurre a su alrededor. Repito, esta nueva organización que introducirá al tiempo en la evolución orgánica, no cancela la primera estructura atemporal. Ambas persisten y alternan dependiendo de otros factores temporales o ambientales.

Ahora bien, me había propuesto introducir al adulto y su influencia en la vivencia de la joven criatura, pero eso no quiere decir que abandonemos la postura infantil, pues aún hay mucho que considerar al respecto de ella. Entre lo más importante es señalar que no todo niño es igual. Así que las manifestaciones del alma infantil que estoy por considerar pueden tener un numero infinito de formas, intensidades o matices; tantos como números posibles entre uno y dos.

Les recuerdo que no encontraremos por lo general una descripción del mundo precisa en todo detalle en un libro, manual o texto; sino que, si queremos ser capaces de encontrar el conocimiento, necesitamos aislar los fundamentos abstractos de las descripciones de esta o cualquier otra aproximación de la realidad. De no hacerlo, desecharemos la teoría psicoanalítica al encontrar que no toda fobia animal se debe a un miedo universal a que el padre castre al niño neurótico, como lo fue en caso paradigmático "Juanito".

Dicho esto, si alguno de los principios teóricos que estoy por usar no se entiende, sean tan amables de regresar a leer los primeros capítulos de este texto o bien buscarlos en un diccionario de términos psicoanalíticos. Pero sé que eso requiere trabajo del lector, y por ello creo que sería más sensato de mi parte descartar mi propia esperanza en quien tome estas páginas. Por lo que, para evitar que esta descripción sea hecha libremente suya y hacer de ella una nueva religión donde los conceptos psicoanalíticos sean su fundamento, me encargaré de aislar los principios fundamentales y representarlos en lenguaje matemático.

Aunque debo admitir que en este momento no tengo la preparación adecuada para esa tarea y mi tiempo se ve absorbido por otros pendientes que requieren con más urgencia de mi atención. Por ello, vuelvo a hacer una invitación a la comunidad científica para tomar este texto y poner particular atención en aquellas porciones que traten sobre la naturaleza infantil.

De todo lo escrito aquí nada es indispensable para sostener el psicoanálisis, es solo un reordenamiento de la obra de Freud. Esa sí es indispensable, pero es de difícil abstracción. Necesitan leerla toda repetidas veces por diez años para poder decir a medias "esto es psicoanálisis". Confío en haber hecho un trabajo aceptable, pero no soy el único. Lean a otros psicoanalistas con el cuidado que tienen para verificar sus respectivos estudios. Lean a Lacan, a Roudinesco, a Laurent, a Miller, a Soler, a Jung, a Rank; considerando que estos últimos dos se separaron de Freud para disminuir la importancia del factor sexual de la teoría analítica y fundar sus propias aproximaciones. Lean historia, filosofía, antropología, religión, vean toda película que esté a su alcance y no olviden escuchar a todo el mundo, incluidos los enajenados. No para buscar lo que ya dijo Freud o cualquier otro teórico, sino para identificar como se ordena aquel ser humano y solo ese.

Por mi parte, si yo mismo pienso dificultarme la conclusión definitiva de este trabajo a fin de hacer más fácilmente transmitible la ciencia psicoanalítica, pido paciencia para los invertidos lectores de un texto "pseudo científico" por lo poco que hemos avanzado en el abordaje teórico de una época tan universal como lo puede ser la más temprana infancia, en pos de hacernos de una idea de las formaciones sociales. Retomaré mi descripción, hablando de la hipotética situación de un hipotético organismo, para identificar dichas variables también hipotéticas que dan lugar en hipotéticas personas a un hipotético inconsciente.

Con aquel sustento del Principio de Placer al servicio de la supervivencia, una premura urgente y un apetito indeterminado e insaciable; los cuidadores tendrán la sencillísima tarea de procurar atender las necesidades del infante, que se encuentra en una situación muy favorable al no poder moverse, y que bien podemos ilustrarla al comparar a los infantes con un monarca que es digno de las más delicadas atenciones.

Siendo adultos sabemos que ellos necesitarán siempre cuidados, y se los procuramos con las mejores de las intenciones. En el mejor de los casos, no hay ninguna intención real de abandonar al indefenso ser que se mantiene despierto a toda hora, pero eso no lo saben los pequeños. Ya la noción de placer les permitirá ir haciendo representaciones de la situación en la que están, aunque debemos señalar que dichas representaciones son muy primitivas.

Esta fuerza imparable e insaciable de la naturaleza sentirá la más mínima diferencia entre sus propias necesidades insatisfechas y el paso del tiempo; y experimentará semejante diferencia como una amenaza a su integridad y la de su reino, por eso recurrirá a todos los mecanismos que le brinda la misma naturaleza para hacer presente y evidente su molestia ante los traidores a la corona.

Aquí ya introduje un cambio en la situación previa del infante, pues considera en su llanto una herramienta y puede considerar también a los padres como extensión de su propia personita. Creo haber sido claro que este cambio es posible gracias a la formación del placer. Introduje aquí un avance más, pues el infante ha adquirido una noción de orden y significado al hacer uso de su cuerpo para obtener lo que anhela. Si bien es posible distinguir ese avance, sugiero no tomarlo como una garantía universal. Sigamos ese rastro de la formación de la voluntad, desde nuestra propia experiencia adulta.

Todo padre o madre primerizo podrán dar testimonio de que esos pequeños cuerpos pueden ser capaces de grandes escándalos, incluso a los días de haber nacido. Por mucho cuidado que tengan con el o la pequeña, éstos podrán notar y hacer notar que están vivos, pues se están encargando de separar con cada vez mayor claridad, la diferencia entre aquel estado perdido y sus propios cuerpos, al cuidado de unos padres muy humanos, justo al ver frustrados sus empeños de nunca tener hambre, sueño o ver alterada su calma.

En otras palabras, es buena la frustración que pueda experimentar un recién nacido, obviamente con ciertos límites. Les recuerdo que en la mayoría de los países la muerte de un infante por descuido de los cuidadores es considerado un asesinato. Ahora que, si no desean frustrar a sus hijos, vayan solucionando el dilema del dinero y su vida propia, pues esos niños querrán estar con ustedes todo el día a toda hora; impidiendo que trabajen, pero también que vayan al baño o que disfruten de su intimidad, del cine, de la vida en pareja, etc.

Por cuestiones de formación que he nombrado someramente en el capítulo ante pasado, solo mayores dificultades irán marcando la vida del pequeño ser, a fin de introducirlo en un mundo para el cual esa energía sin forma y fortísima no hay un lugar. Seremos alimentados a determinadas horas con determinados alimentos, para luego establecer una rutina conforme a nuestros movimientos intestinales y presión en la vejiga.

En cuestión de días, los infantes han pasado del útero y no necesitar nada, a ser atendidos con las mayores atenciones y posteriormente son forzados a ajustarse a un tiempo. Los sacamos del paraíso para darles un reino, para luego destronarlos; pues tristemente, nadie en el mundo puede sostener una corona por mucho tiempo, eso es muy costoso.

Nuevamente quiero limitar mi significado, esto no es un ataque indirecto en contra de cualquier monarquía en el mundo; es una invitación a dejar a los monarcas en paz, envidiosos lectores neuróticos. Si una monarquía ha persistido a lo largo de los siglos, aún después de la Revolución Francesa, es porque ella representa para sus súbditos la esperanza y el orden; del mismo modo que nuestros padres fueron más que simples mortales para nuestros ojos infantiles. Y si una monarquía o cualquier otra organización es opresora de sus más elementales componentes, no seré yo sino el tiempo y aquellos oprimidos, los que la pongan en su lugar. Que bien puede ser como lo más precioso del mundo.

Regresando al dilema del infante, resulta natural que los padres o los cuidadores introducirán al infante a una serie de requerimientos entre los cuales se incluirán prohibiciones directas de ciertos actos, todo esto junto a sus cuidados. Requerimientos que nada tienen que ver con una educación como la entendemos, sino que tienen como objetivo primeramente que los padres o cuidadores no mueran y al mismo tiempo que la vida infantil se sostenga. Por ello, aun cuando el infante no ha adquirido un lenguaje, podrá notar la negativa de los cuidadores ante determinadas experiencias u objetos, del mismo modo que podrá notar la diferencia entre lo esperado y lo obtenido. Todo esto sin poder comprender una relación causa y efecto.

Como infantes, ya no se trata de seguir lo que la naturaleza nos dicta, procurando el alivio más pronto y directo de nuestras apetencias; sino de someternos involuntariamente a la voluntad de aquellos a los que debemos nuestras vidas, a fin de obtener de ellos primeramente los elementos y condiciones que nos permiten sobrevivir, y luego las habilidades y hábitos que nos harán un miembro más del conjunto humano. Aun cuando en este último empeño, los cuidadores hagan crecer el más puro odio en los seres más puros del universo. De ese odio y su destino hablaré más adelante. Hago aquí un distingo, que retomaré un poco más adelante, nosotros sabemos que un infante sin cuidados no puede vivir; para el infante la relación entre la vida y los cuidados no existe, para ellos la vida es placer y el placer es vida. No le es posible considerar la posibilidad de la muerte, sino únicamente del dolor o el displacer de la diferencia.

En otras palabras, el infante pasa teóricamente por dos tiempos en relación con su placer que puede establecer progresivamente como una experiencia propia en base los cuidados de los que es objeto.

En el primero, puesto que el organismo carece de organización espacio temporal, como nosotros identificamos tales factores, dado que su único referente orgánico es la experiencia intrauterina, los cuidados no tendrán para dicho organismo el significado de la vida y de la misma manera no será capaz de distinguir la figura y función de un cuidador, debido a la naturaleza de la relación simbiótica entre el feto y su madre, y su influencia en un psiquismo primario. Es decir, no hay sujeto ni objeto, no es capaz de percibir el apremio de su necesidad; puesto que no hay necesidad.

La construcción de esas relaciones y significados, pasa por una vivencia temprana donde establece una relación entre un evento al azar según la perspectiva infantil, pero que nosotros hemos de calificar como cuidados, y su propia experiencia orgánica o satisfacción.

En base a estos hechos sin significado para los recién llegados (los cuidados), podrán notar que experimentan determinadas condiciones, que nosotros podemos asignar como necesidades, hecho que el organismo recién emancipado desconoce monumentalmente al no haber tenido antes un cuerpo al que debía atender. Pero de igual manera, este fenómeno de interacción entre el infante y sus cuidadores tiene un numero infinito de matices y formas, de tal manera que es posible que ocurran situaciones en determinadas familias que faciliten la impresión de la extensión indefinida de la simbiosis o bien requieran que un infante se haga cargo de sí mismo desde una edad que la mayoría consideraríamos temprana. En este momento, no hay forma de determinar la evolución del curso de eventos ante los dos escenarios propuestos.

Regresando al infante, desde su perspectiva, sin saber cómo y sin saber porque, obtendrá como respuesta de un elemento indistinto del medio, un cuidado que necesita sin saberlo, con relativa prontitud. Dicha respuesta a una necesidad que no sabía que tenía, sin objeto ni forma que un infante pueda definir en un primer momento, se debe a que el organismo infantil carece del desarrollo neurológico que le permita identificar claramente aquellos elementos que giran en torno a él. Y aun sin saber las razones y los medios, tendrá como resultado una alteración a su condición orgánica primera, es decir su necesidad; resultado que hemos de conocer desde el lenguaje como satisfacción.

Por esas incómodas demandas que no es capaz de identificar como proveniente de sí mismo, puesto que no hay un sí mismo, se establecerá una dinámica interna que bien podemos llamar deseo, que podríamos denominar como el primer paso para la conformación de la noción mental del individuo.

Este deseo es la influencia del estado orgánico perdido por el nacimiento o bien el anhelo por replicar la estasis (una suerte de equilibrio que raya en la detención del movimiento), anhelo que lo llevará a tratar de someter a la experiencia de satisfacción a su empeño para eliminar la necesidad. Y para ello buscará cancelar la experiencia de variación sensorial por medio de elementos particulares que le brinden experiencias específicas, llevando a la creación de la experiencia del placer. "Quiero eso y solo eso, una y otra y otra vez".

Repito, podríamos hacer la distinción de la satisfacción como la experiencia orgánica, mientras que el placer sería la experiencia subjetiva; el factor común es el deseo, que podemos denominar como significante o representante psíquico de placer y satisfacción por igual. Cabe destacar una muy posible influencia genética en la facilitación de apropiación de tales elementos y experiencias particulares, hecho que podría explicar la determinación de ciertos caprichos alimentarios de las madres durante el embarazo y solo durante ese tiempo. Sobre este último fenómeno, la influencia del infante no nacido en la psique materna, no me es posible sostener por el momento una determinación directa, aunque me gustaría estudiarlo más a fondo en otro momento.

Entonces, para un infante que conoce el placer y que carece de control sobre su cuerpo, el deseo será lo mismo que realizar un acto para obtener una satisfacción. Remarco es la relación INFANTIL TEMPRANA entre el deseo y la satisfacción; la diferencia entre ambas nociones introducirá al infante en la dinámica del dolor. Una segunda observación de este decurso es que, para la primera organización infantil, el deseo y el placer serán su eje rector; esta consideración será retomada posteriormente.

Ahora, en el segundo tiempo de la organización psíquica frente al placer, ya que el organismo tiene una independencia motora parcial, así como una interacción neuronal cada vez más efectiva; y mientras más rápido note que no toda necesidad manifiesta es satisfecha, podrá identificar que entre su anhelo y su satisfacción hay un otro.

Esto es, que su experiencia como organismo independiente marcará que desafortunadamente deseo no es sinónimo de acto, sino que el deseo que siente como el anhelo de una satisfacción, apunta directamente a la comisión de un acto, y ese acto pasa por el intermedio de la presencia y aprobación de otro sujeto. Se ha establecido un segundo orden en base a la experiencia sensible, pero este orden está muy lejos de ver terminada su configuración.

Repito, la evolución de la experiencia del placer y su imperio en la organización psíquica infantil, influenciada por el desarrollo neuronal y perceptual que implica un mayor control del cuerpo; facilitará una relación del infante con su cuerpo, al momento de distinguirlo como la fuente de la experiencia sensible. Y en cuanto el organismo puede distinguir a otros elementos de los que depende para extender las experiencias deseables, adquirirá una relación con aquellos, cuyo fin es su propio placer. No su supervivencia, pues el infante nada conoce del dilema del organismo frente a la naturaleza. Son estas las bases de lo que podríamos denominar "consciente" desde el psicoanálisis. No nos referimos a una consciencia moral, sino al orden que permite la relación del individuo con su propia condición orgánica y con el mundo. Esta relación se verá afianzada por el progresivo control motriz y la formación de un universo de representaciones, como lo veremos en el siguiente capítulo.

Vuelvo a repetir que no hay un tiempo determinado para tales procedimientos de adaptación, sino que es una construcción puramente hipotética. Pudiera ser que los dos tiempos teóricos se vivan en una sola experiencia desde una época muy temprana o bien que nunca pueda distinguirse un tiempo del otro. Por eso la necesidad de atender caso por caso, pues las distintas configuraciones han de tener distintas resoluciones y distintas implicaciones. No se trata de llevar a un infante del primer estado teórico al segundo, por la lógica de lo anímico inconsciente.

Esta lógica apunta a que los dos tiempos o ambas organizaciones del infante frente a su deseo no se cancelan entre sí, sino que conviven alternadamente en la organización psíquica infantil y adulta normal. Donde hallaremos que esta dinámica conforma no solo la posibilidad de una alternancia permanente entre lo anímico consciente y lo inconsciente, sino una parte fundamental de las problemáticas sociales que se derivan de ella.

Como población adulta alternaremos entre la mediación de nuestras apetencias y el desenfreno consumidor, de lo que sea. Y no solo eso, sino que podemos hacer un traslado a la experiencia neurótica, señalando su relación con la patología y el orden social. Adultos que tienen un gran deseo por realizar una acción u obtener un objeto, que puede ser de lo más inocente como un helado; y cuando realmente tienen la posibilidad de alcanzar su meta, se paralizan o la llevan a cabo con gran culpa. Culpa que los acompaña mucho más allá de haber alcanzado su meta, castigándose con el recuerdo placentero del éxito. Estos pueden hacer de su vida exitosa un verdadero martirio del que padecen terriblemente. Para el neurótico es indistinto el éxito o el fracaso; de todos modos, sufren.

Pero regresemos a los infantes, y a su relación con lo anímico inconsciente al poner atención a la resolución del conflicto que se instaura en el joven organismo a raíz de los cuidados y su nueva relación consigo mismo.

Existen múltiples resoluciones para atender al conflicto de servir a dos amos, entre nuestras fuertes apetencias y las progresivas demandas de orden que provienen del otro; a partir no de la educación, sino de la mera diferencia que representa su ser entre nuestros deseos y su correspondiente satisfacción. Una respuesta por demás típica es aislarse de aquel de quien provenga la diferencia y luego la prohibición directa, ocultarnos a fin de hacer nuestra santa y reverenda voluntad.

Esa separación física nos puede facilitar la ilustración de un "espacio" psicológico ajeno a la conciencia, donde todo es posible y sin miramiento alguno por los límites que nos han demandado para aceptarnos, o incluso los límites de la realidad misma. Un espacio que con el tiempo toma cierta autonomía y que, queramos o no, contiene una valiosísima carga, mucho más valiosa que el mero placer individual: la supervivencia misma de la especie humana.

Me refiero a lo anímico inconsciente, que podría describir como una voluntad independiente de nuestra conciencia que nos acompaña para manifestarse de formas extrañas, particularmente para el individuo que la atestigua, le da vida y experimenta su fuerza. Voluntad que por un lado pugna por hacer efectivas las demandas de aquellos empeños que hemos dejado de lado para socializar; y, por otro lado, nos conecta con la herencia que la misma represión de aquellas mociones ha implicado para la humanidad en su conjunto. Es decir, semejante posibilidad une a todas las culturas, por cuanto explica muchas de las formaciones sociales universales; y conduce la formación de esas estructuras, que dan una forma muy parecida a culturas que han luchado con realidades muy distintas, a una necesidad colectiva de orden.

Todo ello por la puesta en un escenario oscuro de las más descabelladas solicitudes que tenemos individualmente para con la vida y el resto de la humanidad. Solicitudes que bien podría nombrar como infantiles, pero que también se encuentran más allá de esa realidad definida por la universal dependencia infantil, al hallar también reflejado el anhelo de lo imposible.

En lo inconsciente anímico no hay ninguna noción de la realidad como la conocemos, como esa ya nombrada característica de la atemporalidad y la no cancelación de los opuestos que había mencionado al describir la relación del ser humano con sus deseos. Sobre más detalles de dicho espacio psicológico, me explicaré al respecto conforme vayan haciéndose manifiestos al describir la dinámica del Estado.

Ahora bien, con esta propuesta ¿estoy sugiriendo que la posibilidad de un espacio anímico inconsciente se funda con la separación física de quien nos representa un límite? No, esa fue solo una ilustración. Si eso fuera real, todo ser humano tendría un "inconsciente" puesto que el evento del nacimiento ya representa una separación física; y lo cierto es que solo hay evidencia de algo inconsciente en los individuos de alto grado cultural entre las grandes sociedades humanas y ello aún tiene que ser comprobado en análisis.

Por otro lado, la capacidad motora que permite al infante esconderse del cuidador, no se desarrolla hasta después, por lo que podemos asegurar que las primeras experiencias que se procura el infante lejos del cuidador, son propiciadas por la ausencia de aquel, dado que tiene una vida propia. Repito, no por un descuido en las atenciones hacia el joven, sino porque generalmente el cuidador tiene una vida por sí solo, y por lo tanto necesidades propias que atender.

Esa natural separación entre el cuidador y el recién nacido, dará a luz a una cierta frustración por cuanto las necesidades no sean atendidas inmediatamente, pero también a experiencias gratas independientes de la figura del cuidador. Para el momento en el que nos ubicamos teóricamente, se está formando la representación de sujeto y de cuidador, no hay aún relación entre el cuidador y una posibilidad o necesidad de esconderse, como un movimiento de huida.

Entonces, el inconsciente no se funda cuando tenemos la capacidad de escondernos, sino que ese juego entre nuestro deseo y el límite que nos puede representar el otro, se hace evidente así; como una dinámica de huida, de escondite. Sería bueno enfatizar por el momento, que el límite para nuestros deseos está representado no solo en la relación que establecemos con nuestros cuidadores, sino en cada persona con la que tenemos contacto; y esta posibilidad se funda en los límites que nos representó un otro primordial, es decir nuestros padres o cuidadores.

Sin embargo, ¿cómo puedo afirmar que la posibilidad de un espacio anímico inconsciente una a toda cultura y por otro lado afirme categóricamente que no todo ser humano tiene un inconsciente? Para salir de semejante embrollo, debo afirmar que no todo ser humano puede en efecto ser parte de una cultura, o integrarse en ella más allá de su superficie. El hecho de que hablemos, solo quiere decir que podemos hablar; no necesariamente que podamos entendernos y así apreciar el valor de los demás. O bien, no todo ser humano es igual a otro ser humano por el simple hecho de que puede hablar. O bien que la vida no es necesariamente cultura, hay seres humanos que viven porque no tienen otra cosa mejor que hacer; así de efectiva puede llegar a ser la civilización, aunque para ello se tenga que eliminar la noción de sujeto. Dejaré el conflicto derivado de las diferencias para cuando pueda dedicar tiempo a los Derechos Humanos y la ley.

Retomemos, para poder distinguir mejor esa situación infantil que se funda a partir de los límites que representa el otro, basta con recordar y contrastar la experiencia del nacimiento y el placer.

Es justo por la experiencia de placer y su pronta desmentida como un evento pasajero, lo que enfrenta al recién nacido con el mundo y su nueva condición orgánica; pues irá alternando rápida, constante e intermitentemente entre la dependencia y la libertad.

Y siendo que la vida infantil más temprana se caracteriza porque los organismos no pueden moverse o elegir sus condiciones de vida, por lo que la experiencia sensible del placer marcará la pauta más primitiva que orientará al organismo en su relación con el mundo y sus elementos, incluido posteriormente su propio cuerpo y por supuesto sus cuidadores. Es decir, el placer es una vivencia que se construye mucho antes que el dominio corporal, pues el infante identificará el placer que obtiene "mágicamente" de sus cuidadores como primordial, antes de identificarlo como un estímulo que proviene de su mismo organismo, o una respuesta a los cuidados.

Consideremos que, con base a la relación del individuo con su cuerpo aun antes de poder desplazarlo físicamente a voluntad, dicha relación definirá el avance progresivo que permitirá en un futuro el adquirir identidad y autonomía del organismo frente a sus cuidadores, por medio de la experiencia del placer. Y esto pues le será posible explorar su cuerpo libremente en cuanto pueda valerse del control superficial de sus extremidades, antes de que le permita desplazarse.

Semejante exploración le permitirá identificar a su propio cuerpo como medio y fuente del placer mismo, placer que primeramente encontró al ser objeto de cuidados por parte de un otro. Si bien esto pudiera ser obvio, tomemos en cuenta que es justo por la alternancia entre los estados que le han dado forma, que el infante no podrá distinguir entre su cuerpo y ese otro que lo atiende, hasta que la ausencia del otro no signifique la pérdida del placer por la autoestimulación que pueda provocarse y que lo llevará a considerar tempranamente sus propios recursos frente a la fuente de sus necesidades, sin la posibilidad de distinguir la asimilación de los objetos o elementos que realmente puedan satisfacer sus demandas biológicas.

Y siguiendo la lógica antes descrita, el infante asociará antes su propia estimulación, es decir su actividad devenida en placer, como el objetivo primordial de su contacto con el mundo, no su supervivencia. Será este primer contraste entre el cuerpo y la figura del cuidador, lo que facilitará el proceso de la diferenciación entre ambos y posteriormente brinde un curso de acción a la noción de significado y el lenguaje.

Ahora es momento de introducir el dolor en la ecuación. Este escenario donde alternaran indistintamente las experiencias de placer o dolor y su privación o falta junto con la presencia o ausencia de la figura del cuidador, forzará al organismo infantil pasivo a la actividad propia de la vida. En primer lugar, a distinguir la función de aquellos seres a los que no sabe debe la vida, y en cuanto le sea posible, procurarse aquellas experiencias que sean de su agrado, aun cuando sea la experiencia pasiva lo que busca. Explicaré esto último en este mismo capítulo para detallar después la influencia del carácter motor en la vida anímica infantil; esto es, los cambios que sobrevienen en la construcción del mundo del infante ya que puede disponer libremente del movimiento de su cuerpo.

Considerar el dolor es importante en este punto, pues recordemos que el organismo carece de la diferenciación de los elementos de su medio, por lo que la experiencia caótica lo forzará a una diferenciación paulatina de los elementos, que en un futuro cercano ha de prestarse para separar al individuo de su propia organización primitiva. Es decir, para poder considerar la posibilidad de algo anímico inconsciente, contemplemos la siguiente organización.

No puede haber un contenido anímico inconsciente, si no hay representaciones, entendiendo por estas como el terreno inmaterial donde cada individuo plasma su propia identidad perceptual y reclama para sí los elementos del mundo. De igual manera, esa marca en la construcción de la subjetividad que he nombrado como representación se prestará, dadas las características de sus elementos, como el material más básico por medio del cual el individuo establecerá contacto con su medio. Siendo así, no habría una relación del sujeto con el medio, sin que las representaciones que ha construido sean su intermediario. Luego, no puede haber una representación inconsciente, si no hay asociada a ella una carga de placer; placer que a su vez representó en algún momento una amenaza para el orden que le demandó otro ser humano fundamental para algún joven organismo. Amenaza que fuerza al sujeto a hacer un movimiento represivo en contra de un elemento específico de su propio universo de representaciones. Amenaza que a su vez implicó algún tipo de dolor o evento indeseable. Más adelante describiré la dinámica de estas amenazas.

Reflexionando al respecto, es muy posible que, aunque no esté definida justo por la posibilidad de elegirla por sobre otras opciones, sea la experiencia de placer-dolor, o la experiencia sensible, el mecanismo fundamental para poder hablar de una distancia entre los infantes y sus madres, no el evento físico y orgánico del nacimiento. Este fenómeno dinámico del placer – dolor introduce al organismo en un conjunto de problemáticas que se irán haciendo manifiestas conforme el individuo busque sostener su vida entre sus semejantes; es decir, darán vida a la dinámica social del individuo.

Tenemos entonces, que la posibilidad de un espacio anímico inconsciente se funda con la experiencia del placer, placer que es paulatinamente vivenciado como una experiencia propia, intransferible; para luego ser sometido por voluntad propia a un rodeo, pues pone en peligro la organización hecha por el infante en base a la relación donde ya introdujo al representante de su vida, aquel que le ha procurado los medios para sobrevivir. Y aun cuando pesa sobre el infante una amenaza considerable, no lo detiene en la búsqueda de su placer, más bien se reorganiza conforme se hace de más herramientas. Esta dinámica será objeto de estudio en el siguiente capítulo.

Es el dominio que hacemos de nuestros cuerpos lo que afianza, con el tiempo, la experiencia del placer en nuestra propia vida; lo cual se traduce en un factor más cuando tratamos de conducir esta experiencia a la regulación social.

Considerando desde una perspectiva más amplia que contempla la distancia entre nuestros cuidadores y nuestra vivencia, posiblemente esa apropiación de nuestra propia experiencia nunca se logre por completo; aun cuando la gran mayoría de nosotros podemos presumir un total dominio corporal. Es decir, para poder convivir con un número considerable de sujetos que desean tanto o más como nosotros mismos y que tienen un número indeterminado de herramientas a su alcance, lo más natural es que nunca se pongan en práctica determinados cursos de acción para la gran mayoría de los individuos insertados en un medio social amplio, sino que tales satisfacciones sean limitadas a vivir en la fantasía de un gran número de esos individuos y afectarlos de diversas maneras, entre las cuales se encuentran las neurosis.

Esto es, a mayor número de individuos, mayor represión de determinadas representaciones, pues en ellas se hayan peligrosas manifestaciones de la vida; ordenamientos particulares que son experimentados por sus creadores u observadores como atentados en contra del orden mayor. Tenemos aquí, sin quererlo, más fundamentos del abordaje psicoanalítico del Estado; pero por el momento no puedo sino solo mencionarlo. De igual manera creo necesario recordar una advertencia un tanto desagradable y que no es exclusiva del psicoanálisis: la vida bajo el imperio del Principio del Placer es insostenible. La misma naturaleza orgánica del placer lo fuerza al cambio, a nunca permanecer en un solo lugar o con la misma forma. De ahí la experiencia terrible y liberadora del ser humano ante la vida.

Para considerar la importancia de aquellos placeres y sin sabores introducidos por las interacciones sociales, hemos de recordar que es durante estos primeros meses en los cuales la red de asociación entre las múltiples representaciones permitirá la formación de un lenguaje. Resulta particularmente valioso considerar que ya que el lenguaje se ha formado, son las notorias lagunas en su uso las que nos dan cuenta, no de una incapacidad inherente de los individuos infantes de aprehender las relaciones ocultas entre lo evidente del mundo; sino de la capacidad que tiene un niño de crear un lugar en el cual se ha querido posicionar, para dar cabida primero a su propio placer y posteriormente a aquellos que fueron sus modelos a seguir, es decir las fuentes y representantes del placer mismo.

En otras palabras, las limitaciones observables en los infantiles no necesariamente se deben a una escasa inteligencia que le impide notar las diferencias entre el mundo y su deseo. O bien nuevamente, los infantes no son tontos; sino que han sido capaces de crear un deseo y tener presente que semejante deseo ha de tener la huella del placer procurado voluntaria o involuntariamente por aquellos seres que nos cuidaron, deseo que pudiera resultar problemático si es hecho manifiesto delante de un desconocido o un orden otro, como aquel que nos representan alternadamente nuestros cuidadores.

Podría aquí argumentarse otra contradicción en este capítulo, más debo decir que es solo superficial o aparente. Dije en un momento dado que el cuerpo del infante es la propia fuente de su placer y acabo de escribir que son también los padres o cuidadores la fuente del placer mismo. Y es que la situación biológica y neuronal del infante, descrita ampliamente en los primeros capítulos y retomada brevemente al principio del capítulo, demandan que sea objeto de las más delicadas atenciones, y en semejante situación los infantes no podrán evitar sentir experiencias gozosas, cálidas, tiernas, amorosas.

El amor, en el sentido de una experiencia sensible y al mismo tiempo de una relación de cuidados, se levanta como fuerza creadora ligada al placer que se encargará de darnos forma, al no poder distinguir de forma clara, contundente y rotunda entre nuestro cuerpo y las acciones de nuestros padres o cuidadores. Relación que pierde significado cuando el individuo no puede ser identificado por instancias mayores, que tienen a su vez que atender las demandas más generales de su población. Esto se abordará más adelante.

Por otro lado, no descarto del todo con este comentario el concepto de la inteligencia como una capacidad propia de cada individuo para manipular los elementos de su espacio, sino que destaco que aún el amor de un hijo por sus padres puede limitar sus capacidades personales a fin de no lastimar la imagen que se tenga de ellos, o bien para otorgarles un lugar de primacía en su concepción del mundo, muy por encima del orden impuesto por los organismos sociales y estatales.

Esta posibilidad, que me evoca a la película "Yo Soy Sam", me recuerda también que conforme a la red de asociaciones que el infante ha creado, cada representación cargará consigo determinado monto de afecto, en total consonancia con el placer o dolor experimentado en relación al elemento que se prestó para la formación de la representación. Retomando el símil de las relaciones diplomáticas, no todo aliado tendrá el mismo valor y más aún cuando determinada nación esté experimentando crisis en particulares áreas de función interna. Es decir, enfrentarse a esa serie de condiciones en las cuales es recibido el recién nacido, le representan a esa criatura que estaba acostumbrada a tenerlo todo sin ningún tipo de complicación, la más dura experiencia de adaptación. Adaptación que se logra, al menos parcialmente, creando una experiencia que sobrevive en cada lengua como un placer o dolor, a partir de los cuidados.

9
La función sexual en la familia

Recapitulemos una vez más.

Gracias a la experiencia sensible, el organismo infantil podrá adquirir una noción de sí mismo y del mundo. Esta relación que establece el organismo con su cuerpo es todavía parcial, pues si bien controla sus extremidades y muy posiblemente sea capaz de diferenciar su llanto o risa como unos primeros recursos dialécticos, aun no puede parase y emprender la marcha. Ello le impedirá establecer una relación causa y efecto del todo acertada entre los elementos que conforman su mundo, y sin embargo podrá empezar a ordenar su mundo de forma muy primitiva.

Por otro lado, sus representaciones y límites corporales siguen en formación, dada la extensión de la dinámica de cuidados. Sin embargo, por lo anterior dicho, al menos podrá manifestar su molestia o el placer ante los cambios que lo afectan, sin contar con un lenguaje todavía. En base a estos cambios, podremos hablar de una consciencia, que se refiere al orden temporal y la identificación del cuerpo como fuente de estímulos, o bien un "yo" primitivo.

Siendo así, si bien desde nuestra postura de adultos, la vida infantil no tiene comparación con la dureza de la vida adulta, para aquellos que no tenían la posibilidad de experimentar hambre dentro del útero, la vida después del nacimiento puede ser la experiencia más terrible, y más aún cuando no se tiene una idea clara de cómo es que se obtuvo la condición de la vida como la conoce el infante fuera del útero. Ello fuerza al organismo a procurar una alianza con el medio.

El tema da mucho material para futuras elaboraciones, pero limitándome al aspecto de la legalidad y la regulación social, es justo por esta razón que el orden proporcionado por los cuidadores de los infantes será primordial para los pequeños, aún más importante que un orden general o social, orden que ellos no están capacitados para concebir al inicio de su vida. Esta relación entre padres y vida, o el valor de los cuidados, está formándose en el infante que apenas puede dar cuenta de un cuerpo, sin que sepa que significa lo que ocurre a su alrededor y sin tener pleno control sobre sí mismo.

Para este momento la única noción que puede orientar al infante frente al mundo es su experiencia sensible, o la dinámica entre placer y dolor, que le ha permitido identificar que tiene un cuerpo. Eso no implica que le es posible notar lo que pasaría con su cuerpo en caso de que los cuidadores desaparezcan permanentemente, eso es imposible desde la perspectiva infantil más temprana. De nuevo nos hallamos teóricamente en un momento en el que la vida es placer y no hay intermediarios. Hago este breve repaso para detallar aún más la experiencia y enfatizar sus derivados.

Recordemos, los cuidados impiden al infante desarrollar una noción de su vida como organismo independiente. La vida no representa para el infante ningún problema, otros se hacen cargo de sus necesidades. Otros que el infante no es capaz de identificar, hasta que el desarrollo de su organismo le permite hacerlo.

En base a la progresiva frustración que devendrá de la natural diferencia entre el deseo del infante y la realidad, el joven organismo podrá notar que, entre su deseo y su satisfacción, se encuentra una figura extraña. Que nosotros hemos distinguir como los cuidadores.

Tenemos por tanto un orden primario que obedece a la experiencia de placer, inadvertidamente creado por los infantes a partir de los cuidados procurados por los cuidadores. Orden seguido de un orden social primario, aquel donde el infante es capaz de concebir una relación con un otro del cual depende primeramente su placer; y posteriormente, su supervivencia, de acuerdo a su propia experiencia de indefensión. Enfatizo, el infante no es capaz de distinguir el peligro que corre de verse separado de sus cuidadores, hasta que es capaz de identificarlos como fuentes de sus satisfacciones y poder señalar sus propias necesidades, entre ellas el alimento y la seguridad.

Una vez que se ha formado esa asociación entre los padres y la vida, los infantes no podrán cuestionar ese orden transmitido por los padres. El cuestionamiento de tales estructuras se hará evidente conforme el individuo sea insertado en un grupo más amplio, si es que no ocurre algún evento que ponga en evidencia al organismo nuevo, que el orden "familiar" es incuestionable para la supervivencia. En general, será el orden "familiar" donde se podrán manifestar la atribución de derechos que atenten en contra del orden e integridad de otros seres humanos, tales como "tú tienes derecho a robar, porque el mundo es injusto" o bien "yo tengo derecho a pegarte, porque eres tonto".

Pongo entre comillas la palabra "familiar", pues quisiera recordar al lector que la transmisión de un orden no depende de una estructura social que podemos comprender como familia. La experiencia nos dice que más importante que los lazos sanguíneos son los lazos afectivos que construimos con la gente a nuestro alrededor, de la misma forma que un infante no tiene que ser cuidado exclusivamente por sus padres. En otras palabras, la palabra "papá" no necesariamente la usamos para referirnos a quien vertió su esperma dentro del útero de nuestra madre. O bien, nuestra cuidadora principal, aquella que llamamos mamá durante toda nuestra vida, puede ser en realidad nuestra hermana mayor; o incluso, que nuestra madre haya sido una adolescente soltera que entrega a su hijo a sus propios padres para ser nombrado como su hermano durante el resto de su vida.

Deberíamos considerar que es más importante sostener la vida que sostener estructuras o categorías que satisfacen nuestros deseos de un mundo feliz, ordenado y estético. Propongo que en lo que resta del escrito cuando hablo de familia, se considere un caldo de placeres y dolores conformado por los proyectos que cada individuo va haciendo sobre la vida en general. Una especie de interacción entre vectores cuya influencia recíproca genera conflictos, a manera de reacciones nucleares, que irán demarcando en el eslabón más débil del grupo, una particular estela de fricción, que hemos de llamar individuo. O bien, familia es simplemente una palabra que suele ser usada para describir a grupos de individuos que conviven regularmente para hacer frente a la vida, los lazos que los unen pueden ser económicos, sanguíneos, afectivos, involuntarios o voluntarios.

Hasta ahora he tomado como hechos incuestionables afirmaciones con una comprobación relativamente fácil. Tenemos un cuerpo y establecemos una relación primeramente con él y posteriormente con el mundo en el que estamos inmersos en contra de nuestra voluntad. Esta última afirmación, "en contra de nuestra voluntad", es donde empieza la asociación de eventos hipotéticos, donde he buscado dar forma a una identidad, en base a la construcción hipotética de la experiencia de placer. Hipotética quiere decir posible, la representación o ilustración no es una realidad global o universal, sino la mención de los hechos que ocurren en algunos casos. Y, sin embargo, este cuadro que he venido armando, del que he aclarado puede variar infinitamente en sus elementos y configuraciones, nos permite ubicarnos al respecto de varios elementos que efectivamente pueden ser universales, como la experiencia de placer – displacer; aunque la forma de estos sea infinita o imposible de definir a detalle, sin recurrir a la experiencia de cada ser humano.

Pues bien, toda la elaboración pasada ha sido para poder dar cuerpo a esta dinámica de limites difusos que acontece al infante; ya que por medio de esta relación hemos podido distinguir, al menos hasta cierto punto, la posibilidad de que exista primeramente una voluntad propia que nos invite de continuo a repetir ciertas experiencias de las que no tenemos mucho control, pero que han pasado de ser indiferentes a tolerables o hasta realmente divertidas.

Y ya adquirido un cierto gusto por la vida, no pasará mucho tiempo para que vislumbremos someramente otra voluntad de la que dependemos, la de nuestros cuidadores. Aunque, vale la pena recordar de que dicha voluntad escapa de nuestro albedrío y nos somete a circunstancias que no entendemos y que no necesariamente nos son del todo agradables.

Quisiera preguntar al lector ¿realmente qué puede hacer un niño que no puede levantar la cabeza y sostenerse sentado, solo frente al mundo? Hago esta pregunta, cuya respuesta es obvia, para enfatizar el valor del placer en la experiencia infantil y luego en la vida humana.

La experiencia infantil del placer tiene un contacto muy cercano con el dolor y no me refiero a malos padres, sino de una experiencia avasalladora que enfrenta todo infante con un universo de posibilidades infinitas. Entre los cuidados, hay cosas que no nos tienen que agradar del todo, y que realmente no podemos detener. Al no contar con un control corporal que nos permita una relación directa con el mundo, no hay un sentido o significado pleno de lo que nos acontece. Literalmente todo es un caos, a veces lindo a veces temible. La inocencia infantil junto a la experiencia del placer permite que muchos logren sobrevivir, no todos.

Es debido a que el placer se levanta como nuestra primera herramienta frente al caos del mundo, que persiste como organización primaria frente a todas las demás organizaciones, que bien podríamos denominar psíquicas y sociales. Ya lo había mencionado anteriormente, pero se torna particularmente importante en este punto debido ya que, pese a que el infante sede parte de su voluntad para encontrar cobijo en la relación con el otro frente a lo indeterminado del mundo; la tendencia a someter todo bajo el imperio de su placer no sede, no lo abandona. En otras palabras, el infante sede voluntariamente el control con el afán de dominar, se somete a un orden para doblegarlo a su propio Principio de Placer.

Pero no nos detengamos en el empeño de dominio que proviene del alma infantil, es bueno tenerlo presente. Enfaticemos que, si los infantes son capaces de adaptarse a sus nuevas condiciones como organismo "independiente", encontraran que el sostener la dinámica social, otorga al ser humano una relativa independencia de los factores ambientales, única en todo el reino animal. Pues no se trata de que las condiciones naturales sean aptas para la supervivencia, sino que la raza humana sustituye en gran parte los requerimientos que la naturaleza hace de los organismos, por los movimientos en sus redes de apoyo. El precio para tal ventaja consiste en que estas redes de apoyo repiten y distorsionan el modelo orgánico al demandar al individuo una adaptación a condiciones un tanto ajenas a la naturaleza propia del organismo, tales como la espera frente a la inmediatez y la elección de determinados objetos para satisfacer las particulares demandas en determinados tiempos

Ante tal contradicción, lo innatural de la naturaleza humana, muy obvia en sociedades organizadas en grandes concentraciones humanas y diluida en grupos más pequeños, el ser humano tiende a solucionar el conflicto entre sus deseos y las demandas del ambiente con una separación entre su persona y su placer o las representaciones que lo llevan a tal experiencia. Estos elementos son desplazados a un lugar otro que no es el oficial, por decirlo de una manera; es decir, los ocultamos de nosotros mismos.

Remarco, los ocultamos nosotros, nos separamos voluntariamente de ellos, para crear y sostener el lazo social, y al mismo tiempo disfrutar de nuestros placeres. No somos separados cruelmente de nuestros placeres por nuestros cuidadores; nuestros placeres no mueren, solo se transforman... o al menos no ocurre esto en la mayoría de los casos.

Recordemos que esta reorganización ocurre en cuanto el infante se sabe dependiente de un orden que lo trasciende, un orden en el que apenas puede distinguir una figura dentro del caos que está ahí para él o ella.

Si bien esta ilustración nos permite tener una idea de lo que ocurre en la introducción del espíritu infantil en un mundo dominado por el impulso y esfuerzos colectivos de supervivencia, hemos de considerar la forma en la que el factor tiempo vuelve a hacer de las suyas, tanto en los individuos como en la civilización.

Hemos pasado de la total dependencia, propia de la vida intrauterina, a la formación de una experiencia que podemos nombrar como nuestra, el placer; y posteriormente a notar nuestro cuerpo, sin poder comprender lo inmaduro e inútil que resulta para enfrentarse a la vida, en ese momento.

En base a estas condiciones y favorecidos por nuestro desarrollo neuronal y la maduración del sistema perceptual, podremos notar las figuras que manifiestan interés en nosotros, gracias a su interacción con nuestro cuerpo y la influencia sobre nuestras condiciones orgánicas que hemos tenido que tolerar. Habiendo otorgado un cierto valor a aquellas figuras por sus actos mayormente benéficos, nos veremos obligados a cederles el control sobre nuestra vida, hasta cierto punto. Pues teniendo como referencia nuestra experiencia sensible, podremos empezar a demandar lo que queremos; aunque la obtención específica de esos objetos o experiencias, sean literalmente imposibles en un momento dado para nuestros cuidadores. Es decir, como cuidadores, seremos capaces de ver que el individuo ya ha podido distinguir su deseo y nuestro papel de esclavos frente al pequeño monarca.

Para un infante sus deseos serán primordiales, no hay límites temporales y espaciales para sus demandas. No le importará que sienta hambre o antojo a las tres de la mañana y que sus padres hubieran tenido el día más difícil de sus vidas. Una leve molestia que siente en su cuerpo lo movilizará al llanto para obtener lo que desea. Ya un poco más crecidos, y aun sin tener un lenguaje como tal, podrán reclamar su objeto deseado sin importar que aquel ya tenga dueño. Y si los cuidadores le regresan el objeto al dueño original, el infante se encargará de desatar el infierno en la tierra.

Siendo así, en base a la repetición de experiencias frustrantes, podremos notar dos fenómenos. El primero, que para el infante no hay límites, como nosotros los podemos comprender. Y el segundo, que su determinación por el Principio de Placer, lo expone a peligros de los que el o ella no son conscientes.

Todo esto es natural, sabemos cosas que los pequeños no pueden considerar todavía. Por ello nos vemos obligados a cuidarlos de sí mismos y del mundo, mientras adquieren la experiencia necesaria para convivir con los demás.

Recordemos que previa a la aparición del lenguaje, el organismo infantil se haya en camino de poner en orden al mundo por medio de la experiencia sensible, y semejante empeño de organización pondrá en evidencia que, para el recién llegado, el placer será más importante que sus mismos padres. Desde la experiencia orgánica infantil, sin otro orden más que la experiencia sensible, no hay posibilidad de que su vida se vea amenazada y por lo tanto tampoco podrá considerar la amenaza que pesa sobre la vida de los padres en su relación con el mundo. Pero esto cambia con la evolución corporal y la natural frustración que sea capaz de percibir a partir de la interacción con los padres. Repito, una frustración que se debe más a la diferencia entre el deseo y la satisfacción que a las demandas por orden que puedan provenir de la cultura o un empeño moldeador de los cuidadores.

La influencia de su temprano dominio corporal y la temprana formación de un orden temporal, que hemos de distinguir como conciencia, le permitirá construir una primera organización para defender su experiencia sensible, que en este momento es sinónimo de vida. Ya sea que note la ausencia momentánea de alguno de sus cuidadores, o bien que pueda distinguir los estados de sus cuidadores; la dinámica de los cuidados le permitirá construir un enlace entre los cuidados y los cuidadores.

Esta relación junto con la progresiva frustración inherente a la relación con el mundo, lo forzará a una reorganización que desplace el acento de la experiencia sensible a los cuidados como sinónimo de vida. Esto sin cancelar la importancia del placer como eje rector del andamiaje subjetivo y social.

Será esta reorganización la que forzará el organismo a adquirir una orientación espacio - temporal temprana, así como una superficial relación causa y efecto; donde el destino final es su placer y el intermedio es una voluntad que no es la suya. Situación que impondrá a los cuidadores, nuevos retos frente a la capacidad motora cada vez mayor del infante. Algunos cuidados o precauciones que tendrán que imponer a los más pequeños, serán percibidos en aquellos como limites indeseables.

Siendo así, dado que el infante cuenta ya con un primer orden espacio – temporal, una red de asociaciones entre representaciones relativamente grande, y un desarrollo motor y neuronal; será cada vez más capaz de introducirse en el afluente simbólico que lo provee la cultura por medio del lenguaje. Por lo que tanto los cuidados como los límites inherentes a los mismos podrán adquirir una dimensión distinta en cuanto se comience a asociar los actos con las palabras que provienen de los cuidadores desde nuestros primeros días.

Tendremos entonces como constante para el infante que las demandas de su propio cuerpo lo forzarán a adoptar medidas precautorias frente al potencial "riesgo" que supone la búsqueda de la satisfacción de algunos sus deseos entre sus cuidadores, particularmente la manifestación abierta y sin tapujos del placer experimentado en los actos más variados. Mientras que, por el lado de los cuidadores, la ausencia de límites propio de la más temprana edad expondrá el infante a un conjunto no específico de riesgos, siendo uno de ellos la imposibilidad de la completa satisfacción.

En cuanto a los placeres que el infante habría adquirido durante su introducción al mundo, pocos placeres serán alarmantes para los cuidadores. Si su niño quiere comer demasiado o muy poco, y si los cuidadores pueden descartan una condición médica adversa para tales hechos; solo basta la medida que hayan adquirido los cuidadores como propia o adecuada para descartar medidas educativas o moldeadoras, la mayor parte del tiempo. Sin embargo, no ocurre lo mismo en cuanto los infantes descubren el placer genital y su propia capacidad para procurárselo.

Obtenido primeramente de los actos que buscan su higiene, la experiencia nos indica que, por sus características y desarrollo, el deseo de estimulación en los genitales irá ganando primacía sobre la organización previa; y ya que los cuidadores hayan adquirido un valor, se hará de una cierta autonomía entre el individuo.

En otras palabras, conforme el infante pueda ir controlando sus extremidades, podrá estimular sus propios genitales sin ningún miedo o culpa. Semejante libertad enfrentará a los cuidadores a un dilema tremendo, al no encontrar en sus angelitos sino ciertos rasgos o actos "indeseables", según su propio orden. Lo que lleva a muchos padres o cuidadores a reprimir severamente cualquier manifestación de placer que pudieran experimentar los infantes en cuestión de sus genitales, y ello no es asimilado como un empeño moldeador por parte del desprevenido infante, justo por la relación que el infante ha establecido entre el placer y la vida, en contraste con la relación que en el mundo adulto se establece con el ejercicio de la sexualidad y el placer genital.

Esta situación donde el infante no es capaz de establecer una relación entre el castigo y el acto lleva a muchos individuos a considerar el placer como lo malo en sí, y no necesariamente los actos que los llevan al placer.

Luego, en cuanto pueda notar la diferencia entre su persona y sus cuidadores o en cuanto estos se vuelvan para el joven el camino primordial para el placer anhelado, y en especial cuando estos cuidadores sean identificados claramente como fuente la de dolor o frustración, no será sobre sus actos sobre quienes recaiga el motivo de su afrenta, sus actos todavía no han sido cargados con un significado. El motivo del dolor procurado "injustamente" por los padres recaerá sobre la experiencia que conoce y sobre la que tiene poder, el placer.

Tenemos aquí una ilustración de la formación de la escisión psíquica, pues al ser el placer y no los padres o cuidadores el factor primordial de orden en la experiencia infantil más temprana, y al ser asociado como un posible motivo de perdida de quien posteriormente significará la vida, ello explica que para algunos sujetos sea manifiesto que es preferible perder el placer a la vida. De tal manera que, algunos infantes no tendrán ningún conflicto con el acto, pero podrán negar su placer. O bien, empezar a decir como San Pablo "no sé qué estoy haciendo, pero… no me gusta y no lo hago yo, sino el pecado que mora en mi" (Romanos 7: 17, parafraseado).

Del mismo modo, tenemos en esta separación entre acto y castigo el posible origen del empeño universal por la justicia, al haber vivido en carne propia efectos adversos por razones que no entendimos. Tan penosa situación pudo haber dejado a todo infante en toda época con las ganas de hacer al objeto que lo cuidó, lo mismo que le hicieron a él o a ella. Semejante frustración imposible de satisfacer tal cual es deseada, moviliza a buscar su retaliación permanentemente en otros elementos del tejido social.

Mas tarde me ocuparé de la influencia del castigo en la formación del psiquismo, por el momento es necesario retornar al reordenamiento que implica el placer genital en la psique infantil. Repito, placer que no choca con ninguna barrera en la conformación psíquica infantil.

De tal forma se han visto afectados los ordenamientos previos del placer, por la nueva experiencia del placer genital, que incluso este nuevo ordenamiento reclama para sus fines muchos de los medios que antes sirvieron exclusivamente para la supervivencia, tales como la estimulación oral y el control de esfínteres. Ya no se trata de comer, orinar o defecar; sino de estimular o denegar la estimulación para obtener excitación y posteriormente placer genital por medio de la masturbación.

Y cuando nuestros cuidadores notan, no solo el alegre acceso al placer genital, sino el incesante chupeteo de un dedo o que un niño tiene constantes evacuaciones por estar soportando en lo posible el contenido de sus intestinos, tomarán medidas para atacar de diversas formas e intensidad variable, eso que saben puede comprometer severamente el desarrollo social del infante.

Repito, es posible notar por las elaboraciones a partir de los primeros límites consientes, que hay una separación entre el acto y el placer obtenido de aquel. Esta separación por lo general pasa desapercibida en el adulto, quién habiendo sido forzado a una separación muy parecida, tiende a despreciar su propio placer como factor de orden o a perseguirlo como un evento indeseable en la vida de los demás. Y por otro lado el placer que el joven organismo experimenta, ya como ente independiente, es forzado a una reorganización pues enfrenta sus primeros límites en aquellos a quienes sabe ahora, debe su vida.

Siendo que el riesgo más inmediato y comprensible para la joven criatura es la pérdida del afecto del amado cuidador, pues ello supone un riesgo mortal; gran parte de los niños termina sometiendo sus impulsos apoyados por una particular interpretación de los elementos que conforman su universo de representaciones: interpretación que conocemos en psicoanálisis como el complejo de Edipo.

Dicho en otras palabras, esa pérdida de afecto se asocia comúnmente como una amenaza de muerte, castración o castigo similar que conlleva el abandono por parte de los cuidadores. Por el momento solo haré mención de esa particular configuración en el alma humana, es digno apartar un momento específico para hablar de ella a detalle, pues forma parte fundamental en la introducción del individuo al medio social.

Semejante posibilidad, de ser lastimado severamente o abandonado por los cuidadores debido a sus acciones, es muy real en la mente infantil y facilita primeramente la represión de los deseos antes ligados con el placer y posteriormente al placer mismo. Para luego dirigir la atención a la adopción de un temor particular hacia aquellos que se han prestado para formar la representación primaria que conocemos como "el otro"... pero eso puede resultar muy técnico, además de que es sumamente impreciso e injusto para con el desarrollo de semejante noción teórica, tomemos semejante propuesta como una mera mención.

Digamos que, en la medida en la que los infantes son capaces de apreciar el valor de aquellos malos padres que hacen lo imposible por atender a un temible agujero negro con ojos hermosos, esta fuerza imparable de la naturaleza sentirá una notable molestia ante la posibilidad de ver frustrados sus empeños de dominación mundial y lo más lamentable, de ejercer violencia ante seres que anteriormente eran todopoderosos e inconmovibles. No solo podrá lastimarlos, puede hacerlos enojar y, por qué no, hasta hacerse odiar por ellos, del mismo modo que él o ella odian ciertas cosas.

"Ellos sienten y puedo herirlos, por eso pueden morir o peor aún, odiarme". Con esta frase quiero acercar al lector a la perspectiva infantil, recordemos que los infantes no pueden concebir la posibilidad de la muerte.

Es decir, podemos distinguir un momento en el que los infantes serán capaces no solo de diferenciar cada vez más su persona del resto del mundo; sino también, en base a sus propias experiencias, podrán atribuir rasgos propios a las personas que pueden ver y escuchar. Aun cuando estos mismos atributos sean creaciones particulares del infante más en sintonía con su propia realidad que con las posibilidades reales de los demás, en la psique de los infantes no habrá lugar para la duda.

Dichos como "¿te digo algo, pero no te enojas?", nos dan cuenta de la forma en la que los infantes saben que sus acciones tienen consecuencias en la figura del adulto, pero que aun así las llevan a cabo y no solo eso, las presentan esperando indulgencia o tal vez el castigo. Este tipo de eventos ponen en evidencia que aún la pasividad de recibir el castigo implica una acción por parte del infante. Hay un reconocimiento de un deseo propio y un deseo otro, pero no es limitante para la acción individual. Semejante límite está en formación, y es probable que en realidad nunca termine de formarse, ya sea a lo largo de la vida de cada individuo o de toda la historia de la humanidad.

Bien podría resumir todo lo contenido en este capítulo en la ecuación: Mis limites = Otra persona. Semejante situación es de extensión indefinida en la vida humana.

Esto quiere decir que no se trata de educar bien a un infante para que este abandone por completo la posibilidad de convertirse en un criminal conforme avancen los años. La existencia del crimen no es falta de educación, incluso a veces hay que estudiar bastante para ser un criminal exitoso. O bien, la educación, comprendida como la transmisión de conocimiento, no es una herramienta contra el crimen.

Sobre esta posibilidad tengo que señalar otro fenómeno social, y es que podremos observar que cada individuo insertado de pronto en una relación con un semejante, será capaz de modificar la estructura misma de su psique por la configuración que encuentre en el otro; y todo esto sin proponérselo, simplemente entregándose a la regulación o denominación de valores que sea inherente a cada relación.

Es esta situación, que puede observarse en la dinámica social, la que nos permite sostener y ampliar desde el psicoanálisis un concepto de lo inconsciente, como algo vivo, involuntario y al mismo tiempo herencia de lo que todos y cada uno de los bien educados miembros de la sociedad han sacrificado para integrarse al medio, primero familiar y luego social, de acuerdo a sus propias capacidades.

Para ilustrar a mayor detalle los límites que se juegan en nuestro contacto diario, podemos tomar la relación analítica como un ejemplo de lo que es y no es la sociedad. Si bien es cierto que nuestros empeños como analistas no giran en torno a una regulación simplista, como lo pueden ser los empeños basados en la apropiación superficial de los valores sociales que se entienden del concepto de la salud mental; también es cierto que fomentar la creación de un análisis basado en la apropiación del discurso propio, nos dota a quienes practicamos el silencio de una marcada autonomía de nuestros consultantes.

Ellos no encuentran el alivio de la convención social típica, en la que sus particularidades son tratadas con simpatía y respeto; es decir, que no encuentran sonrisas o justificaciones cuando hablan de como abusan de sus hijos (es por su bien, los están educando); aunque tampoco encuentran la típica condena de sectores conservadores por el maltrato en nombre de la educación. Lo que encuentran es mucho peor, la nada, el silencio, una mirada, un vacío o un "aja". Ante ese vacío, suele surgir absolutamente todo lo que sustenta un delirio de autocomplacencia típico, la así llamada personalidad, acompañada de una buena dosis de angustia. Angustia que el analista sabrá encaminar a la retroalimentación del sistema yoico con sus respectivas dosis de realidad o diferencia.

Cabe señalar que ese notable hecho que sostiene el tejido social, el de anular las diferencias y empatar significados, es por demás común entre la población adulta, y no se trata de ninguna manera de un hecho enfermizo, sino que nos refleja el enojoso hecho de que nuestra percepción no está necesariamente determinada por los estímulos que puedan afectar el alma. O tal vez sería más apropiado decir que somos nosotros los que creamos y damos lugar a los estímulos. Dependiendo con quien estamos, damos vida a particulares formas de nosotros mismos, pues ello implica diferentes límites que nos permitimos al estar en contacto con otros límites, vale decir inconscientes o inadvertidos por aquellos que los sostienen pero que bien podemos notar como observadores, a partir de nuestra experiencia propia. De ahí podemos notar las diferentes dimensiones o niveles en las que puede desenvolverse un ser humano común, y no estamos hablando aquí de ningún genio o hipócrita; sino que naturalmente no hablaremos con nuestros amigos como lo hacemos con nuestra amante y del mismo modo, no hablaremos de los mismos temas con unos y con los otros.

Quiero dejar en claro que este capítulo es solo una introducción a la dinámica de la represión psíquica, es decir una relación que el individuo funda consigo mismo a partir de los límites que le son impuestos tempranamente y que luego acata como convenientes. Estos serán variables conforme el individuo se desarrolle socialmente, es decir conforme los límites de los demás; pero no se verán afectados en su núcleo, que podemos considerar superficialmente como una mezcla de Principio de Placer y apremio a la vida, y que estamos a punto de distinguir como una identidad.

Como una nota al respecto del psicoanálisis, esto es lo que hacemos para vivir, y va mucho más allá de nuestra práctica clínica y el tiempo que le podamos apartar a nuestros desarrollos teóricos. Los psicoanalistas acostumbramos escuchar comúnmente la frase "esto no se lo he dicho nunca a nadie". Eso es fruto de nuestro contacto con la obra freudiana. Y es que, al mantener la boca cerrada sepulcralmente como una forma de trabajo, al prestar nuestros oídos al libre decir de los espíritus que toman posesión de los analizantes y al prestar nuestras personas a las fantasías de aquellos; tenemos el material para poder distinguir una humanidad distinta y concebir otros órdenes además del nuestro. Del mismo modo, eso nos brinda las herramientas para hacer temblar al mundo con una sola palabra.

Y con relación a la regulación social, tenemos aquí la fundamentación para la libertad humana. Preguntas como: si aprendemos a ser violentos ¿por qué se nos castiga?, tienen una respuesta sencilla. En realidad, no aprendimos a ser violentos, los niños muerden el seno materno porque pueden, nadie les enseñó a morder. Para ellos morder no es malo, ni saben que hacen daño. Y cabe hacer el siguiente señalamiento, dada la tendencia a victimizar al infante, no mordemos para defendernos de un pecho malo. Aprendemos a no morder porque podemos lastimar a mamá, y posteriormente aprendemos muchas otras cosas que pueden ayudarnos a la hora de entrar en contacto con otros niños, igual de peligrosos que nosotros. Pero de forma indistinta, encuentro una y otra vez la misma pregunta o sus derivados. ¿Hasta qué punto un individuo es responsable de sus propios actos?

Podemos tomarlo de la siguiente manera. Si bien podemos hacer notoria que aquella premura vital de dar a los demás lo mismo que hemos recibido con la misma intensidad de la que fuimos testigos, a veces eso no pasa por la regulación de la voluntad del individuo; es decir, "este soy yo, a veces inconsciente a veces consciente, no siempre sé lo que hago o como afecta a los demás". Ello no cancela la huella de cada sujeto en la creación de los elementos que conforman su propio universo, es decir las representaciones, y el placer que hemos ligado a cada una de ellas.

Entonces, la inconsciencia o falta de control sobre lo que nos determina, ¿nos libera de la responsabilidad de nuestras acciones? Claro que no, pues aquellos eventos que deben su ocurrencia a la supervivencia de caracteres infantiles, siguen generando efectos en el mundo físico y en la vida de las personas.

Si un niño arranca el pezón de su madre con una mordida, por ese acto no deja de ser menos niño y no por ello deja de doler menos a la madre. Es posible que, al hacer partícipe al niño de ese dolor sea la forma por medio de la cual la madre pueda introducir al niño a la dimensión social que fundamentará su contacto con un mundo más amplio. Y esto puede ser de múltiples maneras, por ejemplo, negando a partir de ese hecho el amamantamiento o incluso que la madre muerda un pezón al infante. Sobre las formas de hacer partícipe al infante, no puedo recomendar una sola, sino simplemente escuchar tanto a madres como a adultos sobre los efectos y manifestaciones de ese dolor provocado a los padres y del cual se hace responsable al niño, o no. Porque, ¡oh como hay padres que sostienen a sus hijos en una burbuja ideológica o física!; mientras que otros los hacen creerse dueños del mundo, hasta que el mundo los mata inmisericordemente, aunque tengan tres años.

Por otro lado, hablando desde la más estricta disciplina analítica, somos responsables aún de nuestros sueños. Responsables, no culpables; la diferencia radica en que la culpa es una enorme fuente de placer narcisista. (Por mi culpa, por mi culpa, por mi GRAN culpa). Quien se hace responsable de algo, es porque es capaz de decir "eso soy yo" o "eso es mío", sin la necesidad de culparse por ello. En cuanto a la influencia de los sueños, si bien los sueños en apariencia pueden no hacer daño por sí solos, todos tienen efectos sobre el soñante; e incluso a veces son anuncios de decisiones que hemos tomado sin darnos cuenta, decisiones que ponen en riesgo no solo nuestras vidas, sino las de los demás; y por supuesto, decisiones que el mismo que sueña no entiende.

Veremos a continuación, al momento de desarrollar nuestra relación con los dioses, que podemos ser libres aún de la libertad misma y someternos grosera y gozosamente a cualquier tipo de secta que nos prometa una mejor vida. Mas eso no cancela nuestra libertad y la responsabilidad que recaiga sobre nuestros actos, pues es muy lindo poder ceder a otro el poder de decidir sobre nuestros actos siendo niños, o también adultos que escogemos confiar ciegamente en otro ser humano y descansar así de la carga de responsabilidad por nuestras decisiones. Lo he querido mencionar aquí, pues cuando no analizamos nuestros más profundos o inocentes deseos, corremos el riesgo de encontrarlos hechos carne, para luego entregarles hasta lo que no es nuestro.

Estas creaciones también forman parte de lo inconsciente anímico, por cuanto no forman parte de nuestra voluntad, sino que tienen vida por sí solas y pese a ello son creación y responsabilidad de cada individuo. Esta doble vida del ser humano, la individual y la colectiva, determina una dinámica dividida que pesa sobre nuestra voluntad, en la cual somos testigos de algo que nos habita sin nuestro consentimiento y nos determina a veces de maneras que no nos son del todo agradables, con consecuencias a veces terribles, trágicas o hilarantes.

A esto se le conoce en psicoanálisis como la escisión psíquica. Y es en base a ese extrañamiento de nuestras propias formas de placer que se forma el síntoma neurótico. Esto es, que por medio del síntoma neurótico puede el enfermo obtener a medias una satisfacción generalmente de índole sexual que le fue denegada y al mismo tiempo satisface también parcialmente la demanda que hizo al neurótico temer por su vida de alguna forma, en algún momento de su vida. Si bien esta afirmación puede quedar como una declaración que se puede abrazar por fe, sugiero que todo lector la revise de acuerdo a una lectura propia de la obra freudiana o bien visitar a un analista y emprender un buen análisis, si es que ha detectado en sí mismo algún síntoma o rasgo neurótico.

Terminaré este capítulo por nombrar el espíritu de la humanidad, según lo atestiguan los dioses.

Tenemos entonces que la misma relación de la cual depende la supervivencia del infante termina por forjar una ley derivada de los cuidados y frustraciones, ley que no sería muy descabellado asociar con el amor. Independientemente si los pequeños son en efecto amados o no, lo cual es importante y percibido claramente por los aquellos, lo que señalo en este punto como amor, no poco tiene que ver con ese anhelo de completud del que me señalé como víctima al principio de este ensayo.

Enamorado empecé a escribir, reconociendo mi fuerte necesidad de perderme en una figura preciosa para mí. Ahora me permito señalar el vacío que adultos y niños por igual llenamos con las personas a nuestro alrededor, donde depositamos nuestras propias fantasías, a veces descarnadas. Y uno de esos anhelos, muy elaborados y posiblemente universales en toda civilización humana, es la justicia. Ese vacío o insatisfacción por la vida en general, es el origen del deseo, y este a su vez lo es de la avidez de justicia, de la cual estamos haciendo una historia.

¿Por qué hemos tenido la necesidad como civilización de crear códigos de conducta?, ¿por qué hemos de observar en casi toda cultura la formación de figuras paternales universales, castigadoras, incomprensibles y no pocas veces sangrientas? He aquí una respuesta a la crítica de la pansexualidad en la teoría psicoanalítica. El placer se torna pronto en la vida de todo infante como el factor de orden, les guste o no a los críticos; y para semejantes puestas en escena hemos de tomar a los elementos más próximos a nuestro mundo, es decir nuestros propios padres o cuidadores.

Todas estas creaciones humanas nombradas: la religión, la procuración de justicia, la civilización y la cultura en general, dan cuenta de la sexualidad infantil; es decir, de la adaptación de los niños al mundo por medio de la experiencia del placer. Y, sin embargo, por las razones expuestas anteriormente y detalladas un poco más adelante, el placer no ha sido considerado como un aliado de la civilización; antes bien es un potencial peligro para todos. De manera que, a estas alturas de la historia nos preguntamos, ¿por qué es necesario para millones de individuos mantenerse intoxicados todo el día, a fin de poder disfrutar algo en sus vidas?, ¿por qué hay tantos suicidios?, ¿por qué es sumamente difícil disfrutar la vida?

Porque hemos de esforzarnos en permitir la existencia a los demás, reprimiendo nuestro propio disgusto por sus placeres, o reprimiendo nuestros propios placeres a fin de evitar el conflicto; porque así sobrevivimos todos... o al menos la mayoría.

10
Sexualidad infantil y los mitos

Yo soy nosotros: Legión

Mucho me gustaría empezar a abordar el estudio del Estado para luego definir la posibilidad de un Estado Neurótico; y todo esto, sin tener que tocar el pensamiento religioso, para poder dar lugar al crimen. Pero, espero que haya quedado claro hasta este momento que, si aspiro a hacer justicia a la justicia misma, no puedo abordar únicamente la descripción de un objeto sin brindar el más mínimo atisbo de las circunstancias que lo ven nacer. E históricamente, hay mucha relación del Estado con los mitos y las instituciones que hemos creado para transmitirlos.

Semejantes motivos me llevan a hacer homenaje a la historia de lo que somos hoy en día, y por ello he de reconocer el valor de una forma de pensamiento que se ha sostenido en todo el mundo, obviamente con diversas máscaras, pese a que la historia de la civilización occidental y la gran mayoría de mis congéneres señalan la muy evidente falta de lógica y coherencia interna.

Un ejemplo de tal argumento es que, si pudiéramos preguntar a la población en general los motivos del periodo histórico y cultural conocido como el Renacimiento, muchas personas señalarían el atraso cultural producido por el pensamiento religioso y la represión ejercida a la población europea por los representantes de tal o cual sistema de creencias. Este juicio, presente incluso entre la gente estudiada, condena abiertamente a tal forma de pensamiento como un peligro para la humanidad, la antítesis de la razón, un pensamiento que limita severamente el progreso humano al buscar ahogar nuestros espíritus y sus esfuerzos por dominar el mundo tras la confianza ciega en un representante de un poderoso ser inmaterial.

Siguiendo dicha condena, se dice que la civilización ha pagado ya un precio muy alto por la locura de algunos, que presumiendo tener el monopolio de la verdad, no han dudado dos segundos en matar al prójimo por el simple hecho de pensar distinto. Y, aunque semejante argumento no puede estar del todo equivocado, puesto que hay evidencia histórica de tales hechos, hay todavía mucho por decir al respecto.

Tal juicio es muy limitado al acusar injustamente al pensamiento religioso como tal y no a sus expositores, pues recordemos que es literalmente imposible que cualquier forma de pensamiento haga daño por sí solo. Puedo definir que el pensamiento son aquellas formaciones mentales de las que podemos dar cuenta a partir de nuestras palabras; el pensamiento per se, no existe, carece de un cuerpo físico, por muy elaborado que aquel pensamiento esté y por mucha difusión que pueda tener.

Se me impone la necesidad de diferenciar las situaciones de las que aparentemente el pensamiento si hace daño a la gente. Tal es el caso de las neurosis, pues podemos ver que se trata de los efectos de un conjunto de representaciones sobre un cuerpo en particular. Y, sin embargo, ese mismo conjunto de representaciones no puede tener los mismos efectos en otro cuerpo, pues se trata de una relación que se forma entre la representación y un organismo en particular, por medio del placer o la angustia. Sería como afirmar que las palabras tienen el mismo peso para todos y eso no puedo sostenerlo. Podemos tal vez notar el empacho del alma ajena, comprender sus dificultades, o ver como aquella hace una tormenta en un vaso de agua; más nunca tendrán el mismo valor las mismas palabras, aún para dos hermanos. Para uno de ellos, las palabras "te amo" puede ser una confirmación del amor anhelado, y para otro esas mismas palabras pueden ser el motivo del rechazo al forzar el recuerdo de un engaño. Incluso, de acuerdo a la dinámica de la escisión psíquica, puede ser que haya ciertas palabras que hayamos escuchado y que generen efectos sobre nosotros de los que no nos habíamos percatado, sino hasta mucho después; al haber hecho mella no en nuestra consciencia, sino en nuestro inconsciente.

En resumen, somos nosotros los que personificamos nuestros pensamientos, les damos lugar y tiempo en nuestra vida, en nuestro cuerpo; y por ese medio, nuestro pensamiento se hace efectivo en la vida de los que nos rodean. De acuerdo con esta elaboración, el pensamiento religioso no puede hacer daño a nadie, una persona sí; ya sea que justifique sus acciones violentas por un argumento religioso o incluso si guía sus criterios morales en el método científico. Hemos transferido por un desplazamiento el miedo que tenemos de las personas al contenido de su discurso. Y ello no sin un motivo.

Recordemos que pensar es una actividad inmaterial y que se desarrolla en un lugar que no es el mundo físico, pero que se puede materializar por medio de un proceso donde es fundamental presumir de un dominio sobre nuestro cuerpo. Pensar es manipular las representaciones que hemos creado a partir de los elementos del mundo físico; pensar es también establecer relaciones voluntarias en aquella madeja de representaciones, nuestro universo personal formado por nuestra implacable búsqueda del placer. Pensar es por si solo tan inmaterial que, si no fuera por la posibilidad de hablar de lo que pensamos, no sabríamos que eso ocurrió. Y, aun así, no siempre lo que decimos es exactamente lo que hemos pensado.

Entonces, si bien pensar lleva a decir, los anhelos que se manifiestan no necesariamente se hacen realidad; es decir, que no siempre transforman el mundo. Ya sea que choquen de lleno con la realidad, o bien que aquellas palabras sean solo el reflejo de un anhelo fantaseado, de un deseo; separando involuntariamente por esa diferencia lo posible de lo real, el pensamiento de la fantasía.

Hay otro escenario del cual el psicoanálisis puede dar testimonio, pues si bien las palabras pueden no cambiar la realidad objetiva; pueden ser el medio por el cual la realidad subjetiva se modifique radicalmente, y a partir de ese cambio, sea posible alterar el mundo físico al concebir otras alternativas. De ahí la importancia de atender tanto el pensamiento como a las fantasías de la humanidad, pese a que estas últimas tengan sobre si el estigma de una actividad poco valiosa. Repito, acoger toda producción humana, pues en ella está jugada algo más que el mero disfrute de quien la ha creado.

Las actividades mentales de pensar y fantasear se separan por los diversos placeres o fines que han de proporcionarnos. Acostumbramos contemplar el pensamiento como una actividad encaminada a brindarnos soluciones a nuestro diario vivir, un paso a seguir para tener una vida mejor que aquellas vidas entregadas al impulso; pensar es la marca de la inteligencia característica de nuestra especie, la evidencia de un bien heredado que ansiamos poseer. La fantasía, por otro lado, se asocia más con la libertad y la actividad lúdica del alma, y por lo tanto más en contacto con el placer; una práctica propia de niños inexpertos que no tienen nada mejor que hacer, que pasar su tiempo construyendo castillos en el aire.

Y, sin embargo, si queremos aprovechar tal fenómeno en la exposición, pues resulta útil para introducirnos en la historia compartida con el resto del mundo; hemos de considerar que los dos hechos, la fantasía y el pensamiento, son testigos universales de las implicaciones de un mundo ajeno al mundo físico. Un mundo del cual no podemos negar su valía, aunque no podamos llevar a uno solo de sus elementos al laboratorio y medir su peso. Sin embargo, podemos, en psicoanálisis, dar cuenta del peso de las representaciones por el afecto ligado a las palabras que usa un individuo, y por medio de esas palabras compartir al menos un significante o un medio para aproximarnos a una experiencia única en todo el universo conocido.

Quisiera señalar que, desde mi perspectiva lo más valioso que pudo aportar el psicoanálisis es la relación entre las palabras, la representación y el placer que existe en un individuo, y solo en ese individuo. Relación que si bien puede ser bastante obvia cuando se la señala, podemos considerarla como una indeterminación o variabilidad infinita, si tomamos en cuenta nuestra propia constitución. Es esa indeterminación, por cuanto no tiene una forma universal, un horror institucional; pero es también un tesoro de valor incalculable, pues permite al individuo que funda esa relación expresarse en cuanto a la naturaleza única de su mundo.

Y, por otro lado, como observadores casuales, tal variabilidad nos ampara en nuestra propia experiencia, así como nos enseña lo que el mundo hace con aquellos que de alguna forma son similares a nosotros o bien nos tranquiliza al ver como la diferencia es castigada. Es decir, nos permite identificarnos o separarnos con la humanidad y establecer en base a esa relación que adquirimos con lo humano, un conocimiento relativamente estable del mundo, adquirido desde nuestros más tiernos días por medio de la experiencia del placer.

A partir de esa experiencia subjetiva, se origina la posibilidad de hacer una ciencia propia, en cuanto a una búsqueda del conocimiento individual, de cada ser humano, un empeño no regulado o institucionalizado, verificable en y por nuestra propia experiencia. Y esa búsqueda se vuelve a fundar cuando consideramos las oportunidades que brinda esa libertad por la indeterminación entre significado y significante, propia del individuo humano.

Puede ser que no se comprenda esta relación, a veces soy capaz de abstracciones muy complicadas. Diré entonces, que como sociedad podemos compartir palabras por medio del lenguaje, pero únicamente el individuo que habla sabe lo que quiere decir. Cuando me refiero a una indeterminación entre significante (por ejemplo, las palabras) y significado, es porque esa relación es totalmente personal; en otras palabras, es corporal, es histórica, es placer y es angustia.

El problema radica en que asumimos que compartimos significados al compartir palabras, y no es así. Es la significación, o el proceso individual de construcción del significado, donde se haya el horror institucional y la completa libertad humana. Libertad que ha de aportar muy poco para los valores institucionales, que en su empeño de hacer funcionales los valores individuales, se apoya en nociones tan huecas como la salud mental, en un afán de definir lo humano.

Y antes de que se tomen estas palabras como la prueba fehaciente de "la poca validez científica del psicoanálisis", quiero pedir al lector que por un momento trate de ver al mundo sin etiquetas. Por un lado, nuestros empeños como civilización de negar nuestra naturaleza humana nos han llevado a presumir que únicamente el conocimiento científico es válido, separando tajantemente la subjetividad como una experiencia que brinda un conocimiento inútil e incómodo para la mayoría o hasta peligroso. Y, por otro lado, atesorar la posibilidad de la objetividad como evidencia y condición del progreso humano. Supongamos que sea así, que lo único valido sea lo que nos sirva a todos y no solo a uno. ¿Qué será de ese uno?, y luego ¿qué será de esa maquinaria humana cuando atropelle sistemáticamente a cada uno de sus elementos, cuando eso que lo caracteriza, sea borrado tal vez no porque sea peligroso, sino simplemente por ser incómodo o por ser diferente?, y

¿diferente a qué, a nuestras fantasías devenidas en moral o a nuestra historia compartida?

Entonces, si bien el placer y la angustia que dan a un adulto una relativa certidumbre sobre lo que puede esperar del mundo, al permitirle construir su experiencia misma del significado, o bien al ser fuentes de conocimiento válido para la vida de esa persona; el apelar a la deconstrucción y reorganización de tales experiencias, puede dinamizar la ciencia misma, al no limitarla al ejercicio de un método de control en un laboratorio.

Ese método no tiene nada de malo, pero no puede ser exclusivo de un grupo o un lugar en particular. Puede que una caricia o una mirada no sean objetivamente medibles, pero subjetivamente pesan tanto como una palabra o una agresión para una persona en particular.

En otras palabras, ¿quieren una ciencia humana?, consideren lo subjetivo como real antes que como una tonta fantasía infantil. No busquen institucionalizar lo humano, y consideren a cada persona un universo único e irrepetible, con sus propias leyes que regulan la dinámica de sus elementos más básicos. Por ello, toda disciplina científica, aún el psicoanálisis mismo, tiene que ceder sus empeños de conocimiento previo para dar lugar a la organización y conocimiento de quien funda la problemática. O bien, ¿quieren abrir nuevas oportunidades de interacción entre esos elementos que conforman su vida cotidiana?, visiten a un analista.

Pero regresando a los dilemas de la construcción de la identidad, de la experiencia de placer hacemos representaciones, de las representaciones hacemos palabras, de las palabras hacemos símbolos comunitarios y a partir de ellos hacemos nuestro mundo económico, social, político, sexual, etc. Pero ubiquémonos en el punto medio, entre las palabras y el mundo: los símbolos. Esto para considerar la influencia de los grupos y sus respectivas limitaciones.

Por la historia del lenguaje, podemos hallar una función de los símbolos, pues aquellos permitieron que el lenguaje trascendiera la barrera que el espacio y el tiempo había impuesto al lenguaje hablado, y fuera así posible la transmisión de mensajes independientes de un cuerpo que los emitiera. En este caso entiendo por símbolos aquellos elementos que permitieron compartir grandes cúmulos de información al ser agrupados y ordenados; y con este empeño materializado o plasmado en diversos medios, formar en su empeño el lenguaje y sus manifestaciones; como el habla, la escritura o hasta la música. Otro ejemplo de símbolo serían los números, o si seguimos esa lógica podemos señalar la cruz como símbolo representante del catolicismo o la luna creciente y la estrella como símbolo representante del islam.

Resulta que, en esta historia del desarrollo del lenguaje y su relación con la regulación social, pasó poco tiempo entre la aparición de las civilizaciones y el lenguaje escrito, pues esos grupos cada vez más grandes de individuos tomaron la transmisión escrita como un medio de comunicación más efectivo que el habla. Y dada la premura impuesta a esos grupos por su número creciente de miembros y los roces frecuentes entre los semejantes, que el medio ideal para transmitir y popularizar los códigos de conducta fue la plasmación de dichos códigos entre los encargados de velar por la seguridad y orden del grupo.

Pero eso no es todo, pues no en pocas culturas se relacionaban dichas leyes con los mitos, al ser ligadas con los dioses tanto en su origen como en su valor, y por lo tanto en su carácter de incuestionable.

Al hacer esta breve descripción estoy tratando de ocuparme de la función de los grupos de familias en la conformación del lazo social, pues tenemos que esas organizaciones, ya sean pequeñas o grandes, han dado a luz no solo a individuos, sino también a mitos, que conviven en su interior junto a aquellos que dan forma a las religiones, e identifican a los elementos de dichas historias como símbolos de la vida, como esos grupos la han concebido. En otras palabras, todo grupo contará a sus nuevos miembros tanto las historias de las que fueron parte, como aquellas ocurridas a sus ancestros y todo esto sin cancelar las historias que aportan las religiones.

Esto en un afán de integrar a los nuevos miembros a grupos más grandes que los que ha conformado con sus padres y hermanos, por medio de las historias que se han pasado de generación en generación. Mi propósito es considerar estas creaciones el principio de la relación entre el individuo y las leyes impuestas por esos grandes grupos. Leyes que moldearán al individuo fuera de su núcleo familiar, hasta cierto punto.

Ya había mencionado que gran parte de las dificultades de la adaptación social se deben a la atribución de derechos sobre los demás transmitida durante el primer contacto social de los infantes, esto es la familia o grupo primario; y por otro lado, cuando un individuo establece contacto con otros seres humanos con configuraciones distintas a la de su familia, podrá notar lo limitado de su visión y abrazar valores que le permitan fundar posibilidades radicalmente distintas a las que le ofrece su ambiente familiar, para bien y para mal. Cabe aclarar que semejante conflicto entre los valores familiares y los valores sociales tiene como un mediador bastante efectivo en el pensamiento religioso, al ser un discurso que se haya intermedio a ambas formas de organización, la familiar y la social, y que toma como punto de partida la relación que establece el individuo con su familia.

Cuando hablo de pensamiento religioso no me limito a uno, sino que pudiera señalar su presencia y diversas manifestaciones en todo el mundo.

De aquellas figuras de carne y hueso que han sido los cuidadores del género humano, nuestros padres si gustan entenderlo así, toda cultura se ha encargado de trascender los límites del espacio y del tiempo, por medio de las historias de individuos sobresalientes, historias plagadas de hechos extraordinarios y seres que se han hecho personajes centrales de las leyendas que dan a cada grupo, motivos por los cuales buscan alcanzar a aquellos y elevarse por encima de la realidad misma. De ahí la importancia de la fantasía, como una manifestación de la esperanza y el deseo.

Poseedores de un algo más, un atributo sobresaliente o un tesoro físico símbolo de aquel, algo que les otorga un valor como individuos. Aquellos ponen en evidencia que todo orden físico empieza por la determinación que somos capaces de erigir frente al mundo que espera ansioso para devorarnos. Es decir, los mitos sirven a las grandes masas de personas, pues los motivan por su relación con la fantasía, antes de aplastar a los escuchas por la inevitabilidad de su propia muerte y sus inútiles esfuerzos de imponerse a la naturaleza.

Esta relación pone en evidencia que como civilización humana debemos más a nuestras fantasías que a nuestros pensamientos, fantasías que han de impulsarnos a buscar vivir más allá de nuestros días más difíciles. Fantasías que nos muestran la necesidad de que nuestro orden debe ser siempre cambiante, pues el mundo es así, vivo. Y no solo eso, debemos más al pensamiento religioso que a la ciencia, por servir como escenario de abreacción de nuestros dilemas familiares. Esto quiere decir que la relación que establece un individuo no solo con Dios, sino con sus representantes, cualquiera que sea la denominación; servirá para poner en juego o dinamizar todas y cada una de las relaciones o reacciones que no pudo vivenciar con sus padres. Tanto de amor, como de odio.

Esto no quiere decir que condeno ni a la fantasía ni al pensamiento religioso, o que los considero como idénticas manifestaciones del alma infantil. Antes bien, invitaría a cualquiera que hace semejantes formulaciones, cuya base tiene un propósito de descrédito del valor de ambas experiencias, a preguntarse sobre la relación de su propia identidad con los mitos que le dieron forma. Consideremos por ejemplo el mito del amor romántico que supuestamente hubo entre nuestros padres y al que supuestamente debemos la vida.

Suponemos que nuestros padres se amaron y que por su sentido de pertenencia el uno al otro nacimos nosotros y que somos amados por ellos de antemano. Y no solo eso, sino que esperamos que toda relación sea de esa forma. Lo más probable es que quien escribe y lee esto sea fruto del placer de al menos un individuo, hombre o mujer. En la mayoría de los casos hablamos de la vida como el resultado del placer entre dos individuos, quienes no necesariamente querían ser padres, solo querían gozar de su propia vida. Y aquellos que sí querían ser padres, esto quiere decir que fueron padres por deseo propio; no quiere decir que nos amaran de antemano, pues literalmente no existíamos y por lo tanto éramos imposibles de amar al no existir. Éramos parte de un deseo o una fantasía de aquellos, no teníamos cuerpo y no los habíamos hecho responsables de darnos una vida que no está bajo su total comprensión y poder. El deseo de ser padres es un deseo bastante inocente de las problemáticas que implica tener un hijo, en realidad ningún padre sabe la clase de hijo tendrá o los dilemas que la pareja tendrá que enfrentar al ser padres. Hay niños o niñas odiosos, y nadie está obligado a amarlos, ni siquiera sus propios padres. En otras palabras, somos hijos del placer antes que del amor. Y por ello es necesario destacar la figura del amor, más allá de una mera obligación transmitida de forma imperfecta entre las instituciones que buscan eliminar nuestras diferencias.

Si esto representa un problema para el lector, le sugiero cierre el libro y vaya a ver novelas donde el amor romántico triunfa, luego salga a buscar otro sujeto fanático de las novelas, dependiendo de su preferencia sexual. Para después desilusionarse porque "el amor no existe", al ver frustrados sus deseos de pertenencia y dominio sobre el prójimo. O bien, siendo un funcionario público sometan a un número no cuantificable de individuos a programas de readaptación social, tras ser victimarios reincidentes de sus ciudadanos; hasta ofrezcan diplomas de buen comportamiento y moralidad a tales individuos, cásenlos con ideologías o religiones socialmente aceptables; y posteriormente vean incrédulos los índices de criminalidad subir conforme avancen los años, para culpar de ello a todo el mundo, excepto a los individuos que cometen tales actos y a la postura que como Estado tomamos frente a ellos.

Pueden decir "Dios no existe", "la sociedad es injusta", o el muy popular "el sistema no sirve"; y no hagan ustedes lo que dicta la lógica al considerar otras opciones de regulación social, tales como la pena de muerte a determinados criminales. Sigan esperando que los criminales violentos abracen los "valores universales" como propios más allá de la simple simpatía verbalizada, y esperemos que mientras eso ocurre la sociedad civil no linche cruelmente a quien se atreve a robar para comer. Y por supuesto, condenen la poca validez científica del psicoanálisis, mientras ven desesperados como se caen sus valores que consideran universales por insostenibles en otras vidas que no son las suyas.

Pues bien, habiendo señalado el valor del mito en la construcción social, retomemos el hilo. De dichas historias, los mitos, pobladas de seres representantes del mundo, de nuestros deseos y de nuestros cuidadores, hemos de tomar los ejemplos de lo que se espera de nosotros en determinadas circunstancias. Al adoptar a estas otras figuras paternales, los cuidadores de nuestros padres y de toda la comunidad, habremos de cimentar un conjunto de valores deseables en el individuo nuevo, más allá de los valores que cimentaron sus padres. Como cultura hemos de ver en aquellas historias nuestra herencia y, sobre todo, hemos de defenderlas a capa y espada frente a aquellos que se identifiquen como representantes de otros valores, por la lógica que estamos por considerar.

En este punto de mi ensayo, quisiera manifestar que, si bien es una verdad innegable que todo individuo es totalmente libre para creer lo que quiera, pocas veces la creencia en general se limita a un asunto de asegurar la certeza en la ocurrencia de determinados eventos, dichos o personas. Nos guste o no, la creencia es una manifestación más del Principio del Placer y del apremio a la vida; es un garante de la identidad del individuo y su grupo, es decir su familia. Y si lo trasladamos a un más allá, podríamos hablar de una familia extensa, una sociedad, o incluso una cultura. Comunidades que nos representan un hogar, unos valores, particulares formas de ver la vida y lenguajes donde encontramos símbolos familiares, nombres o actos que nos hacen sentir en casa.

Comúnmente esa particular perspectiva histórica que se manifiesta en una creencia o en un dogma, se encarga de cimentar un orden para aquel que la sostiene, y por lo tanto una identidad basada en los mitos compartidos con otros. "Yo soy donde nosotros somos...", quiere decir que de alguna forma la historia se tornó en fuente de la vida misma, pues en la formación de símbolos se haya también la formación de lazos con nuestra familia y con individuos ajenos al núcleo familiar; estos últimos, tanto o más importantes que nuestros propios padres. Y esto aplica también a grupos criminales, quienes son para sus miembros símbolo de vida, identidad y seguridad.

Somos, en resumen, sujetos históricos, por cuanto la identidad histórica da cuenta de la lucha de nuestras generaciones por su supervivencia; identidad que va mucho más allá que los empeños pedagógicos que buscan imponer valores ajenos a la realidad de los individuos.

En otras palabras y aumentando el corpus teórico, la formación del mito se da en individuos que han reconocido el valor de la figura de sus cuidadores y los entiende como símbolos de la vida; sus cuidadores y solo sus cuidadores, no un Dios universal. Si para algunas personas ese Dios es posible, es porque su historia les permite concebirlo; eso no lo hace menos real, ni más efectivo en la vida de los demás. Es decir, la dificultad de definir la existencia de un Dios, radica no en la figura de Dios, sino en el universo de representaciones que lo hace posible o imposible en aquel que habla o escucha de él. En próximos capítulos abordaré más profundamente sobre la figura del Todopoderoso, pues tiene una relación muy cercana a lo que comprendemos como Estado.

Por esta misma razón, es decir la influencia y determinación de los cuidadores sobre el mundo de las representaciones de una sola persona, no pocas veces esta dinámica de los mitos compartidos limita la formación de lazos con individuos ajenos a la propia comunidad y en algunos casos los prohíbe terminantemente. O bien, los permite siempre y cuando el nuevo integrante de la familia o la comunidad acepte voluntariamente el cambio de valores, y otorgue su reconocimiento público a la validez de los mitos y a los ritos que sostiene determinado grupo.

Esto podría parecer relativamente sencillo, solo sería cuestión de que un individuo pueda escuchar al otro con un criterio abierto a algo que no es lo que conoce; después de todo, es por amor que realizamos semejante esfuerzo. Sin embargo, tenemos casos como el rito de la ablación femenina africana, donde se pone a prueba la tolerancia que podamos sostener frente a los otros, por las implicaciones que puedan tener para nosotros lo que aquellos hacen con los demás y con sus propios cuerpos. Es decir, que es en nuestro contacto con el mundo cuando observamos que la identidad grupal suele imponerse a la identidad individual, pues la formación de nuevos lazos afecta directamente la identidad de los grupos, al encontrar cuestionados sus valores fundacionales, aun de forma inadvertida.

Los mitos, como historia a la que no se tuvo acceso vivencial, darán forma a un grupo, ya sea familia u cualquier otra agrupación, al dotarlos de una serie de valores deseados, y dictar particulares formas de demostrar que aquellos valores se hayan presentes en la persona de cada uno de sus miembros, estos son los ritos. Y no solo eso, sino que contribuirán a la formación de las leyes, al ser posible distinguir una necesidad de orden en un ambiente más grande que el grupo primario; es decir, la familia.

Y es aquí donde podemos establecer un factor espacio - temporal para cimentar una idea de Estado como la conjunción de millones de individuos, millones de familias, miles de religiones, cientos de comunidades indígenas, decenas de gobiernos comunales. Todos ellos con la necesidad de un orden superior, que funda el desorden que viene tras su orden particular. Es decir, que el Estado, como Dios, surge tras una aspiración a un orden superior, devenido por los órdenes parciales que construimos por experiencia y conveniencia propia. De esa necesidad me ocuparé después, primero quiero continuar detallando la historia de ese orden particular, ocupándome en este capítulo de la identidad como necesidad, como dilema y como limitación para ese orden superior.

Podemos observar que además de brindar fuertes elementos para sustentar un "yo soy" particular y un "nosotros somos"; cualquier evento o persona que ponga en entredicho la relación del individuo con su comunidad y aquellos eventos en los que basa su identidad, serán tomados como atentados en contra de su propia persona y dignidad. Ya sean aquellos cuestionamientos válidos y voluntarios, o bien inherentes a la propia diferencia socio-cultural, reflejadas en usos, costumbres y/o creencias. Por tal asociación entre creencia, identidad, dignidad y supervivencia, se entiende la violencia de la que algunos individuos son capaces al ver cuestionados siquiera superficialmente sus valores. Literalmente hay una relación muy cercana entre las creencias religiosas de algunos individuos y sus vidas, ellos no pueden concebir otro orden.

Semejante asociación también podría explicar de manera superficial, el motivo por el cual algunas personas reaccionan de manera violenta o retraída ante las propuestas amorosas de los demás o incluso simplemente ante su mera presencia. Aunque debo admitir que, para hacer esta última asociación, del rechazo anticipado ante un otro, tuve que despojar al elemento social de su carácter afectivo, o el factor que permite la formación de un objeto de interés amoroso, es decir el deseo sexual.

Esto puede sonar complicado, pero es mucho más sencillo de lo que creemos. A veces deseamos justo lo que tenemos prohibido o lo que de ninguna manera nos conviene. Aun así, pese a lo simple de mi observación, pienso que me es necesario replantear la propuesta, nuevamente desde un punto de vista distinto: podemos y debemos considerar como primordial la relación que sostiene el individuo consigo mismo, antes que poner en evidencia las implicaciones sociales de la regulación religiosa. El grupo puede imponerse, pero también es común que no lo consiga.

El individuo sostiene primero una relación consigo mismo, ya sea que reconozca o niegue sus mecanismos de placer, estos terminarán por someter el andar de aquella persona. Por lo tanto, abrazará de cierta forma el mito que comparte con sus seres más próximos.

Pienso, entonces, que no es posible concebir esa relación del sujeto con el mito, sin considerar el efecto de la escisión psíquica descrita en el capítulo pasado, en relación a la dinámica que se establece con los cuidadores. Por cuanto aquellos fueron motivos de goce y frustración, el infante ha de amar y odiar a sus padres al mismo tiempo, así como aquellos amaron y odiaron a sus respectivos padres. Y, dado que se procurará en la medida de lo posible hacer hincapié en el amor hacia los cuidadores, se hará a un lado el odio generado por las frustraciones inherentes al cuidado y las limitaciones de los impulsos violentos de los infantes.

Ya que el infante tenga a su disposición las figuras de los mitos como una extensión de la representación de la relación con los cuidadores, podrá ejercer sobre aquellos toda la violencia a la que le fue denegada su descarga sobre el objeto deseado. Las negaciones típicas incluyen la cuestión de su valía, su utilidad y por supuesto el deseo justamente de lo prohibido. He ahí más ejemplos de la abreacción.

Cabe destacar que cuando se trata de la formación del lazo social, esa desobediencia a los limites impuestos por los núcleos familiares, está lejos de ser motivo de pena y desgracia general. Es decir, si bien para una familia unida por fuertes lazos ideológicos, la convivencia con individuos fuera de un grupo seguro pudiera llevar a sus miembros a la comisión del pecado de asociarse con los "pecadores inconversos"; es justo tal variabilidad lo que les permite como individuos poder reconstruir su experiencia personal. Socialmente permite la diversidad ideológica y genética. Todo porque de alguna forma hemos querido ver qué más hay en el mundo, además de lo que nos han enseñado nuestros odiosos padres.

Sin embargo, y para sustentar aún más la autoregulación de cada individuo por el Principio del Placer, vemos en el hecho de que un individuo abrace determinada regulación, es decir un orden otro o una creencia; que aquel orden le demandará ciertas condiciones para sostenerse. En tal dinámica me permito señalar un precio indeterminado impuesto a toda representación, en función del placer experimentado con ella. En otras palabras, cuando la religión se convierte en un sinónimo de regulación social, es únicamente porque algún elemento del pensamiento o del discurso al que fue expuesto un individuo ha sido el vehículo del placer para el o ella, esto es para una sola persona. Esta situación se repite por diferentes motivos y medios en muchos otros de sus congéneres, ellos compartirán la gracia de "adorar al mismo Dios"; y hasta cierto punto lo es, pues cada uno de ellos ha experimentado el muy particular placer que el contenido común les ha brindado.

Por si no quedó claro, me permito describir más a detalle; este es otro ejemplo claro de como para el ser humano, el "estímulo" es hasta cierto punto indeterminado, pues algo entra en una red de asociaciones bajo el amparo de una experiencia previa de la cual no es posible salvarse y que muy posiblemente determine de forma anticipada su destino. Tenemos que el Dios que un padre ha procurado haber transmitido con la mayor fidelidad a su propio hijo, nunca será el Dios del hijo. Aun cuando sean las mismas palabras que salen de la boca del padre y del hijo, aun cuando ambos se identifican como creyentes y asisten a la misma congregación religiosa, cada uno de ellos tendrán diferentes aproximaciones y significados. La esperanza para uno será radicalmente distinta a la esperanza para el otro.

No se trata de que todos nos procuremos el mismo diccionario o las mismas experiencias, no es posible unificar el significado al depender de la experiencia sensorial; ni siquiera bajo un mismo objeto y meta como "amar a Dios".

Para algunas personas amar a Dios será callar el odio que la figura del cuidador inspira, mientras que para otros amar a Dios puede ser matar aquello que amenaza su estabilidad interna, aun cuando esa amenaza sea su propio hijo.

De ahí podemos llegar a conclusiones valiosas en lo que respecta a los dogmas religiosos, pues por un lado tienen la garantía de permanecer como un alivio real a las dificultades diarias de millones de seres humanos. Y, por otro lado, su misma historia da testimonio de una interminable evolución, conforme a la misma detención de la evolución física del ser humano; al sostener la indefensión infantil de forma indefinida. Este cambio se da justamente con el paso del tiempo, pues involuntariamente hemos todos de desafiar todas las nociones previas, heredadas por el discurso en el que somos sumergidos desde pequeños, a veces literalmente.

Y para poner un ejemplo de semejante problema hemos de recordar que, en la sociedad occidental, tal discurso da preminencia al amor; sin dar cuenta de lo paradojal de la demanda al individuo. Y es que, desde el punto de vista comunitario, las nuevas y no reguladas formaciones del lazo social ponen en entredicho a las estructuras previamente formadas. Los esfuerzos que se han hecho para levantarlas y sostenerlas corren el riesgo de ser llevados por el viento. Por tan notable hecho se hizo necesario que aquellos miembros de la realeza de los países europeos del Medievo tuvieran que ser sometidos a estrictas regulaciones en la formación de sus lazos matrimoniales, había mucho en juego y no podían darse el lujo de escoger libremente a su esposa oficial. Por otro lado, si amamos es completamente natural que odiemos, puesto que la integridad de nuestro objeto de amor constituye una necesidad primaria. De tal forma que muchos amantes preferirán ver al mundo arder, antes que tocar a su amada con una molesta mirada.

Tenemos por tanto que el amor, así como el deseo, ambas figuras que dan cuenta de la autoregulación de cada individuo, permiten a su vez la formación del lazo social, y ambos pueden llegar a poner en riesgo o quebrantar ciertas estructuras sociales, políticas y económicas, las cuales han sido costosamente elaboradas. Y no hablo necesariamente de dinero o de un costo económico, sino de las vidas de muchas generaciones.

Debo recordar al lector que en todo este capítulo si se ha tomado a la familia como la representación por excelencia del grupo social, ha sido únicamente por las semejanzas entre las religiones. Ello no es evidencia de una imagen primordial de un padre bondadoso o de un grupo de entes superpoderosos que nos precedieron, sino de la necesidad infantil de protección que persiste al interior de cada uno de nosotros, pese a haber sido abrazados por la sociedad como un miembro productivo de ella. Si hemos de empeñarnos en buscar a un padre amoroso en la naturaleza, es justamente por nuestra propia necesidad e impotencia frente a una naturaleza indómita, que se hace manifiesta incluso en nuestros propios cuerpos.

Y si bien podemos notar una postura infantil en ello, ésta es universal, observable en toda la raza humana. Tal infantilismo no ha de condenarse, antes bien, consideremos que, sin la posibilidad de haber establecido un poderoso lazo asociativo entre los cuidadores con la supervivencia, es dudoso que los individuos a lo largo de todo el planeta se hayan provisto de las historias que permiten a los cuidadores trascender a la muerte y al mismo tiempo transmitir el deseo de vivir a los nuevos miembros de la especie; así como la experiencia o la esperanza que pudiera servir para sobrevivir en un ambiente indómito e inmisericorde.

Es ante este replanteamiento de las funciones sociales y personales del pensamiento religioso que nos podemos formular la siguiente pregunta como preparación para un futuro abordaje. ¿Queremos que los demás vivan porque somos buenos? No, sino que en el albor de una época primordial y frente a los múltiples peligros que se levantaban al acecho del hombre primitivo, aquel vio en sus semejantes aliados sobre los que pesa la misma amenaza de muerte; y vale la pena reconocer que en eso no hemos progresado. Son aquellos seres que al mismo tiempo representan un peligro de muerte, los que pueden ayudarnos a sobrevivir. A mayor número de seres humanos, mayor protección tenemos frente a los elementos y los animales salvajes. El problema radica en que hay en nosotros, como he venido fundamentando, algo salvaje y que se niega a ser domesticado. Ya he de ocuparme de la bondad y los problemas asociados con ella un poco más adelante.

Antes de finalizar esta breve introducción a la formación de la ley, como la representante del deseo de la voluntad colectiva a sobrevivir; quisiera comentar sobre los límites de la influencia de la misma historia sobre los individuos.

Sobre si es posible una determinación distinta a la impuesta por la historia sobre un solo individuo, es esa una realidad innegable; pero los costos de semejante transgresión, muy ajena a la dimensión legal y/o religiosa, no siempre quieren asumirse. Es posible negar la influencia de la historia, y resistirnos como individuos a la influencia del medio, ya sea este corporal, social o incluso la misma genética. Podemos simplemente decidir y pasar por encima de miles de años de historia.

Tenemos pues, que toda influencia de un grupo sobre un individuo no necesariamente da por resultado que aquel abandone la porción de su ser que le da sentido a su existencia; vale decir, su placer. De hecho, deberíamos dar por cancelada dicha posibilidad, pues las experiencias personales de cada uno y la historia universal nos permiten ver ejemplos notorios de que no vale la pena vivir una realidad que es imposible disfrutar. Si hemos de ceder algo es a cambio de algo de igual valor.

Quisiera redimensionar este decir, conforme a la identidad del texto. La familia se establece frente al individuo y la sociedad en una función de introducción del primero a la dinámica social, pero ese objetivo del grupo familiar tiene sus límites.

Por un lado, es una posibilidad muy real que la identidad del núcleo familiar contemple la transmisión de valores antagónicos a los del orden social, y que tal diferencia manifieste en una infinidad de matices. Por ejemplo, que se vean a sí mismos como enemigos de la sociedad y luchen fuertemente contra ella. Y puede ser que este antagonismo nada tenga que ver con los límites legales que la sociedad necesita para sostener su funcionamiento.

Por otro lado, ninguna familia puede presumir que cancela toda posibilidad de que uno de sus miembros pueda tener una moral laxa y se adjudique el derecho de herir consciente y constantemente tanto a individuos como al mismo tejido social por medio del crimen, por poner un ejemplo.

En ambos casos quiero señalar que, dada la infinita plasticidad en la configuración de la dinámica humana del placer y el dolor, es posible que ninguno de los límites ya mencionados, los morales y legales, puedan contemplar más que la superficie del contacto social humano. Hay agresiones tan finas que pueden pasar totalmente desapercibidas para el mundo entero, pero destruir irremediablemente a un ser humano sin la necesidad de tocarlo.

El otro extremo de este panorama son las voluntades humanas que han pasado por experiencias que bien podemos denominar como los peores infiernos. Y después de semejantes tragedias o sufrimientos comprensibles, reales y estremecedores, se dan cuenta que pueden con eso y más. Obteniendo así un poder tremendo de reafirmación frente al mundo, poder que podrán experimentar bajo el imperio de la dinámica del placer, de tal forma que estos individuos buscaran experiencias de dolor cada vez más intensas.

En ambas configuraciones podemos encontrar a muchas voluntades que se valen del crimen para procurarse ser el objeto de experiencias de las más diversas cualidades. Como la búsqueda de descargas hiperintensas de odio colectivo hacia su persona al adoptar la ilegalidad como una forma de vida, o bien como medio de expresión de ese odio hacia la masa indiferente a la vida que se manifiesta frente a ella. Debo aclarar que el crimen no necesariamente tiene semejantes experiencias como fin último, tampoco podemos descartar a quien delinque para satisfacer sus necesidades más básicas, pero esa será una cuestión para tratar en otro lugar.

En cuestión de nuestro contacto social, pese a no haber dicho nada fuera de la lógica cotidiana, acabo de introducir una relación entre moral y crimen, aunque debo advertir que dicha relación es muy superficial. Pues si bien un crimen ciertamente constituye una falta a la moral, no es cierto que toda falta a la moral sea un crimen. Hablando de matices, esto se debe a que, si bien ambos son mecanismos regulatorios, tienen a su vez características distintas.

Hace falta dedicar un tiempo para analizar las diferencias entre los modelos de regulación social a los que ha estado sometido el ser humano a lo largo de su historia, tanto filogenética como ontológicamente; o bien, como sociedad y como individuo.

11
El erotismo propio de los mitos

El origen de la maldad

Sobre los matices entre las experiencias regulatorias de la moral y la legalidad me ocuparé en los siguientes capítulos, haciendo un análisis de la figura de la religión. En este capítulo, quisiera centrarme en el factor común que tienen los sistemas de regulación de los individuos, esto es la violencia que se desata sobre los cuerpos de los individuos y como esa violencia favorece la permanencia del carácter infantil en individuos adultos.

De entrada, vale decir que dicho evento disciplinario tiene al menos dos funciones que me interesa señalar, la primera es erótica y en base a dicha experiencia es que se eleva el grado de organización que tiene el organismo infantil al poder asignar un significado a sus propios actos. Por esta relación de la sexualidad de los participantes y el orden que se quiere adquirir y sostener, me explicaré de inmediato. Pero no sin antes nombrar que la segunda función del castigo es la introducción a la regulación social por medio de la formación de la figura de la autoridad como un representante del "deseo del otro", y tal explicación abarcará el final de este capítulo. Antes de continuar quisiera señalar que al hablar del "otro" no creo estar siguiendo de forma estricta el desarrollo lacaniano, simplemente usaré esas palabras porque me son útiles.

Hemos seguido hasta ahora un curso de eventos que permiten orientar al organismo en su vida. Con base a tales experiencias podrá orientar sus empeños no solo para sostener su placer, sino para vivir en relativa calma frente a un universo de posibilidades. Alternando entre experiencias que le podrán ayudar a determinar "eso sí" o "eso no".

Desde el punto de vista adulto, a fin de procurarnos a nosotros mismos y a fin de procurar a nuestros niños, nos veremos forzados a hacer notorio al pequeño o a la pequeña la relación particular que como individuos sostenemos con el mundo. Recordemos que no se trata solo de cuidarlos o educarlos, sino simplemente de vivir.

Ese sencillo hecho llevará naturalmente a diferencias con el criterio infantil y será motivo tanto de dolor como de odio hacia nosotros. Odio que suele pasar desapercibido, dadas las limitadas herramientas del infante frente a sus cuidadores y el mundo.

Entre las diferencias de la vida adulta e infantil transcurrirán una serie de eventos que nos harán notoria la necesidad de introducir al infante a aquellas demandas más básicas para su funcionamiento como individuo, y para ello haremos uso inadvertido del dolor como medio de formación, a fin de apartarlo del orden que su propia naturaleza le demanda con urgencia y sin límites. Teniendo presente, en el mejor de los casos, que dicho reordenamiento generará un conflicto en el menor.

Utilicé las palabras "uso inadvertido del dolor" apelando primeramente a la diferencia antes señalada entre la relación del infante con el mundo por medio del placer, y la experiencia adulta frente a un mundo cada vez más inmisericorde con él o ella. Tal contraste ya significaba una considerable fuente de dolor desde la experiencia infantil. Por otro lado, también cabe destacar que algunos cuidadores harán uso de la violencia ante la notoria y fortísima independencia de acto y criterio de los niños.

Recordemos, dichas barreras, las diferencias y los castigos, si bien podrán parecer indeseables, desde la perspectiva infantil, no las podrá evitar.

Esta natural incomprensión de los infantes ante los límites que representan sus cuidadores puede ser acogida por los adultos, quienes deberían contar con mayor comprensión de sus circunstancias y transmitirlas efectivamente para con sus hijos, según las limitaciones de los más pequeños. Pero vemos que no es así, sino que la gran mayoría de los cuidadores hacen como hicieron con ellos, esto es: someter por someter al espíritu infantil, pidiendo silencio y calma, donde a duras penas se sostiene la vida frente al caos del mundo.

Podría parecer que hemos encontrado a nuestro enemigo y señalemos a los malos padres o a los malos educadores como los culpables de la situación del mundo actual, pero tampoco podemos ignorar que la tarea de un cuidador es de lo más complicada. Para algunos padres será literalmente imposible dejar de asociar la experiencia de cuidado con una buena dosis de angustia; y ahora hay que agregar el considerable peligro que pesa sobre los infantes en cuanto los pequeños adquieren al menos un poco de control sobre su propio cuerpo. En tales reordenamientos no son extraños los descuidos. Descuidos que, sin extenderse más de un segundo, puede costarle la vida al infante.

Algunos infantes se limitarán con explorar el mundo, otros querrán cantar a las 3 de la mañana, otros querrán jugar todo el día y toda la noche, otros podrán encontrar un enorme placer al torturar animales, otros por mera curiosidad podrán asesinar a otros niños o involucrarse consciente y voluntariamente en actividades sexuales, en el sentido general de la palabra, con otros niños o con adultos.

No hay límite para el alma infantil, puesto que ellos no tienen ningún concepto de maldad. Aún el displacer o dolor mismo que pudieran experimentar en sus primeros años, tiende a salvarse de entrar a esa categoría de malo, puesto que viene de parte de los padres, a quienes habrá asociado como parte inevitable de la vida. Ellos serán un camino al placer que viene acompañado por sus buenas dosis de dolor por la diferencia entre su deseo y la realidad. Por esta razón los castigos como empeño moldeador no podrán distinguirse en un principio de los cuidados que resultaron molestos para los infantes.

Semejante separación puede hacerse en cuanto el infante puede identificar no solo a su cuidador y el valor de los cuidados, sino un contexto mayor que le pueda brindar la relación causa y efecto entre los eventos, que tienden a incluir la conducta de los infantes. Semejante transición podrá verse favorecida por la actividad motriz y la apropiación del lenguaje, que serán las herramientas fundamentales para el empeño de dominio mundial que emprende todo infante, empujado por su placer.

Por eso ha de tolerarse hasta cierto punto la incomodidad que representan los cuidadores, como naturales eventualidades que podrían enfrentar en su búsqueda cada vez más libre de aquello que les invita de continuo a vivir. Libertad que nada conoce de las regulaciones que sus cuidadores han adquirido como propias, por lo que algunos infantes podrán tener como naturales actos totalmente descabellados según el orden de los padres, ya no digamos el orden social en el que aquellos están inmersos.

Esa libertad coloca inadvertidamente al infante en un estado de vulnerabilidad aún mayor que la que tenía al estar acostado todo el día, por lo que hay que darle forma o una idea de lo que es el mundo, al menos conforme a nuestro muy limitado criterio como padres o seres humanos. Y para ello hacemos uso del lenguaje, junto con los cuidados y un progresivo sentido de realidad, para ordenar lo que vemos en los infantes. Es por medio de este recurso como procuraremos transmitir una idea de algo malo en el mundo y asociarlo con el dolor o la angustia que pudieran haber experimentado los más pequeños. Siendo presentados a ellos, nuestro propio carácter de ser sensible, puesto que algo nos puede doler como a ellos.

Repito, el origen de la maldad como categoría proviene de los padres insertados en un nicho cultural específico. Por las diferencias entre los eventos que afectan y definen el carácter de cada grupo al interior de una sociedad, es que el concepto de maldad se reduce en último término, podríamos decir culturalmente, a la experiencia sensible del dolor y a la figura de lo indescriptible o desconocido como representaciones de la muerte. Ninguna de estas experiencias o significados pueden afectar la temprana vivencia infantil, por los cuidados que permiten extender la impresión de un universo esencialmente bondadoso, y la posterior apropiación de los elementos del mundo bajo el imperio del Principio del Placer.

De ahí y de la asombrosa capacidad de un infante para burlar los límites, inspirado por su empuje hacia el placer propio, es donde se desata el infierno sobre la tierra; es decir, sobre sus cuerpecitos. Es por todas estas condiciones por las que no solo se hará uso del castigo corporal, sino de las prohibiciones verbales aun antes de que el infante pueda presumir el uso de su lengua materna. Ante la experiencia del "no", es donde podremos notar tanto el dolor como el odio que pueden sentir y manifestar los más pequeños a todo lo que se oponga a su voluntad.

Esto representa un problema terrible, porque para introducir límites a los infantes, quienes exhiben por naturaleza el modelo humano de libertad por excelencia; los padres tendrán que hacer un ejercicio de poder incuestionable o total y formar así una autoridad frente a los pequeños. Es decir, tendrán que soportar ese odio y asumir que son odiados, sin ser necesariamente malos con los menores. Simplemente por representarles un límite indeseado.

El conflicto que consideramos en este punto está lejos de ser un mero trámite. Pese a ser pequeños, todo infante puede ser capaz de herir profundamente a los padres, y no solo por sus propias acciones agresivas que puedan descargar sobre el cuerpo de los padres. La recién ganada libertad motora y la capacidad de expresar sus necesidades de orden y conocimiento del mundo entero, podrán en evidencia que los cuidadores tienen una relación muy limitada con el mundo y que el acoger a la nueva experiencia puede demandar una readaptación severa a la vida, que no todo adulto quiere o puede enfrentar.

Y es que no solo tiene que hacerse cargo de velar por la integridad física, tendrá que proveerle de los medios económicos para que sus necesidades más básicas sean atendidas, tendrá que ceder la mayor parte de su tiempo a los cuidados y abandonar proyectos de vida frente a la responsabilidad adquirida, voluntaria o involuntariamente. Se verá obligado a tolerar la falta de consideración de los infantes por otra vida que no sea la suya. Y además de todo lo anterior, soportar los severos embates de la realidad misma, que pueden reclamar su vida en cualquier momento.

La economía, la política, la religión, el trabajo, la sociedad, el crimen, las epidemias... Nosotros ya no podemos darnos el lujo de abandonarnos al cuidado de otro; y aun cuando tenemos la necesidad de un cuidado, habrá que pensar de donde sacamos dinero para atender nuestras propias necesidades de cuidado. Para nosotros la amenaza que pesa sobre todo el universo es más que real, está viva y parece que espera devorarnos. Ordenes que nos trascienden, y cuyo valor hemos de traducir al infante que solo conoce su propio placer, sin que este obedezca a un límite.

Si quien lee esto duda sobre la veracidad de la capacidad infantil para explorar y hacerse de las más variadas vivencias, lo invitaría a acercarse a cualquier institución educativa, especialmente en países en vías de desarrollo y preguntar por las dificultades que observan los educadores entre las diferentes familias. Hay entre los educadores una total impotencia frente a determinados infantes, favorecida por dos factores: la ley y la familia. Leyes que buscan proteger a los infantes de la violencia que pudiera vulnerarlos y familias que no pueden distinguir la necesidad de límites sociales de sus hijos, puesto que solo conviven desde su postura y experiencia como parte de un grupo familiar. Y haciendo énfasis en esta última, no podemos culpar de todo a los padres o cuidadores, puesto que los niños aprenden rápidamente a someterlos como parte de su permanente búsqueda del placer.

Si he hecho mención previamente de las configuraciones sexuales típicas de la perversión, el sadismo y el masoquismo, solo me resta identificarlas como presentes en la vida de los más pequeños. Infantes, niños y niñas, que procuran hacer daño sin ningún tipo de límites o consideración por el otro, sea aquel un animal u otro niño. O bien, que saben procurarse la manipulación de los adultos para encontrar castigos repetidos de los cuales obtienen placer sexual y recompensas de un adulto lleno de culpa por haberles pegado.

Porque conozco los efectos de semejante declaración, me gustaría poner dos ejemplos. Una niña de seis años acude con su madre después de una pesada guardia de trabajo de esta última. La niña con una sonrisa en el rostro le dice a la madre "mi abuela me pega por decir groserías, y no pienso dejar de decirlas ¿Qué me vas a hacer tu?", mostrando inmediatamente sus nalgas a su madre. La madre no supo que hacer, se limitó a reñir con la pequeña.

Antes de dar el otro ejemplo, quiero aclarar. ¿Tenemos en frente a una futura criminal? Me temo que no hay elementos para asegurar tal cosa. La evolución de un infante tiende a cancelar semejantes demostraciones al darle justo lo que quieren, pero en mayor medida de la esperada. No me queda la menor duda que el ejemplo propuesto demuestra una tremenda libertad frente al miedo que implica hacer enojar a la figura que representa los límites. La pequeña grosera ha demostrado que después de repetidos castigos, ya ha trascendido el dolor que le pueden provocar, no hay un peligro real en la amenaza del castigo físico. Y, por lo tanto, ella es libre incluso de retar a su madre. El dolor en su cuerpo no tiene el valor para ella que los adultos le quieren dar, incluso puede ser más útil la amenaza de dejar de pegarle para marcarle límites claros de lo que se espera de ella, si es que ya ha desarrollado a su temprana edad un masoquismo erógeno, lo cual es muy probable.

Repito, no hay en esa conducta o ganancia de placer sexual nada de enfermizo y es mucho más frecuente de lo que se quiere creer. Tanto esta conducta de reto a la autoridad, como la ganancia de placer que se deriva de ella, se presentan tanto en niñas como en niños.

Otro ejemplo de mi propia práctica me parece útil. El hijo de un abanderado militar acostumbraba hacer y deshacer a voluntad con los compañeros de escuela y vecinos. Teniendo plena conciencia de que el padre le castigaría por tal o cual actividad, que ha disfrutado mucho haciendo, el pequeño se ponía tres o cuatro pantalones antes de la llegada del padre. De tal manera que, cuando el padre, en la excitación de su rabia, descargaba sobre las nalgas vestidas repetidos golpes, esos apenas eran sentidos por el hábil pequeño. Una vez que el militar se había cansado de golpearlo, y sin haber causado la más mínima molestia física al niño que lloraba amargamente por los rincones, el padre culpable pedía perdón llorando al niño y le ofrecía dinero en efectivo, su juguete deseado o golosinas para que dejara de llorar. Obviamente, las lágrimas eran actuadas por un niño que sabía obtener lo que quiere, no por un sujeto traumado por la violencia ejercida sobre su joven persona.

Ambos casos me permiten señalar la habilidad infantil para hacer de los adultos de su medio elementos para su propio placer. Dicho en otras palabras, el castigo del que pudieran ser víctimas algunos niños no representa el orden que los padres procuran transmitir; sino un orden que trasciende el orden moral, legal, social y el de los mismos padres, es decir el placer de los infantes. Estos han aprendido a hacer de su falta de represión un factor de orden frente al orden paterno o materno, por lo que en su edad adulta no debe sorprendernos que sean atropellados involuntariamente por su propia falta de orden frente a la vida o los demás seres humanos.

Si hemos de aplicar tal estructura a la relación del individuo con el medio más amplio, encontraremos escolares frecuentemente castigados, pecadores arrepentidos por la misma acción una y otra vez, alcohólicos que recaen eternamente, trabajadores irresponsables y efectivamente criminales.

Me gustaría repetirlo una vez más, no hay solo una relación entre el placer y la angustia con el crimen, como sí la hay entre un individuo y sus figuras de autoridad, los cuidadores y los límites impuestos por ellas. Vale decir, que el factor común entre el placer y la angustia es que un solo individuo ha ligado tales vivencias a la figura de los padres y sus representantes en la sociedad, las instituciones o el Estado mismo.

Aquí ya introduje un avance en la organización psíquica infantil. Un avance que permite depositar en una figura ajena al orden familiar un valor sobre el cual se reorganiza el empeño infantil de la búsqueda de placer. Dicha formación obedece a la temprana relación que establecen los infantes con la figura del cuidador y el orden que deriva de ella. Orden que representó no un sacrificio de su placer, sino un reordenamiento para encontrar dicho placer y extenderlo a otras experiencias, que bien podríamos denominar sociales.

Es ahí donde podremos notar el valor del discurso religioso como un empeño de extender el orden que impera en una familia o grupo primario. De la misma forma que un padre castiga a su hijo, Dios nos castiga por aquello que no le agrada.

En la comisión de actos que podremos identificar claramente como transgresiones, podremos también notar el dilema del orden; que podemos abordar de la siguiente manera.

Habiendo distinguido a una figura que nos representa límites a nuestros deseos y que dichos límites suelen variar de individuo a individuo; como infantes nos adaptaremos rápidamente a medir los límites inherentes a cada relación. Dada la intensidad del conflicto que deriva de los cuidados y los numerosos desengaños amorosos en el alma infantil, la relación de cada individuo aun con las prohibiciones más aleatorias ha de quedar marcada por un cierto nivel de angustia.

Semejante relación entre la ley, como el representante del deseo del otro, y la angustia derivada de su violación, explica los motivos por los cuales la mayoría de la población suponen al criminal como un ser humano horripilante, deforme, malo, cruel y perverso por naturaleza; situación que no tiene que obedecer a la realidad, donde tampoco es raro el criminal encantador, inteligente, sociable y atractivo. La primera no es sino una fantasía, o un empeño de orden, originada en la relación que establecen muchos individuos entre la maldad y crimen gracias a las experiencias infantiles con sus cuidadores o sus representantes, quienes no dudarán de señalar al niño que trasgrede o agrede como un "niño feo".

De esas manifestaciones de la angustia por la posibilidad de la inadvertida transgresión del límite ajeno hemos de destacar que el discurso de la autoridad, cualquiera que esta sea, se convierte en un camino para evitar la angustia y al mismo tiempo se presta para que algunos individuos hallen una forma de burlar aquella manifestación de una voluntad ajena a sus intereses y afianzar su propia voluntad en la experiencia individual; o en otras palabras, obtener un placer de la regulación.

"Es malo ser criminal, es malo ser inmoral, es malo ser feo, es malo pecar, es malo ser un enfermo mental, es malo... dígame que más es malo, por favor, así sabré como mostrarme frente a usted".

Replanteando esta dinámica, aquella relación entre la angustia que pervive en muchos adultos y el discurso siempre cambiante de las autoridades, a veces se soluciona al abrazar el discurso ajeno. "Si hablo como tu, entonces soy lo que me pides".

Pero semejante solución no toca al sujeto, pues las más diversas prohibiciones se han de encontrar en la sociedad por individuos que saben que dependen del otro para sobrevivir. Es decir, hay individuos que quieren dar al otro lo que les piden para obtener su aprobación sin que ese sometimiento implique un orden más allá de esa única relación. Recordemos, ese orden mostrado a una autoridad es solo frente a ella y nada más. Bien puede un infante ser un hijo obediente pero el alumno más violento de la escuela. Todo gracias a que el castigo fue una forma de relacionarse con otro ser humano.

Por ahora solo baste decir que el crimen puede o no ser una experiencia erótica. Es decir, un factor de orden dentro del conjunto de representaciones de un individuo y la imposición del principio del placer en las interacciones de ese individuo. Todo depende como lo integre un solo individuo entre sus posibilidades de interacción, o como se relacione con eso que entendemos como crimen. No debemos olvidar que el crimen obedece totalmente a la ley y que la ley es la consideración de las posibilidades sociales previas a su formación. Ninguna ley puede ser formada de la nada, sino que es fruto de la historia de las sociedades y que depende de la evolución de las mismas interacciones para su adaptación constante a las nuevas condiciones que enfrentan los individuos que pretende regular. Es decir que, si bien hemos podido vislumbrar en este recorrido a la ley como una manifestación de un deseo, la ley que no se transforma con el tiempo solo promete atropellar a aquellos de quien depende para fundar el mismo propósito de su existencia. La ley, por lo tanto, puede llegar a ser injusta; si abandona su carácter orgánico. De ahí, podemos retomar el dilema de la procuración de justicia en su relación con el castigo.

En sentido estricto, no hay una significación universal del castigo como se quiere creer. Por ejemplo, individuos que deseen vivir en la cárcel o incluso quienes quieran ser golpeados por grandes números de personas hasta la muerte. Habría que hacer una distinción de cada criminal comprobado por un proceso legal, para poder determinar su castigo adecuado. Pero debido a que el Estado no puede dedicarse a establecer esas características particulares, se somete a toda la población que comete crímenes a un solo modelo, esperando que la experiencia represente un castigo para aquel.

Semejante posibilidad de acabar con el crimen ubicando al sujeto, si bien suena harto deseable, contiene en si misma un peligro. Si queremos acabar con el crimen, es necesario atentar en contra del tejido social. En palabras directas, podemos matar al crimen, pero junto con el muere la familia.

¿Cómo es esto?

La familia no solo representa un orden previo al Estado, la familia es para sus miembros una garantía de vida. Son los dilemas familiares los que permiten la valoración de otros ordenes, bajo los cuales se funda la religión y posteriormente el Estado. Tales diferencias o límites que encontramos en nuestra familia, pocas veces nos llevan a separarnos tajantemente de aquellos que nos vieron crecer o separarnos de aquellos a quienes amamos, sin compartir un lazo de sangre. La mayor parte del tiempo, los individuos tienden a cobijar los placeres que sus seres queridos tienen como propios, aunque no los compartan o comprendan. Por ello, resulta natural que la paz de nuestros seres amados sea más importante que la vida de gente que no conocemos. Por ello, si queremos a un mundo sin crimen, primeramente debemos otorgar un valor a toda forma de vida, aunque aquella no tenga una relación con nosotros. Además, tendríamos que reconocer la necesidad de un orden que trasciende al amor, o bien a nuestras relaciones más queridas. He ahí el dilema del orden que implica el Estado.

Es justó ahí, en la determinación de la que es capaz un individuo sobre su vida, donde podemos observar una limitación muy importante de la ley como un factor que modela la conducta social de los individuos. Esto lleva a muchos organismos mundiales e históricos a formar dictaduras o imponer el orden sin ninguna consideración a los elementos más básicos de su sociedad. Todo por la fuerza con la que cada sujeto ha de hacer sus principios rectores y la nula garantía de su influencia por actores externos.

Frente a tal panorama, presento la dinámica de la relación analítica.

Es esa nula garantía de imposición de valores social frente a las relaciones que dieron forma al placer, donde podemos ubicar el fortísimo impacto de la relación analítica donde literalmente no hay una demanda de orden que provenga del analista. El sujeto está solo frente a sí mismo, en el sentido de una relación de ejercicio de poder. O, dicho de otra forma, el analista no busca someter la voluntad del analizante, se limita a escucharlo y a devolverle eso que escucha.

Frente a ese vacío de poder surge el deseo de aquel que visita a un analista, y cuando el sujeto está frente a su propio deseo, se reorganiza a sí mismo sin que el analista le demande tal reorganización. Repito, puede ser una experiencia terrible ser escuchado por primera vez, terrible y liberadora al mismo tiempo. Cabe señalar que, de igual manera, el analista no sabrá a ciencia cierta la naturaleza e implicaciones de tal reorganización. Por ello no me es posible señalar al psicoanálisis como una solución contundente o definitiva a cualquier problema social.

Pero, al igual que con los individuos, el psicoanálisis puede contener en su propia identidad, el germen para movilizar a toda la humanidad a nuevas manifestaciones de la vida.

Seguirá existiendo la muerte, el dolor y la pobreza; al igual que el crimen y el pecado seguirán tan vivos como los discursos que los señalan como posibilidades en la interacción humana. Todo esto obedece al orden que hemos sido capaces de erigir sobre nuestra propia naturaleza. Un orden cuestionable y perfectible, sí; pero que sin duda también tendrá elementos y funciones que vale la pena conservar.

12
El problema de la moral

Para avanzar, retomemos y detallemos el reordenamiento infantil.

Dada la asociación infantil entre cuidados y vida, el perder el apoyo de los cuidadores supone la peor de las amenazas. Destaquemos aquí una vez más el valor de la subjetividad en la construcción del orden social con la siguiente pregunta. ¿Por qué los cuidadores abandonarían al infante? No es que ellos puedan o vayan a hacerlo, pero el infante lo supone, pues es lo que él o ella harían con lo que les desagrada, una vez que ha fundado su capacidad de hacer algo con el mundo. Vale decir, su reorganización psíquica frente a su independencia de acción motora.

Justo en medio de semejante conflicto que implica la entrada del infante al medio social por intermedio de la familia, los cuidadores pasaran a formar parte involuntaria de un escenario un tanto ajeno a sus propias funciones e intenciones.

Ya no se trata de los hechos que podemos ver, de cómo procuran en la realidad el bien del menor, sino que éste los ha hecho parte de sus propias elaboraciones y fantasías.

En ocasiones ogros sádicos que solo procuran su sufrimiento y nunca le prestan la más mínima atención, o bien amantes deshonestos que solo buscan engañar sus más puras intenciones de estar con ellos desnudos y abrazados en la cama, y esto antes de cumplir cinco años.

Dando y quitando conforme a su propio criterio infantil, que posee ya una organización fundamental en base al placer y la angustia que logró obtener de los cuidadores, cualquier elemento vivo del medio pasará a formar parte de un escenario tan voluble que no podemos dar por sentado una sola configuración universal. Y, sin embargo, pese a no tener una resolución o forma única, podemos nombrar el molde hecho por las fantasías infantiles.

Ya antes hice mención de un Complejo de Edipo, o la pugna interna del infante por el amor de cada uno de sus progenitores o cuidadores, y ante el odio que han de generar en él o ella por las más "triviales" afrentas inherentes a su cuidado. Tal pugna se inserta en el conflicto de la introducción del infante en la dinámica social; pues al procurar hacer de un límite al alma infantil, éste vivirá muchos de sus impulsos naturales como potenciales amenazas a su "supervivencia". Repito, es una situación puramente hipotética, aquella muda de poder que hace un individuo, para introducir a otro como representante de la vida.

Y ya sea que aquellos infantes identifiquen como motivo de su aprehensión a su propio placer, las condiciones que rodean la obtención del mismo o bien una figura del mundo que, en el mejor de los casos, solo procura su bienestar futuro; en cualquier caso, podemos dar testimonio de una barrera interna que ciertos individuos civilizados han creado a su propio ser, entiéndase a sus formaciones de placer. Vuelvo a repetir, ciertos individuos; no toda la humanidad.

Dicha barrera típicamente ha de levantarse en contra de los deseos incestuosos hacia ambos progenitores, y del deseo de que cualquiera que estorbe alternadamente en la relación anhelada con el otro, desaparezca. En otras palabras, no solo consiste en el anhelo de fusión y control sobre los cuidadores, sino en eliminar a todo aquello que no le gusta o que no quiere.

Naturalmente la configuración expuesta a partir de un modelo "familiar" no es universal, pero puede marcar la pauta por medio de la cual se suele manifestar el drama infantil al respecto de sus amores y odios.

Por ejemplo, si un infante carece de padre, en el sentido biológico-social de la palabra, adoptará a un hombre del medio para depositar sobre aquel las funciones y demandas propias de la figura paterna, incluso sin importar que tenga su misma edad. Basta con que aquel haga uso de una frase que lo haga depositario de la imagen y deseo de modelo que construyó quien lo escucha, para ser adoptado como figura de amor y odio al mismo tiempo, pero en diferente magnitud.

Esta adopción de elementos humanos no se limita al ámbito físico, sino que abarca también la adopción de figuras abstractas que culturalmente nos hemos procurado. Repito, para los creyentes Dios no es un concepto o una creencia o una idea; es una experiencia viva, un ente que los puede tocar o conmover desde el cuerpo de sus seres más queridos.

Si incluyo aquí tal experiencia es para retomar el carácter humano frente a la ciencia positivista.

Freud propone en "Psicología de las masas y análisis del Yo" que una de las características de las masas humanas es su similitud con el alma infantil. Y bajo este término de masas he de agrupar al conjunto indiferenciado de seres humanos, no solo a esos que he señalado como iletrados, pues aún entre estudiados hemos de constituir grupos, cederles en parte nuestra autonomía y hacer sacrificios personales para sostenerlos.

El motivo de esta aclaración radica en el orgullo que me he topado una y otra vez entre algunos colegas o científicos de muchos otros campos, quienes insisten en afirmar que el conocimiento científico nos separa y nos hace mejores que el resto de la humanidad.

Me permito recordarles que semejante distinción se ha hecho a lo largo de la historia, pero con el conocimiento de la deidad y por los nombrados representantes de esta. No he de disculpar a aquellos que insisten en su superioridad intelectual o en sus bendiciones extraterrenales para oprimir al que carece del conocimiento. Así como tampoco puedo dispensar a quien se abandona a merced de los intereses que lo trascienden y se entrega a una relación individual o colectiva, que en muchos sentidos le permite repetir las comodidades propias de la experiencia infantil.

Dicho esto, vale la pena mencionar que no ha sido mi intención en ningún momento degradar la imagen de un Dios que mis semejantes pudieran tener. Creo haber sido claro hasta ahora al exponer mi postura y señalar que para muchos no es solo una idea que da orden a su vida, para ellos es la vida misma contenida en una sola palabra y hay fuertes motivos para ello.

Motivos afectivos ligados íntimamente con la supervivencia de la especie, en cuanto a que la posibilidad de hablar sobre un Dios les permite hacerse de una identidad y relacionarse con sus semejantes. Dicho movimiento que se torna relevante cuando esos semejantes, son aquellos que representan potencialmente un peligro para su existencia, por cuanto ellos mismos pueden desear y competir por los recursos limitados en el medio.

Lo que sí quiero descartar frente a la dinámica religiosa es que el repetir una palabra o nombre que designe a alguna particular entidad, incorpórea y superpoderosa; garantiza de alguna manera la transmisión mágica e instantánea de valores sobre lo que es y debe ser un ser humano. De la misma manera, el abrazar nominalmente los valores de un grupo en particular, no hace buenas a las personas, sin practicar esos valores.

En todo caso, semejante impresión, "soy bueno porque voy a una iglesia o formo parte de un grupo", nace de la relación que establecemos con nosotros mismos y el grupo familiar que nos acoge, pues tratamos de dar una continuidad y homogeneidad al mundo que percibimos como caótico y amenazante. Repito y enfatizo, esto ocurre cuando el individuo ha distinguido el valor de los grupos y está dispuesto a sacrificar parte de su libertad para formar parte de ellos.

Entonces, no puede resultarnos raro que para muchos el "ser" o la identidad se defina por el "pertenecer", o bien una cercanía física o simpatía hacia los grupos representantes de ciertos valores. Mientras que lo "bueno" ha sido establecido como requisito para gozar de la simpatía de nuestros cuidadores, simpatía que llegó a representar, en algún momento hipotético, algo más que una aprobación; es decir, una garantía de vida.

Había hecho una descripción hipotética de cómo lo bueno o malo son categorías introducidas en la organización infantil gracias a la interacción entre sus cuidadores y aquellas nociones de placer y dolor que el mismo organismo ha creado a partir de esa relación. Por cuanto cada grupo "familiar" o primario ha de imprimir, hasta cierto punto, una identidad en base a los placeres y angustias compartidas entre sus miembros.

En todo caso, con bueno y malo, o la base de la categoría moral, no me refiero a un simple conocimiento que permita categorizar los elementos del mundo, sino a una experiencia que todo individuo ha vivido entrañablemente. En base a la significación del castigo en el grupo familiar, esas categorías se asocian permanentemente con experiencias corporales de distinta índole e intensidad, que tienen un impacto directo en la conformación de una particular experiencia humana.

Por lo tanto, dado que hay por persona algo bueno y malo, que nos han transmitido y que hemos aceptado como operante; tales categorías dictan nuestro andar de acuerdo a una percepción de placer-angustia o en relación al peligro que podamos asociar como relativo e implícito a los elementos del mundo.

Y, como una fuente significativa de lo que percibimos como peligro proviene de nosotros mismos, es decir del conflicto entre nuestros deseos y la figura de una autoridad o incluso de un semejante, emprenderemos cursos de acciones ante tales amenazas potenciales.

Por semejante esfuerzo, tal parecería que hay una relación muy cercana entre aquella imagen que buscamos imponernos a nosotros mismos y nuestra propia seguridad, o al menos nuestra impresión de seguridad. Razón por la cual surge la siguiente pregunta entre muchos individuos: ¿Por qué le pasan cosas malas a la gente buena?

Gracias a este recorrido, podríamos empezar a definir la función de la convención social como una evolución del modelo de adaptación a las condiciones variables de la construcción del mundo infantil. Por cuanto en algún momento de la historia de cada infante ha tenido que abrazar aquellos valores que sus cuidadores le han transmitido como deseables, y ha tenido que dejar de lado aquello que le ha servido para adquirir un compromiso con su propia vida, vale decir su placer; a fin de evitar la angustia que su contacto con otro individuo le pudiera generar.

De acuerdo con la construcción del significado en el castigo, podemos comprender que el individuo civilizado adquiere por la relación entre los cuidados y su propio placer, una impresión de estar en una encrucijada entre sus placeres y sus cuidadores, pues estos podrían "condicionar sus cuidados".

Entonces, lo que pone en peligro su relación con los cuidadores, no son los actos que aquellos reprimen, sino su propio placer. La negación de la experiencia sensible, dado que es el primer elemento que el infante tiene a su disposición, brinda una cierta noción de seguridad; puesto que hemos cancelado, al menos en el discurso individual y colectivo, la posibilidad de que semejante hecho ocurra.

Luego, pasamos de negar el placer - dolor, que era nuestro eje rector primario, a negar la comisión el acto; en cuanto nos percatamos de la relación entre la represión a la que somos sometidos y el significado del acto que llevamos a cabo para el orden del otro. Negación que hacemos en función al deseo de la extensión indefinida de nuestros cuidados por nuestro cuidador.

Es importante aclarar dos cosas, la primera es que no hay garantía de que este segundo ordenamiento tenga lugar en la vida de las personas, por lo que la relación de algunos con la autoridad y el castigo significa independientemente del contexto, un atentado en contra de su identidad, integridad y derecho. La segunda aclaración es que al decir que negamos el acto que traería consigo el castigo, no significa que el acto no se haya llevado a cabo por nosotros, como infantes o como adultos. Simplemente lo negamos para no hacer enojar a mamá o a papá o al Estado y evitarnos así el castigo.

Todo ello, ya sea la negación de la comisión del acto o del placer que deviene tras su ejecución, pone en evidencia que el acento que condiciona nuestra interacción con el otro, una vez insertados en un orden social primario conforme a la significación del castigo, recae en nuestra bondad. O bien si lo llevamos a un carácter social, a nuestra funcionalidad.

Entonces, la convención social, como una evolución del sentido de supervivencia infantil frente al dilema Edípico, se sostiene afirmando que como individuos somos buenos, útiles, funcionales, inocentes, sanos, etc. Todo esto gracias a un particular ordenamiento infantil frente a los límites que representaron nuestros cuidadores y posteriormente otros ordenes que conforman al Estado.

Ahora, por las diferencias más básicas que podemos señalar al identificar los valores variables de cada individuo, esto es su postura particular al respecto del orden social, nos permite considerar que eso que entendemos como moral, es en realidad una madeja de infinitas representaciones de "lo bueno".

Es decir, cada uno pasamos de poder afirmar "yo soy", por cuanto sentimos y decidimos; a sostener frente a nuestros cuidadores "yo soy bueno", en cuanto sedemos en parte nuestra voluntad para abrazar un orden otro y así garantizar nuestro placer – cuidado – vida. Posteriormente podremos decir para los demás "yo soy más bueno que tú", en cuanto nuestro orden entra en contacto con otras organizaciones. Y finalmente afirmar "somos buenos porque vamos a una iglesia" o "somos buenos porque creemos en el mismo Dios" o "somos buenas porque somos feministas y luchamos contra el patriarcado" o "somos buenos porque vamos a la misma universidad" o "somos buenos porque ganamos millones secuestrando a jóvenes para venderlas a redes de trata de personas y así sostenemos a nuestras familias" o "somos buenos porque traeremos orden a este mundo matando a muchos que no son creyentes en la religión verdadera".

Con todos estos ejemplos trato de ilustrar que independientemente de los valores morales que la colectividad pueda sostener como básicos, hay un fundamento individual que sostiene cualquier colectividad y que dicho fundamento consiste en una voluntad que abraza los valores de un grupo en particular como una forma de garantizar primeramente su permanencia dentro de ese grupo, pues lo identifica como una garantía a la supervivencia ya sea propia o de la especie.

Y en ello podemos notar lo que en realidad es obvio. La identidad es vida, y la afiliación a grupos constituye un reforzamiento a la identidad propia (soy bueno porque…). Aun cuando sea literalmente imposible, dadas las características de aquellos, que dos grupos puedan coexistir en el mismo espacio. Aun cuando el individuo sujeto a un grupo en particular tenga que hacer los más grandes sacrificios para sostener esa afiliación. En otras palabras, todo grupo representa un dilema para el individuo, un conflicto que se abraza como inherente a las diferencias.

Tales contrastes son tolerables para el sujeto civilizado por una familia. En semejante transición no hay cancelación de los pasos (la identidad individual frente a la colectiva), nuevamente los órdenes se sobreponen, para mostrarse como operativo, según las circunstancias.

Debo advertir dos cosas, la primera que esta dinámica también es observable grupos anarquistas. Paradójicamente, su desorden es otro anhelo de orden y para llevar a cabo ese orden necesitan jerarquías, voluntades que seden al grupo para avanzar y hacer manifiestos sus valores. Segundo, que esa relación entre la bondad, como un requisito para la adhesión a grupos y nuestra seguridad, es harto superficial y aparente. Es decir, no hay evidencia contundente que señale una relación ente "lo bueno" y "la vida", o bien entre un grupo y "lo bueno", o bien entre un grupo y "vida"; pues dichas relaciones son únicamente una asociación particular que establece un individuo entre dos significantes y que comparte con sus semejantes para hacer extensivos sus alcances.

En ello podemos ver claramente el carácter variable de la representación que se hace pública por medio del significante, esto es el pensamiento hecho palabra. Por ejemplo, podemos extender el carácter de bueno a todas sus manifestaciones sociales, la obediencia, nuestra funcionalidad, nuestra salud, nuestra inocencia, nuestros modales, nuestra estética, nuestra educación, nuestra evitación de las problemáticas, y así hasta el infinito. La concepción y evidencia de semejantes valores variaran primeramente según la familia, y después según el nicho cultural en el que se desenvuelva un sujeto a lo largo de su vida.

De la misma forma la relación de la vida con cualquier noción de seguridad que pueda ofrecer un grupo, tal como la integridad física, reforzamiento de la identidad, el aseguramiento de nuestros bienes, la estabilidad económica, el poder adquisitivo, la influencia política, etcétera... Todo ello son variables que buscamos controlar con nuestra adhesión a determinados grupos.

Sin embargo, ningún grupo, ni aun los más poderosos económica o políticamente, puede garantizar extender indefinidamente la vida de sus elementos o garantizar que sus miembros gocen de la vida. Y todo ello independientemente de nuestra propia condición en relación a la falta que se nos asigne dentro de un grupo. Es decir, independientemente seamos pecadores, inocentes, culpables, criminales, limpios, sucios, buenos o malos. En otras palabras, frente a la vida, no hay garantía de nada; pese a los recursos que podamos reunir ya sean físicos o humanos.

Esto representa malas noticias para Kim Jong Un, pues más allá de los recursos que requiere para sostener un imperio digno de ser un hito en la historia de los Estados, la vida tiende a llevarnos a todos al mismo lugar. Y en ese caso en particular, no es de los extranjeros de quienes debe cuidarse; sino del mismo poder que muchos de su séquito ayudan a sostener.

Se requiere soportar mucho odio para levantar imperios, y fuera de las envidias que podamos tener como extranjeros a quien representa el orden de Korea del Norte, la historia nos enseña que en las situaciones donde vemos tales niveles de poder a los que puede llegar a acceder un solo individuo; son los más cercanos a quien representa el poder del pueblo, los que suelen poner fin a las vidas de los poderosos.

Tenemos el claro ejemplo de Cayo Julio Cesar, solo por mencionar a uno, tal vez el más popular. Pero al contrario de Cayo, el contexto histórico del señor Kim, lo hace a el y a su pueblo víctimas de un orden que los trasciende; y no me refiero a las leyes internacionales, sino a la sucesión de hechos pasados e internos que ponen en manifiesto el carácter orgánico de los grupos. Repito, el orden natural suele imponerse a los grupos, a sus valores y a sus representantes.

En el caso de los Estados, siendo más una necesidad surgida por la interacción de los deseos colectivos, que un grupo con un origen histórico específico; tal parecería que su figura trascenderá el ordenamiento que podamos imponer desde nuestra propia postura como individuos que lo pueden conformar.

En tales posibilidades de configuración, no cancelaría que frente a las demandas de cada generación se puedan retomar figuras históricamente "trascendidas", como los reinos, los regímenes totalitarios, las teocracias o los feudos.

Recordemos que, según la teoría política, el ejercicio del poder no tolera los vacíos. Lo cual viene muy a término, pues la misma dinámica del deseo se moviliza en torno al vacío que nos representan nuestros semejantes y que semejante posibilidad nos fuerza a un conjunto de movimientos ilimitados en forma, a fin de obtener cierta seguridad en nuestro trato con los demás. Ya sea hablando, matando, mintiendo, robando, estudiando o incluso haciéndonos necesarios, útiles o amados y hasta deificados por los otros.

Tomando la historia y la relación que cada uno de nosotros guarda con el Comandante Supremo de Korea del

Norte, soy yo quien señala como superficial esa dependencia entre el individuo y su adhesión a las normas más básicas que dan forma al tejido social, en relación a su seguridad. No estoy diciendo que de nada sirve apegarse a las leyes o a la moral, sino que por mucho que busquemos establecer categorías frente a la vida, ésta termina por imponer a su tiempo y conforme a su lógica un orden distinto a nuestros deseos.

En primer lugar, quisiera reintroducir una variable al cuestionamiento que he encontrado en muchos sectores de la sociedad, que señalan la poca efectividad de pensamiento religioso para contribuir al orden social.

En lo personal, no ubico al pensamiento religioso como al elemento inútil dentro de la expectativa de orden que anhelamos en la sociedad; sino que debemos esa aparente inutilidad a la función que le atribuimos como generadora de bondad.

Contemplo que como sociedad buscamos sostener indefinidamente nuestro carácter de bondad, mucho más allá de lo que es lógicamente posible y recomendable, demostrando así una relación muy cercana de la moral con la dinámica inconsciente; inamovible y operante para determinar el andar conforme a la experiencia sensible y temprana de cada ser humano.

Para extender el corpus teórico e insertar la presente elaboración en el discurso que he estado organizando, bien podría señalar la muy evidente relación que hay entre la angustia y la moral. Pues por un lado la moral parecería ser una manifestación social de aquella angustia que vivimos frente a nuestro contacto con el otro, con nuestros semejantes; quienes nos representan límites difusos y potencialmente peligrosos. Entonces, a fin de no tentar a nuestra suerte, cuando nos hayamos frente a una persona nueva, seremos lo mejor que podamos ser de acuerdo a los valores que nos hayan procurado nuestros cuidadores. Ya sea una persona del sexo opuesto, nuestro próximo amigo o nuestro próximo jefe, buscaremos procurar una buena impresión. Ser bueno y útil para aquel, según nuestra concepción de útil y según las necesidades que podamos percibir de aquel. Señalo, no que la moral sea inconsciente, sino que depende del carácter inconsciente de la angustia como piedra angular de su estructura.

Ahora, es aquí donde vuelve a asomar aquella multitud de dimensiones de la que he venido hablando desde el principio del ensayo. Y es que esa utilidad o bondad que el niño asocia como un requisito para la supervivencia o aprobación, se eleva hasta las alturas más inhumanas de lo abstracto que podemos llegar a ser como cultura o sociedad. Y antes de seguirnos ocupando de la ley, que podemos señalar como una de las más altas esferas de especialización en cuanto a la noción de utilidad en el ser humano, quisiera detenerme un poco en la noción que tenemos sobre la salud mental, como un concepto que hereda directamente la noción de "progreso" que marcó la identidad de la filosofía positivista.

En la actualidad este término puede entenderse fácilmente como la adaptación de la que un sujeto es capaz de exhibir frente al medio que lo rodea. En otras palabras, entendemos por salud mental la carencia de conflictos que pueda hacer evidente una persona en su andar. Estos conflictos pueden manifestarse en la introducción y sostenimiento del contacto entre el individuo y la sociedad. Ya sea en sus relaciones sentimentales, escolares, laborales o incluso con la utilización de su tiempo o su contacto con la tecnología.

Por medio de esta regulación se le hace evidente al sujeto de la actualidad que incluso puede usar su celular hasta "enfermarse", sin poder establecer otra noción de la enfermedad que la del padecimiento o el sufrimiento nombrado por otros sujetos en la misma situación, o bien por aquello que señala el decir de una autoridad. Por ejemplo "soy ludópata, porque no puedo dejar de jugar. Y no puedo dejar de jugar porque lo dice un experto, yo realmente no sabía que tenía que dejar de jugar".

Podemos encontrar en la práctica de algunos profesionales de la psicología, como su función se limita a señalar a un individuo como adicto al juego, al trabajo, al sexo, a usar su coche o su celular y demandarle encarecidamente que acuda con un experto como ellos, pues su relación con el medio no es sostenible. Repito, no porque alguien manifieste un conflicto con un aspecto de su vida o de su cultura; sino porque alguien que se constituyó como una autoridad ajena a la vida del primero, señala lo que a su juicio y experiencia está mal en la vida del otro.

Lo peor, desde el punto de vista humano, es que efectivamente muchos individuos se reconocen como adoloridos practicantes de la vida y buscan agotar los remedios a problemas que no sabían que tenían. Y no solo eso, se organizan en grupos para compartir las experiencias de como un elemento del mundo ha sometido su voluntad y los ha hecho padecer en una esclavitud, tanto o más de lo que pudieron gozar en algún momento de dicho elemento; sin notar como ya se han insertado en un discurso que hace de su culpa una fuente de identidad e ingresos para los expertos. Identidad que obedece a la asociación de "aceptación" con la "vida".

Si nos limitamos a lo que inherentemente dicen estos grupos de nosotros como humanidad, pasamos como civilización, de combatir el medio y los elementos, a combatir la cultura a la que le debemos nuestra supervivencia, y también combatir la tecnología a la que le debemos adelantos increíbles como el tener todo el conocimiento del mundo en la palma de nuestra mano. Todo por buscar complacer a aquellos que se levantan como autoridades, sin que podamos señalar el reino donde opera su poderío.

Así, nos hayamos en un conflicto particularmente único en la historia, la civilización en contra de la cultura. Lo cual es en el mejor de los casos, un empeño de dar lo que nos piden los "mayores"; esto es, de atender a las demandas de los herederos de la imagen paterna, de ser reconocidos por ellos, de ser amados.

Lo malo es que el amor como tal ha llegado a ser la gran incógnita o la gran ausencia de la presente generación, al ser extraviado tras la obligación y el deber o su institucionalización. Semejante organización recae sobre los hombros de generaciones pasadas, sostenida irreflexivamente por las presentes generaciones.

Me atrevo a hacer tales afirmaciones por observar una relación de rivalidad que el pensador actual establece con su historia, como lo son las relaciones de los expertos en salud mental con los antiguos sacerdotes de pueblos ancestrales. Por semejante conflicto no dudarán en señalar a los chamanes como locos drogadictos del pasado ignorante, y así condenar de charlatanería el uso las plantas que les procuraron a los antiguos estados similares al sueño y les permitían proporcionar alivio a las múltiples dolencias que aquejaban a los pueblos milenarios.

O lo que es peor, la cruenta enemistad de algunos exponentes de la psicología con el mismo psicoanálisis al cual le deben su identidad.

Entre los representantes de estos sectores "más avanzados" se puede observar una especie de lucha paradojal en contra de la identidad propia, dando por entendido que lo nuevo es mejor por ser nuevo. Y como el psicoanálisis esta "pasado de moda", pues "no sirve".

No puedo evitar observar en tales hechos la construcción de nuevas moralidades, o nuevos órdenes que obedecen a la canalización de las culpas más primitivas y por lo tanto permanentes de gran cantidad de individuos civilizados. Tampoco se trata de regresar a las cavernas, sino de hacer un énfasis en lo que estamos haciendo con nosotros, al respecto de la bondad o progreso o funcionalidad a la que aspiramos como civilización. Lo nuevo es automáticamente bueno, de la misma forma que un bebé es por naturaleza bueno, puro, sin pecado concebido.

Podría nombrar otro ejemplo al referirme a la noción de la adicción, que se construye alrededor del uso sin límites de sustancias que pueden afectar irremediablemente a quien las usa. Semejante concepto es adoptado indiscriminadamente por organismos de salud pública como un sinónimo de enfermedad.

Y eso sería verdad, si como enfermedad aceptamos la descripción de un estado de intoxicación que anula las posibilidades de interacción entre un individuo y su medio. Pero es un error atribuir a todos esos individuos el deseo de tener una relación con su medio, o por lo menos una relación diferente a la que tienen en su ambiente, a través de su contacto con una sustancia.

Al igual que sería un error asignar a todo empeño verbal, una intención real. Creo haber sido claro en mi abordaje de la neurosis que podemos jurar tener una intención y no verla nunca como una realidad, justo porque no disponemos del ejercicio pleno de una voluntad escindida, al no reconocer un deseo que puede ser diferente al que esperan de nosotros. En semejantes casos nuestra voluntad se hace manifiesta, queramos o no.

Y quiero que quede claro, hay sufrimiento en aquello, así como lo hay en la vida misma por todo lo que he venido argumentando. Y si bien, semejante sufrimiento es siempre una opción, el querer evitar el sufrimiento a cualquier costo así como también la extensión indefinida de nuestra bienaventuranza y goce, es justamente la marca de lo humano, su anhelo imposible. Mucho me temo que no puedo prometer la superación de ninguna de las dos cosas, el sufrimiento seguirá presente por cuanto es marca de una voluntad. Y del mismo modo, no todo en la vida es placentero.

Y, entonces frente a tal dilema, cuando encontramos que alguien presume haber alcanzado semejante posibilidad de una vida sin sufrimiento por medio de la intoxicación prolongada, le creemos por tener el anhelo de la misma experiencia de goce de duración indeterminada; pero también le podemos declarar como un enfermo, sin poder determinar la diferencia entre su enfermedad "social" y el resto de patologías fisiológicas.

Curiosamente en tal enfermedad no hay un elemento patógeno identificado, es decir algo que causa la supuesta enfermedad; y si nos empeñamos en señalar a la sustancia como "lo que causa la enfermedad de la adicción", estaríamos haciendo a un lado el hecho de que no todos los usuarios son adictos. Y al hacer esto terminaríamos por atribuir una "debilidad congénita" a los "enfermos incurables, progresivos y mortales".

Todo esto por no llamarlos con los adjetivos que tenían en el pasado, asociados con la regulación religiosa y evitar así la discriminación, porque somos buenos y no queremos hacerlos sentir mal. La exposición de ese ejemplo también me permite ilustrar la forma en la que se busca oscurecer el ejercicio de la voluntad tras el concepto de una enfermedad, aunque dicha asociación no sirva más que para justificar la conducta "involuntaria", de los enfermos.

Para ellos "no hay placer" tras sus recaídas, y pese a que "no hay placer", hay culpa; y como la culpa es mala, solo porque es culpa, no porque tenga relación con un placer que no se quiere reconocer, pues hay que negarla. Entonces, hay que cancelar la posibilidad de sentir culpa, por medio de una resignificación de los hechos; así evitaremos que los sujetos consideren la posibilidad de la responsabilidad por las acciones propias.

Después de todo "somos enfermos y no podemos elegir". Pues si eso es verdad, propongo que aquellos que si podamos elegir, hagamos caso a su dicho y les asignemos opciones de vida mucho más valiosas para el conjunto que la "rehabilitación", tales como la experimentación médica o la donación de órganos funcionales. Veremos si con tales determinaciones no pueden elegir, o si utilizan su "condición crónica" para castigar indiscriminadamente a todos aquellos miembros de su "buena familia".

Al decir esto, ¿hablo en contra de cualquier tratamiento? No, sino que refiero la tendencia a usar el discurso para ocultar nuestra experiencia frente a la vida, antes que identificarnos como personas gozosas de sus condiciones adversas, patológicas, sociales, religiosas o como quieran llamarlas. Repito lo dicho en el capítulo de la neurosis: de nada sirve toda la ciencia médica, si el paciente no quiere seguir el tratamiento.

Tengo otro ejemplo importante, muy en relación con el ejemplo pasado, pues podría hablar de una condición que no aparece en los manuales profesionales de diagnóstico de trastornos mentales, pero que goza de mucha popularidad entre los profesionales de la salud mental en México, para el año 2019. Me refiero a la codependencia.

Bajo esta palabra se busca establecer una función a las relaciones sentimentales, una función que no depende de los intereses de los miembros de la pareja. Es decir, no depende de lo que aquellas personas pudieran decir para defender su relación, sino de una concepción moral del amor, que busca encasillar su comisión como un evento bueno o malo.

En esencia se busca dibujar al "amor" como una experiencia naturalmente buena, que es contraria al dolor; que no implica "apego" o demanda de pertenencia y compromiso entre los individuos. Según esta concepción el amor es natural y el dolor una aberración que hemos de combatir con todo valor; para demostrarnos que somos buenas personas, que no somos tóxicos. Entonces, entre las diferencias y roces que provoca el intercambio afectivo de dos sujetos, según dicha concepción, no debe existir la posibilidad del dolor, pues este es a su vez un sinónimo de violencia ejercida hacia una persona.

Semejante noción nació en los Estados Unidos, de las reuniones de familiares de Alcohólicos Anónimos y lleva en si todos los valores que la sociedad americana promueve tácitamente entre sus miembros.

Según ellos, el individuo es una víctima de los elementos, no hay deseo y mucho menos placer, ni sádico ni masoquista; su voluntad se define en base a la adherencia a un grupo institucionalizado y por ello su valor como individuo puede ser definido por su funcionalidad.

El grupo que un individuo pretende formar con su pareja, tiene que contar con la aprobación de ese otro grupo, que no se trata ni siquiera de su familia; pues muy seguramente "habrá aprendido malos modelos de convivencia en la familia" y se descartan los primeros como una "mala influencia".

Habiendo identificado la fuente del problema, los grupos de autoayuda que se organizan para dar forma al miembro adolorido de una pareja, procederán a proporcionar una serie de alternativas para evitar el dolor; pero no porque estén en contra de su placer, porque es impensable que haya placer en el dolor, no eso no... es que... ¡los valores, los valores!...el "amor" tiene que sustentar la relación, ser sinónimo de vida y como la vida es puro placer y el placer es puro, cariñoso, bonito, romántico; no pasional, enérgico, violento o peligroso... pues tendrán que someter su relación a los modelos que los grupos de autoayuda proponen como funcionales.

Sobre la posibilidad de que existan hombres y mujeres que gusten de presumir los alcances de su tolerancia al dolor como medidor de adaptación a su medio ambiente, mejor no hablemos.

Y es gracias a las intervenciones de dichos grupos que millones de individuos han logrado "recuperar" sus vidas, justamente a costa de adherirse al programa, de someterse al grupo de autoayuda y a sus valores. Y llegan así a ser buenos como personas y como pareja, pues tienen una estructura ideológica que les permite separarse de la violencia que pueden generar o les gusta recibir. Pues, la violencia es mala, independientemente de su contexto, origen y función.

Tal parecería que dichos grupos están integrados por individuos que no pueden concebir el dolor de un "no" o concebir la muerte simbólica de nuestras esperanzas en la figura del otro o incluso distinguir la violencia necesaria para vivir del placer que obtenemos de ejercerla o recibirla.

Y vuelvo a repetir, no hay en la conformación y sostenimiento de tales grupos un mayor problema, si consideramos como requisito que cada uno de los miembros de aquellos están ahí por voluntad propia. Si eso fuera así, no es sino una extensión de la función social, que permite al individuo conocer realidades ajenas a la suya y que lo tocan de maneras muy particulares. En otras palabras, le permite saber que sus padres pudieron haber estado equivocados en la forma en la que veían el mundo.

El problema surge cuando descubrimos que es una práctica regular, al menos en México, que dichos grupos buscan someter paulatinamente la voluntad de invitados inadvertidos. Quienes terminan convenciéndose de "lo malos que son", en contraste de "las buenas intenciones" que representan los miembros del grupo.

Lo mismo ocurre cuando intentamos imponer una sola visión del mundo a todo ser humano, cancelando las diferencias que enriquecen y dan vida a las masas, como si una pintura pudiera definir su identidad en la permanencia invariable de sus elementos, antes que en el impacto del observador. O bien como si fuera imposible redescubrir la obra de un gran artista en visitas diferentes a sus exposiciones.

Dicho en otras palabras, no tenemos ninguna garantía de que quien llegó a abrazar los valores de las instituciones lo haya hecho para hacer más llevadera su vida en sometimiento y no por haber distinguido el valor real de los valores de aquel grupo.

En todo caso, no es esta una invitación a acudir regularmente o dejar de ir a una agrupación de autoayuda, del mismo modo que tampoco es decisión mía recomendar a la gente tal o cual sistema de pensamiento que puede ayudarlos a lidiar con la culpa o el placer que no quieren reconocer en su andar. Si hago este recorrido es por encontrar en el una de las nociones más básicas de la experiencia humana y que se encuentra ligada con la funcionalidad humana, o la moral como un bloque que existe al menos en el discurso de algunos.

Es eso lo que me llama poderosamente la atención, que algunas personas dentro de estos grupos, no solo los religiosos ni los políticos, se atreven a hablar de algo "bueno", como si ellas mismas pudieran determinar el valor de toda la vida y sus elementos, como si poseyeran el secreto sobre toda la experiencia humana alrededor de la vida misma. Y es que, en efecto, lo tienen, pero se empeñan en desconocer su papel: es el placer; o bien, su muy particular relación con la vida por medio del placer. Placer que puede tomar la forma de los grupos; o bien, placer cuya ausencia nos fuerza a emprender grandes revoluciones fuera de aquellos grupos que nos dieron vida en un momento dado.

En otras palabras, la pertenencia a un grupo, se sostiene por medio del placer que aquel grupo del proporciona, placer sádico o masoquista; en efecto o en promesa.

La respuesta de un individuo a las diversas manifestaciones de la vida es en base a una vivencia propia, pues la moral que han adoptado y que tratan de imponer como un mandato para guiar el andar de la humanidad, es una de las manifestaciones más primitivas de la sexualidad infantil. Primitiva por cuanto de ella depende la introducción del infante a la vida comunitaria o familiar; por cuanto la violación de esas nociones que constituyen la moral de un individuo han de hacerse notorias para aquel, las podrá sentir en carne propia como angustia; por cuanto lo forzaran a adquirir un conjunto de medidas preventivas para evitar caer en ese estado de indefensión frente a su propia naturaleza y su relación con el mundo o sus padres.

Ahora, si tengo la intención de aterrizar aún más semejante noción en la tesis sobre la sexualidad infantil, es señalando que existe también la posibilidad de que esa angustia sea justamente la manifestación de la energía sexual a la que se le ha denegado una posibilidad de actuar sobre el mundo; es decir, un placer reprimido, o bien un gozo castigado severamente durante la vida más temprana.

Y antes de pensar en recurrir a la hoguera para quemar a los padres de tal o cual criatura, recordemos que el castigo tuvo que ser concebido por el infante como una amenaza y fueron los menores quienes posiblemente se lo procuraban en su interacción con sus cuidadores, sin poder predecir en qué momento iba a ser mucho más peligroso o doloroso de lo que ellos querían.

Y por ello no solo hemos de ver morales distintas en otras personas, según la experiencia que cada individuo haya tenido con sus respectivos padres; sino que a lo largo de su vida cada individuo ha de ver confrontada su propia idea de lo que debe ser la vida e incluso soportar llevar a cuestas el secreto de aquellas veces en las que hizo justamente lo contario del discurso que sostiene en sus días.

De esta última observación me permito afirmar que la moral, como una estructura personal, nunca es completa; si quisiéramos compararla con una hipotética estructura que dicte el andar de un conjunto de individuos, o incluso si quisiéramos comparar el apego de un individuo a sus propios valores en el transcurso de su propia vida. Esto es, no podemos considerar la moral como un bloque acabado y perfecto, como aquel que nos hemos empeñado en sostener como sociedad, al menos en el discurso.

Por poner unos ejemplos, alguien que prefiere morir antes que decir una mentira, puede no tener ningún conflicto consigo mismo al comer bebés vivos. O bien, un abogado con doctorados y cargo público de juez, puede ser un individuo que toma para sí el derecho de obligar a su pareja a verlo en base a la intimidación y los insultos, y no tener ningún problema en hacer eso regularmente y justificar su andar por el gran amor que le tiene a su pareja. O bien, un individuo puede sentir una gran culpa por no haber matado a su enemigo cuando pudo hacerlo y gastar considerable tiempo y energía en combatir tal afecto. Creo que el lector puede fácilmente ubicar ejemplos aún más descabellados en su andar diario.

Y pese a que no estoy diciendo ninguna incoherencia, sino que hago esas observaciones en base a mi experiencia personal, ocurre que las instituciones con el peso de las Naciones Unidas se sostienen con el empeño de poder definir lo que es y debe ser un ser humano, independientemente de su tiempo y cultura. Así como dinamizarse en base a las variaciones que pudiera manifestar un solo individuo conforme avance el tiempo. Y si bien, no es la única institución, es sin duda la más sobresaliente en el mundo de hoy, dados los valores laicos en los que se funda.

Tal parecería que no solo cada institución, sino cada religión, cada escuela, cada casa y cada individuo sale día con día demandando al mundo lo que para él o ella es digno con todos los medios a su disposición. Es decir, guarda una idea o proyecto del ser humano, sus medios y sus fines.

Es ahí justamente donde podemos hablar de una moral como unidad relativamente estable, en el momento en el que podemos distinguir un sujeto, un individuo, una institución, una sociedad, una cultura, un Estado. Todo ello se funda en la historia que le brinda una identidad a ese elemento y solo a ese elemento. Por otro lado, la moral como estructura de regulación social que dicta a sus elementos lo bueno y malo en sí, no tiene forma; al no existir figura alguna que pueda ofrecer a cada uno de sus elementos una experiencia única de vida y garantizar que esa experiencia sea interpretada de una manera específica.

Y eso no impide que la moral sea considerada como una estructura de peso para la formación de grupos, justo por su relación con la figura de los padres. Es decir, sin poder sostener indefinidamente el "todos somos buenos", buscamos al menos sostener indefinidamente el "soy bueno".

El ejemplo de la ONU es excelente para ilustrar como esperamos como humanidad contar con una figura en la que pueda descansar el valor y la función de cuidador. No basta con tener padres, hay que tener escuelas para padres, iglesias, hospitales, Estados y una Organización de Naciones Unidas. En el capítulo siguiente ahondaré más al respecto.

Y si a esta ecuación agregamos que no solo hay sujetos e instituciones que presumen fuertemente tener la fórmula para una vida dichosa o la dignidad de una persona, al igual que hay individuos que los fracasos de su lucha les han forzado a aceptar su ayuda; tenemos en esa indefensión colectiva el caldo de cultivo adecuado para la formación de cultos. Lugares donde es impensable cometer un error debido a la influencia de la colectividad sobre el individuo, o incluso el poder decidir sin el permiso del líder. Todo esto, ¿obedece a otra razón más además de la propia supervivencia que asocia el infante con sus cuidadores?; y si fuera así, ¿porqué cambiar?

La respuesta no es sencilla, pues nos demanda reconocer nuestra propia fuerza y responsabilidad frente al mundo o el hecho de que nuestra moral personal no basta para poder enfrentar lo que el mundo nos exige. Y aquí otra distinción, he dicho moral, no religión.

Es la religión un escenario de la moral primaria de las personas, no es la fuente de la moral. Había dicho que las Escrituras no son un manual de moral, de ser así no contendrían muchos temas que los moralistas combaten. Pero culturalmente, se asume que la religión conduce a la moral, siendo más bien una relación en sentido inverso. El castigo lleva a la angustia, la angustia lleva a la moral, la moral lleva a la culpa y la culpa no rara vez termina conduciendo a un individuo a la religión donde encuentra no solo la mención del temido castigo, sino la oportunidad de la redención.

Si ubicamos al individuo como la fuente de la moral, esto es por haber asimilado muchos de los valores transmitidos por su grupo primario así como las limitaciones vividas ahí, podemos hacerlo responsable de aquello que sostiene como "bueno"; y que tal vez eso que el considera bueno, no sea bueno para otros.

Y dado que es la figura del Estado la que reconoce al individuo como responsable de su propia vida, naturalmente hasta cierto punto; es justamente el Estado la organización con más probabilidades a sobrevivir al paso del tiempo. Aunque ello la lleve a criminalizar en ocasiones a los creyentes y seguidores de otro orden, y por supuesto sin tener la más mínima posibilidad de cancelar aquellos ordenes erigidos previamente que guardan el germen de la vida emocional infantil, al igual que el mismo Estado.

Es por esto que el Estado jamás podrá ser juez y verdugo de una disciplina que se auspicia bajo la sombra protectora de la ciencia, pese a que no sea capaz de entregar de forma contundente aquellas promesas en los que basa su identidad. Me refiero a la psicología y su relación con la salud mental como el eje rector de su identidad, de su función, de su utilidad.

Son esas relaciones que he expuesto, entre la ambigüedad de la salud mental con la funcionalidad del individuo, y que dan lugar a esas nuevas moralidades; la razón por la cual tanta gente dentro y fuera de los grupos que sostienen un proyecto milenario de ser humano como pueden ser las religiones, tienen un cierto recelo ante las disciplinas psico.

A estas personas les afirmó que, si bien muchas de las regulaciones que tratan de imponer los científicos fundados en movimientos ideológicos como el positivismo, pueden llegar a serles amenazantes al no reconocer la necesidad de una creencia en un ser u orden superior para procurar un orden personal, bajo un nombre o doctrina en particular; esta necesidad no es un ataque hacia su identidad y creencia, sino se trata de reconocer la posibilidad de poder dictar un orden fuera de nuestros propios recursos lingüísticos y de representaciones.

En otras palabras, nadie puede recibir la ayuda de alguien que no lo entiende. O bien, ni ustedes ni los positivistas pueden ayudar a quien no cree en el orden que representan, y que al final todos requerimos para vivir como sociedad. Si alguien "cree" en la posibilidad de un Dios, podrá perseguir la aprobación de quien sostiene en su discurso a una relación con ese Dios y así procurar un orden en su vida.

La historia es testigo que no todo ser humano puede concebir una relación de esa naturaleza y aun así requiere de un orden personal para relacionarse con el mundo.

Y al contrario de su propia identidad como creyentes, los discursos científicos no se hayan limitados a la esperanza que pudieran proporcionar a la población para sobrevivir o funcionar. La ciencia busca conocer, aunque eso que queremos conocer muera o que el conocimiento no sirva para mejorar al individuo o salvar a la humanidad.

La religión tiene a la esperanza de su lado, la ciencia simplemente busca saber más. Los dos empeños no tienen que ser excluyente si reconocen que su camino no se hizo para todos, sino que Dios escoge a quien ama y a quien no; e independientemente del amor que el Altísimo pueda tener para con la humanidad, compartimos el mismo espacio y el mismo tiempo. Así que se identifiquen como creyentes o científicos, le invitaría disfrutar de la vida y abrazar la diferencia como una posibilidad de enriquecimiento de la experiencia propia.

Por mi parte, encuentro en esta complicada relación entre el Estado y los elementos que lo conforman, un reflejo de la dinámica psíquica de la escisión, que se establece a partir de la represión de aquellos conjuntos de representaciones que buscan un fin en particular. Y es que ese fin es percibido como una amenaza a la relación del joven organismo con la vida.

En la dinámica social o en el movimiento de individuos que dota de fuerza y vida a un Estado, por un lado encontramos una avanzada organización de individuos que han formado una red de apoyo entre ellos que les permite gozar de determinadas alternativas de acción frente a las amenazas que pudieran sobrevenir de la realidad misma.

Y por otro lado tenemos a una muy numerosa masa de individuos que se caracterizan por una organización más simple, que suele demostrarse sencilla pues por lo general depositan sus esperanzas en la provisión de un ente que no pueden definir, sino de forma somera e insatisfactoria, y por tal dificultad encuentran el motivo de sus vidas en sostener una creencia. Y no me refiero a Dios, sino a un algo que ni ellos logran distinguir. A veces se le nombra Dios, a veces Estado o gobierno, a veces familia, presidente, ángeles, demonios, espíritus, escuela, etc. Ellos esperan un algo, que les dará un algo anhelado, que tampoco pueden definir pero que es mejor de lo que ya tienen.

Y pese a su superposición y aparente mejora, la primer y más avanzada organización no puede prescindir de la segunda, más primitiva y cuya marca ideológica goza de gran popularidad en el gran conjunto humano iletrado. Si he tomado la creencia como un elemento distintivo de un orden primario, no es por señalarla como "opuesta a la lógica y razón" de los "superiores intelectuales"; sino por señalarla como el elemento más básico que permite establecer una relación entre los individuos y las estructuras de ideas que dan forma al mundo, es decir la esperanza de mejora.

Por otro lado, para señalar mejor la aparente mejora, aún los científicos pueden llegar a creer en el método científico como el único camino válido al conocimiento, y defenderlo con la misma intensidad que los creyentes en Dios defienden su creencia como la fuente de su identidad.

En tal dinámica social que nos permite distinguir una separación entre los elementos físicamente idénticos, dependiendo de su posición frente otra organización que les es impuesta, es como podemos ver claramente la división entre lo que conocemos como consciente e inconsciente, que caracteriza el abordaje de la mente humana que ha distinguido al psicoanálisis a lo largo de su historia.

Esta ilustración también nos permitirá contemplar cómo es que se forma la organización que nos permite identificarnos como individuos, en la medida en la que podamos identificar el origen del Estado; no solo en la organización e historia de las instituciones que han procurado dar forma a lo humano, sino en aquella interacción que el individuo establece consigo mismo y con el mundo, a partir de la experiencia sensible.

Retomando el discurso de los primeros capítulos, para definir un Estado no podemos limitarnos a señalar a las instituciones o a los representantes de las clases "dominantes" o que ejercen poder, estos no tendrían dichas funciones sin que existiera una masa humana primitiva sobre los que ejercen ese poder, cuyos números y realidades rebasan por mucho los estudios más detallados sobre la actualidad. Una masa fundacional que le da forma a las instituciones a las que se destinan los recursos provistos por su andar, una masa básica que busca encontrar en su andar a un representante de la bondad que esperaba de sus cuidadores; y al parecer, una masa infantil sobre la que no influye el paso del tiempo, incapaz de recibir conocimiento, pues requiere de un esfuerzo extra. Una masa inadvertida que lo quiere todo inmediatamente y que sigue esperando a su salvador, cualquiera que sea su nombre. Una masa que no distingue los peligros que derivan de sus deseos. Una masa que no puede valorar un deseo que no es el suyo y cuya relación con las leyes es de un terrible odio.

Para todo aquel estudioso en historia no habrá mucha sorpresa en la siguiente declaración, que después de la apropiación del cristianismo como la religión del Estado Romano, tanto religión como Estado tuvieron un impulso del cual aún al día de hoy podemos dar cuenta por muchas razones, entre ellas la existencia de un Estado Vaticano.

El moderno sistema legal debe sus orígenes en gran parte al derecho canónico romano, así como el Estado moderno en general debe su estructura jerárquica a la organización política y militar romana. Y todo esto a su vez tampoco carece de antecedentes en cuestión de la organización social de toda la humanidad, con algunas variaciones que en nada han de alterar el ejercicio de un poder que se ejerce sobre los miembros más jóvenes de los grupos, quienes a su vez serán moldeados para después formar a las generaciones que están por venir, trasmitiendo tanto la ciencia como los mitos que les han sido entregados.

Lo que pudiera resultar novedoso, en este caso, es la mención de una dinámica psíquica a la que obedece casi al pie de la letra estos movimientos sociales.

Es justo aquí donde quiero hacer evidente una contradicción entre la moral y el resto de las formaciones sociales y psíquicas, pues ni la religión ni el Estado, ni el conjunto de mandatos de los que se apropia un individuo a lo largo de su infancia, pueden sostener más que la moral de un grupo en particular; y, sin embargo, tanto muchas autoridades en religión como los representantes del Estado, quieren exhibirse como modelos de un ser humano. Una vez más pareciera que regreso al mismo punto, pero vuelvo a repetir que es por una muy buena razón.

Es como si fuera posible definir una moral universal al momento de querer definir una identidad grupal; y una moral que no obedece a lo que las leyes o la religión busca de todos nosotros. Hombre activo, mujer pasiva, infantes sin placer... creo que esta última es la imagen que más ha pesado en la historia del psicoanálisis.

Aun cuando la demanda de la negación del placer se hace extensiva a todo el mundo, se hace imperativa hacia los niños, figura pura e inocente en su representación social, pese a que Cristo mismo pidió: "dejen a los niños acercarse a mi".

Es como si quisiéramos definir y limitar el placer y sus formas en la vida de todos, cuando no somos capaces de definirlo de forma contundente frente a las demandas que el tiempo impone en nuestra propia vida. Pero ¿cómo es esto?, ¿acaso no dije que la moral se funda en la identidad de cada persona?. Lo diré de otra forma, la religión y las leyes no se hicieron para que fuéramos buenos, sino justamente porque podemos ser malos. Obedecer la ley o la religión no nos hace buenos sujetos, simplemente no damos a la autoridad una razón para castigarnos. Si no somos castigados, eso tampoco quiere decir que somos buenos; puede ser solo porque no nos han descubierto o porque desconocemos las leyes o el mandamiento.

En todo caso, quiero destacar las ganas que tiene la mayoría de la población de ser considerado una buena persona simplemente por "no hacer daño a los demás de forma activa", en contraste con la energía que dispone un sujeto que apela al amor. Amar y hacerse amar es algo muy distinto a aspirar la simpatía del público en general por no ser un asesino. Esto es importantísimo para poder aproximarnos a la figura del criminal, alguien puede llegar a ser digno de ser amado entre los suyos, incluso por lo despiadado que puede llegar a ser con los demás.

Y en efecto, veremos que la moral de las personas no suele ser un factor que impida la formación del lazo social, más bien dará forma a particulares relaciones entre sujetos que compartan valores similares en un tiempo dado, que como expuse hace unos capítulos y al inicio de este mismo, eso puede y suele ser una apariencia o una configuración momentánea.

Obviamente, si quieres andar entre lobos; mejor aprende a aullar o es probable que te coman. Ya en lo íntimo, si quieres que te coman; pues no aúlles o vistiendo piel de lobo, busca a alguien que mate y coma lobos.

Este contraste entre la moral y el amor puede servirnos para hacer notoria una problemática real al momento de querer dimensionar las leyes y su impacto real en la sociedad. Siguiendo la lógica antes expuesta, el acatamiento de las leyes no hacen buena a una persona; y si trasladamos el acento de la persona a las leyes, éstas son solo una herramienta al servicio de los intereses sociales de los seres humanos. En otras palabras, la aplicación al pie de la letra de leyes fieles a la realidad, no garantizan de ninguna manera la justicia o que aquel que sea declarado culpable sea totalmente responsable de sus actos o que sea una mala persona. Y, aun así, dentro del uso de nuestro lenguaje podemos entender que hay personas malas y por contraste, personas buenas; asumiendo casi por regla general, que pertenecemos a este último grupo.

Como había dicho antes, tal juicio conlleva a la inacción frente a las amenazas, específicamente por parte de gente que se considera civilizada, pues esperamos que de alguna manera se hagan valer como efectivos los lazos que hemos establecido con el mundo a costo de nuestros sacrificios en cuanto a nuestro propio placer: Sin embargo, tal juicio conlleva a su vez una especie de derecho que tienen "los justos" sobre "los pecadores".

Si bien podemos considerar, desde nuestro particular punto de vista, que somos nosotros quienes en base a nuestro sacrificio personal sostenemos la civilización; individuos de todo el mundo que consideran como injustas las condiciones que existían previamente en el mismo y que los sujetan a carencias que podrían terminar extinguiendo sus propias vidas o las de sus seres queridos. Aquellos no dudarán en buscar alternativas, luchando desde su propia trinchera frente al mundo que espera devorarlos vivos.

Desde la perspectiva de muchos criminales, naturalmente no todos, el crimen es su derecho; y los medios que procuran la justicia por medio de la aplicación de la ley son un atropello más del mundo. Es decir, en su propio juicio y en el de sus semejantes, ellos son los buenos; puesto que por medio del crimen pueden cimentar familias, pueden apoyar a su comunidad.

Los precios que la sociedad tiene que pagar por sus vidas, son indiferentes para ellos. Después de todo, la sociedad no les da de comer; y aunque lo hiciera, la sociedad no puede ofrecerles lo que ellos alcanzan por sus propios medios.

Al respecto de criminales que se juzguen a sí mismos como individuos malos, no podemos dudar que eso sea posible. De hecho, esa misma percepción de si mismos puede ayudarles a cometer actos en contra de su prójimo, pues facilita un ordenamiento del criminal frente al mundo, a manera de una justificación hasta natural de sus actos; algo así como "soy un cazador y tu eres mi presa, si ser cazador está mal; pues que así sea, soy malo".

Y al mismo tiempo, esa noción de si mismos, que tampoco podemos limitar a la población que se organiza alrededor del crimen, les facilita la interacción con determinados miembros de la comunidad; particularmente aquellos que busquen a alguien que haga lo que se le pide, que sea efectivo y contundente, sin tener ninguna consideración por la integridad del lazo social o el prójimo.

Un ejemplo de dicha falta de apego a la convención social sin estar sujeta a la condición del criminal, puede observarse en el ambiente profesional, donde no se trata de ser amables con nuestra competencia. Los lazos sociales pueden cederse, cuando tenemos intereses personales por atender como prioritarios. Siendo así, se borra por completo la necesidad de las alianzas, puesto que no dudaremos en mostrarnos superiores a nuestros semejantes ante la competencia por una vacante.

Ahí no hay buenos contra malos, ahí estamos solos frente al mundo y si queremos apelar a la bondad, no como la funcionalidad frente a nuestros futuros jefes, sino como "buenos con nuestros semejantes"; lo más seguro es que le den el trabajo a alguien más, que no necesariamente es más capaz, sino que supo vender sus habilidades o conocimientos frente a los jefes.

Dicho lo anterior, me gustaría cerrar el capítulo con un breve comentario sobre la naturaleza humana, en relación con el ejercicio del poder.

Damas y caballeros, hasta el momento he ido argumentado una trama relativamente compleja donde cada persona hace uso de sus recursos para determinar un particular curso sobre su vida. Sus palabras, sus acciones y omisiones, la forma misma en la que se viste o como habla, con quien se desenvuelve en su vida cotidiana; todo ello le permite ir manifestando de tiempo en tiempo sus propias necesidades, llegando incluso a otorgar su poder de decisión a otras personas, ya sea que lo encuentre conveniente o que sea forzado a ello.

En todo caso, no podemos excusar a nadie que viva como víctima indefensa frente a la vida misma, pues ante las más diversas condiciones que suele enfrentar la humanidad, aún la muerte es una opción. No estoy invitando a nadie para cometer un suicidio, sino que trato de devolver la facultad de decidir sobre la vida propia, aún en las circunstancias más terribles, y sobre todo frente a ellas.

El psicoanálisis no puede manifestar conflicto alguno con cualquier resolución que tomen los individuos para enfrentar su vida. En otras palabras, el ejercicio del poder no conoce categorías de buenos y malos, pues la vida misma tiene un orden distinto al nuestro. Esto implican diferentes realidades como por ejemplo que los Estados matan, y no hay nada que sea necesario cambiar al respecto.

De igual forma, los individuos pueden separarse para no volverse a ver; o si ustedes gustan, hasta Dios ha eliminado de su lista de contactos a aquellos que atentan en contra su orden. Siendo así, y dadas las infinitas posibilidades que he podido ilustrar a lo largo del ensayo, o al menos eso espero; puede ser que decir "no" sea la experiencia de muerte que muchos individuos necesitan para poder sostener lo que tenemos.

En otras palabras, dado que la muerte no es necesariamente un castigo, si queremos empezar a concebir nuevas realidades hasta donde sea posible, es primeramente fundamental concebir la diferencia en la estructura más esencial que podemos reconocer como presente en nuestra vida, y en base a esa diferencia tocar la realidad de quien funda nuestra necesidad de disentir.

Nuestro criterio es el que ordena el mundo, para nosotros; nuestros semejantes, se organizan como pueden, y puede ser que ese orden sea para nosotros un caos, pero hay una organización. Y más allá de eso, un orden distinto al tuyo y al mío se alza cuando consideramos el "nosotros".

Si quien lee esto es capaz de identificar una realidad que va más allá de estas palabras, una dinámica que no se va a detener si faltamos ustedes o yo, y que ya representa una amenaza para todos; podemos entonces empezar a fundar un Estado voluntariamente y no de forma inadvertida, como obligados a ello solo por estar en un lugar y desear cualquier cosa.

13
Sexualidad Infantil y el Estado

El Estado infante

Pues bien, del capítulo pasado quisiera retomar esa dinámica social que señalé como ilustración de la escisión psíquica, aquella entre los líderes y el vulgo. Por si no quedó claro, no condeno la posición del vulgo iletrado e ignorante; antes bien lo señalo como la fuente de recursos inagotable sobre la cual se construyen las naciones, al respecto me explicaré.

Y al contrario de lo que pudiera sonar, no estoy en desacuerdo con el acceso universal a la educación, la ciencia y el conocimiento. De lo que estoy seguro, es que de esa fuente no todos quieren beber y que el conocimiento por sí solo no transforma la realidad, pues de ser así hace mucho tiempo que el mundo entero viviría en mejores condiciones. Pudiera la ciencia y el conocimiento ayudarnos a ver el mundo con otros ojos, desde otra perspectiva; pero para influir sobre un elemento, en particular uno como lo es el alma humana, hay un precio que pocos están dispuestos a pagar.

No necesito recurrir al método científico para afirmar que hay en el mundo individuos que nacieron para vivir en la drogadicción o morir en ella, y muy lejos de la ciencia está la afirmación de que no por eso pierden su calidad de seres humanos. Si ustedes gustan pueden decir que mi afirmación se sostiene de la filosofía, aunque yo prefiero decir que viene de mi propia experiencia. Con drogas o sin drogas, las personas son personas. Y esto por mencionar solo un aspecto de la humanidad, bien podríamos simplificarlo al señalar la falta que constituye la diferencia entre los semejantes.

Pero para ampliar la perspectiva, haré otras declaraciones en sintonía con el capítulo pasado: hay seres humanos que nacieron para estudiar teología y otros para practicar un deporte, y eso no los hace mejores que el resto, o no nos garantiza a los demás que de alguna forma cometerán una serie de delitos atroces en contra nuestra o de otros. Sobre el nivel de riesgo que representa un individuo para si mismo o sus semejantes, este puede ser variable a lo largo de toda la vida y por muchos indicadores que nos inviten a pensar en la correcta adaptación de un ser humano al orden social, no hay garantía en la inocuidad de una persona.

Hay también individuos que son felices teniendo el mayor número de relaciones sexuales posibles, sin considerar bajo ningún concepto formar lazos afectivos con sus parejas, o bien que tampoco quieren usar métodos anticonceptivos y tienen hijos por montones, sin tener otra relación con sus hijos más que la genética. Si ellos son llamados padres por sus hijos, no me corresponde a mi decidir.

Hay quienes hacen felices por breves momentos a muchas personas, sin tener las fuerzas o el deseo para sostener los lazos que alguna vez crearon. Hay otros que son literalmente incapaces de afrontar una situación más allá del placer que pueden obtener de sus vidas y de la de los demás, y que por lo mismo buscan vivir siempre felices, rechazando cualquier noción de dolor aún a costa de su vida o la de otros. Si a estos la vida o sus semejantes les demanda algo más que placer y por ello terminan sus días por voluntad propia, no puedo sino verlos pasar y reconocer su voluntad como digna.

En mi país y pienso yo qué en otras partes del mundo, hay pueblos enteros que asumen una herencia en el crimen y condenan abiertamente el apego a la ley y el orden social que otros pudieran manifestar; a ellos les deseo la fortuna de no encontrarse en su propia casa a alguien exactamente igual que ellos, pues tampoco es raro que los hijos maten a sus padres. De millones de estos ejemplos está conformado el tejido social.

Y frente a semejante universo de posibilidades, se alimenta en mi la viva impresión de que es literalmente imposible poder definir un solo modelo de humanidad en cuanto a funcionalidad, forma o naturaleza de la misma, solo por disponer del lenguaje para poder dar cuenta de nuestra propia experiencia y nuestros modelos de bondad y maldad.

Y, sin embargo, el intento de presumir un modelo y llevarlo más allá de nosotros se hace, y no por pocas personas.

Es como si los empeños reguladores de las formas del tejido social no comenzaran por el Estado, señalando a este como a un conjunto organizado de individuos al control de los medios proporcionados por el pueblo. Sino que ese empeño de organizar se fundara en la misma identidad de los individuos, quienes tomarán a toda esa masa humana indiferenciada y la forzaran a entrar en un molde único cuya base es el individuo mismo.

Semejante empeño nos permite ver por un lado la influencia de su muy particular universo de representaciones y por otro lado como esas representaciones son sometidas a una dinámica cuyo fin es la supervivencia del organismo, por medio de sus mecanismos de placer.

Espero haber dejado claro a lo largo del texto que para el ser humano no hay una separación del todo clara entre su identidad, sus fuentes de placer y su propia supervivencia. Y esto se debe a que el castigo, como significante, pasa por dos momentos en su proceso de significación, en el primero el infante no ha establecido una relación entre el moldeamiento y sus actos, por lo que reprime su placer al ser el elemento que conoce y sobre el que puede "influir", al negarlo delante de sus cuidadores. Luego, cuando ha sido capaz de establecer una relación entre sus actos y el orden que representan sus cuidadores, bien puede reprimir el acto o negarlo. En ambos casos el castigo bien podría tomarse como parte del mecanismo de un lenguaje universal, previo a la formación de símbolos. Es el carácter erógeno que funda el cuerpo lo que permite la significación de los estados que atraviesa el organismo; que lo pone en pugna entre sus deseos y el mundo.

Es por ello que no puede resultar extraño para un observador que esa regulación que empieza por el individuo, se torne en una lucha contra los demás actores humanos de su medio, y que de este esfuerzo por hacerse valer frente a los demás no podemos exentar a los Estados.

Pero vamos por partes, para continuar con la exposición tengo la necesidad de valerme de diversos términos. El primero es la sociedad, que comprendo como un gran número de individuos que comparten un lugar, tiempo, cultura y lenguaje determinado; individuos que interactúan entre sí, para buscar entre sus semejantes los elementos y las condiciones en los que quieren llevar su vida.

Por el momento, el Estado sería un producto de esa organización espacio - temporal, y esto se debe a que, por una razón por el momento desconocida, aquella masa indistinta de seres humanos necesita orden. Podría parecer que afirmo de forma irónica que el caos es de origen desconocido, pero no; al momento no he atinado a señalar directamente el origen de ese caos, pero me he aproximado lo suficiente como para poder nombrarlo en este capítulo. Regresemos al empeño de definir a nuestro objeto de estudio.

Tenemos, entonces, que cada miembro de la sociedad se esforzará en sostener el decir, el deseo o al menos la esperanza de un ideal, o "todos tienen que ser de determinada manera", y esperar de alguna forma salir bien librado ante semejante frase, que de forma estricta solo puede ser útil para aquel o aquella que la dice. Aunque por momentos podamos sostener la existencia de valores universales, estos no tienen que ser usados o manifestados de la forma en la que deseamos los individuos que los sostenemos en nuestro decir.

Y es que en nuestro contacto con los demás, nuestras experiencias más básicas, aquello que nos forma como individuos en relación con nuestro placer, se ve reflejado en la identidad que procuramos ver repetida en los demás; pues de lo contrario, una indeterminación de esa figura que depositamos en los demás, haría imposible la convivencia con nuestros semejantes, al no poder establecer una semejanza con los demás, y hacer de cada uno de nuestros vecinos posibles enemigos de nuestro estilo de vida.

Esta paulatina diferenciación de las similitudes que compartimos con los demás se hará con mayor exactitud mientras avanzamos en la vida, llegando a distinguir las formas en las que podemos hablar con cada persona de nuestro entorno o incluso aislarnos de aquellos que podrían representar una amenaza directa, justo por las formas en las que aquellos gozan de la vida.

Y como si esa identidad que sostenemos cotidianamente no bastara para ser motivo de acaloradas discusiones, dentro y fuera de la academia, el Estado mismo no puede escapar de esa idea de regulación o forma humana que pesa sobre sus elementos y que al mismo tiempo proviene de ellos. Al contrario, la figura del Estado se somete no solo a una idea en particular, sino a un conjunto de ideas que vienen de los sectores internos más diversos, con las experiencias de vida más dispares y que intentan definir lo que es el ser humano, así como lo que debería ser y hacer un Estado.

Por otro lado, como si todo lo anterior no bastara, los Estados se ven bajo la presión de organismos internacionales que buscan imponer regulaciones a la política interna a fin de superar los conflictos íntimos que afectan a las comunidades internacionales de diversas formas. En muchos sentidos la política internacional sigue los mismos principios que la convivencia diaria, a tal grado que podemos observar que determinados Estados lidian con sus diferencias, de una forma muy similar a la que usamos para tratar con un vecino escandaloso. Ya sea apelando a la ley o a un observador imparcial o a un representante de la ley. En cuanto a las diferencias que puedo encontrar entre los macroorganismos y los elementos que los conforman, ya había mencionado la incapacidad de eliminar los semejantes y la necesidad de sostener indefinidamente su relación con aquellos. Posiblemente existan más diferencias, pero estas serán haciéndose obvias para el estudioso mientras se desarrolle la historia.

Es justamente porque el macroorganismo que he nombrado como Estado, comparte muchas similitudes con sus elementos más básicos, por lo que se asumen como prácticos una serie de valores universales, como la democracia, la diplomacia, el dialogo, la paz y el respeto, entre otros.

Si regresamos a la búsqueda permanente por un ordenamiento cada vez más refinado, la experiencia cotidiana nos muestra que hay organismos, que bien pueden ser gobiernos autónomos, instituciones o movimientos representados por figuras con fuerte influencia política, que ven la realidad de los otros como enfermiza y se proponen llevar la solución. Por lo general por medio de las recomendaciones, pero sin cancelar el uso de la fuerza militar o presiones políticas y económicas. Definiendo así su política, que podemos comprender como una postura frente a las diferencias y una voluntad manifiesta que busca primeramente la propia supervivencia e identidad, y por tanto procurarán hallar un equilibrio entre los actores de un escenario donde no se sabe a ciencia cierta cuál será la siguiente amenaza.

Frente a esa indeterminación, la mayoría de los Estados adoptan una postura de respetuosa distancia, a fin de prevenir cualquier roce innecesario que pudiera provocar un deterioro en las relaciones con sus semejantes. Aunque sabemos que no todos los actores se comprometen a adoptar tal postura. Hay en la política internacional actores que manifiestan un interés activo y políticas intervencionistas, de manera muy similar a la interacción que se estableció durante la conquista de las civilizaciones precolombinas, que alternaban entre la evangelización y la violación sistemática de la libertad y autonomía del ignorante o el salvaje; haciendo caso omiso de la historia e identidad de cada una de las naciones con sus respectivos conflictos internos, y actuando como si ellos mismos no tuvieran básicamente los mismos problemas en casa.

A aquellos les hablo como heredero de una cultura conquistada, y les advierto que la conquista es solo un pretexto para usar maquillaje político como conquistados o sometidos. Para decirles "si", mientras hacemos lo que queremos a sus espaldas, al igual que sus propios hijos. Sus valores son su herencia y su maldición, no la nuestra.

Es como ser vecino de un creyente, que nos ofrece respuestas a los problemas que podemos tener y que nos pide acudir regularmente a su iglesia; solución que podemos descartar porque vemos los mismos problemas en su casa. Otra vez, me gustaría limitar el significado de mi comentario, pues no se trata de un ataque a la creencia e identidad de mis semejantes. Mi comentario va encaminado a señalar que no será una afiliación a un organismo como la ONU lo que traerá la solución a nuestros conflictos, del mismo modo que una profesión de fe no resolverá automáticamente los problemas de un individuo. Pudiera una declaración de fe demostrar la simpatía hacia unos valores, pero lo que efectivamente puede resolver el desorden en la vida de un individuo es practicar los valores que encontrará en un grupo, no su afiliación o su mera simpatía. Ahora, en un contexto internacional, esos valores ¿son reales?, ¿son prácticos?, ¿se pueden llevar a cabo?

Entre las naciones se espera que la ONU sea la representante de los valores más universales, a manera de una escuela o iglesia para los Estados; pero sus empeños no pueden trascender el carácter de una mera aspiración o llamado al orden. Entre dichos empeños, podemos señalar aún la misma Declaración Universal de los Derechos Humanos puede ser un documento totalmente impráctico, lleno de buenas intenciones y nada más.

Como nación, podemos mostrar simpatía por sus declaraciones y firmar los acuerdos que sean necesarios, con la seria intención de poner en práctica sus valores. Pero en la realidad, la violación sistemática de los acuerdos, ya sea por individuos aislados dentro de nuestro territorio, grupos organizados o elementos del mismo Estado; escapa del control de todos, incluso del mismo Estado. Así como una familia no puede controlar a la perfección a sus miembros.

No podemos esperar que todos los miembros de un Estado abracen inmediatamente los mismos valores que sus representantes. Esto es, que las palabras y las buenas intenciones cambien la realidad de todos por sí solas, especialmente cuando ese proyecto de ser humano como lo es la Declaración Universal de los Derechos Humanos no tiene interés en reconocer la presencia contraria de sus valores en la historia de casi cada cultura del planeta.

¿De que sirve que un presidente afirme que todo ser humano tiene derecho a la vida, cuando un individuo cualquiera en su territorio es asesinado por los motivos más triviales? Eso escapa de su albedrío, al ejercicio de su poder y autoridad. La firma del acuerdo que ratifica las buenas intenciones no van a detener los hechos cotidianos, del mismo modo que la ley no tiene un carácter predictivo del hecho delictivo, sino preventivo de daños mayores al tejido social.

Si como sociedad quisiéramos predecir el delito, encontraríamos nuevamente que eso es posible por medio del estudio sistemático del evento que se constituye como delito, pero al momento de querer combatir el hecho que sabemos pasará, chocaremos de lleno con los lazos afectivos que sostienen el tejido social.

Y en medio de semejante encrucijada, se hallan los representantes de la ley común, de las instituciones, del Estado. ¿La ley sirve al pueblo si la usamos como motivo para eliminar a quien lastima a sus semejantes? Podríamos simplemente afirmarlo, y entrar en una paradoja de construcción y destrucción, o bien podríamos afirmar para sostener a un conjunto, algunos tienen que morir. Pero para evitar tales complicaciones, que no pueden ser toleradas por la sociedad que pide orden sin tener que pagar un precio extra que aquel que ya han pagado; el Estado Mexicano al igual que muchos otros, prefieren sujetarse a lo que dicta un organismo internacional que sostiene un conjunto de valores universales, y entonces se firman los acuerdos y sostienen la función de esos valores como buenos, delante de su población. Sin poder realmente poder sostener la promesa que se haya en tales documentos; y no por ser un Estado fracasado, sino porque es literalmente imposible.

Entonces, al firmar acuerdos internacionales y reconocer la figura moral de un organismo que procura el orden mundial; un jefe de Estado, ya sea de México o de cualquier país, podría condenar la situación de violencia que ocurre entre sus compatriotas. Es decir, abrazar nominalmente los valores que se derivan de la Declaración. Pero su condena no los va a detener.

Por medio de esos acuerdos internacionales estaría obligado a movilizar a sus mecanismos de justicia para buscar y apresar a quien mató violentamente a uno de sus ciudadanos; pero siendo el asesino un ser humano, no podría matarlo. Entonces, vemos que aquel que violentó ve resguardada su integridad por los acuerdos a los que está sujeto el Estado con otros Estados. Pero una vez más, esos acuerdos no van a detener a otros que no sean representantes oficiales del Estado, dejándolo expuesto a otros miembros de la sociedad, que ya sea penitenciaria o libre, pudieran matarlo en cualquier momento, bien por venganza o por una trivial diferencia.

En otras palabras, el Estado entendido como una administración que hace uso de los recursos públicos, no es Dios, no está en todo lugar. Y si aún Dios no detiene los asesinatos, ¿por qué esperamos que los Estados lo hagan?

Y ante esos hechos, otros Estados acusan a un Estado de carecer de los métodos para controlar efectivamente a su población y se proponen intervenir de diversas formas. Ante semejante presión, de dentro y fuera del Estado, pues estos hechos no dejaran a la población tranquila; lo mejor es maquillar cifras y vivir con relativa calma entre los que nos buscan imponer sus ideas, evitando así una posible intervención militar de un Estado que presume ser mejor o bien para tranquilizar a la población que busca un cambio mágico en sus situaciones personales. Hemos llegado a la problemática que me causó tan onda impresión desde hace casi seis años. ¿Cómo se sostiene un Estado? Por muy escandaloso que pueda parecer el panorama, los Estados se sostienen.

Ahora bien, dejando de lado la esperanza de la conquista del territorio iletrado, pues para los simples no es necesario contar con un conocimiento especializado para gozar la vida. Puede resultar ventajoso abandonar la esperanza de satisfacer cada deseo que viene de la población, pues en la sociedad se puede observar claramente la convivencia entre los deseos diametralmente opuestos. Y habiendo encontrado en la división entre la sociedad y el Estado como una ilustración casi perfecta de la dinámica psíquica a la que debemos la neurosis, es decir la escisión; siendo que tanto el gobernante como el ciudadano promedio son iguales, y al mismo tiempo diametralmente opuestos en cuanto a su función y alcances, avancemos con la exposición.

Todo lo dicho me permite ir aterrizado el discurso psicoanalítico en la dinámica social, y en base a estos hechos quisiera en adelante trazar como propósito final para este texto la formación de un proyecto de Estado que no pudiera, bajo ningún concepto, ser afectado por un solo individuo de la misma forma en la que Julian Assange afecto a muchos por

Wikileaks. Vuelvo a hacer la distinción, no me refiero a un proyecto de nación pues no soy político ni tengo los recursos para hacer una nación; hablo de un proyecto de Estado conforme a la trayectoria que el texto ha llevado hasta ahora.

De alguna forma, provista por los Estados y su manera de organización, el señor Assange probó que solo basta información innegable, distinta a la oficial, para poner en jaque a muchos macroorganismos. Al respecto pienso que no se trata de dar mayor poder a un Estado, es decir a una organización que depende del pueblo, para ejercer un mayor control sobre su población; pues de ser así el Estado terminará luchando a muerte contra su propia sombra.

Pienso más en un proyecto distinto de Estado, no de nación; uno que no se base en la necesidad de presentar falsas expectativas de control sobre los más básicos impulsos que conforman nuestra naturaleza. Para ello no harían falta el desplazamiento de enormes recursos económicos, sino procurar la paz entre todos de modo distinto.

Para ello es menester definir al Estado, y creo haber hecho un buen uso de la dinámica psíquica descrita por Freud para acercarme a la relación entre el Estado y la sociedad que lo sostiene. Podríamos comparar a la sociedad con el inconsciente freudiano, infinito en sus asociaciones y formas, ajeno a la regulación y al mismo paso del tiempo, regularizado únicamente por la influencia de su propio placer. El Estado sería esa muy limitada parte de la sociedad que tiene los recursos para sostener, al menos en su decir, una forma de orden delante de otros en la misma situación, es decir delante de representantes de otros Estados.

Luego, aquellos que pueden presumir ser representantes de un pueblo, tienen que valerse de las instituciones que su historia los provea para establecer y estimular las relaciones con sus mismos ciudadanos. Y por medio de estas, buscar influir sobre ellos para establecer metas en común. Y para ello, deberá presentar un proyecto tanto de individuo como de nación, siendo menester en su empeño, la regulación social. Tenemos aquí una problemática que detallaré más adelante, pero que puedo nombrar antes de seguir: el Estado tiene una identidad en si mismo, que no necesariamente sea compartida por su población; o bien, las leyes pueden y suelen atentar en contra de la identidad de los individuos; o bien, la sociedad no puede ser regulada, sino apelamos a la naturaleza sexual infantil.

Encontramos que el esfuerzo estatal de regulación social será como tratar de agarrar agua de un cause con las palmas de las manos para ponerla en un determinado lugar. Por eso la importancia de un molde, a manera de un vaso que permita sostener el agua, para ponerla en un lugar útil o menos perjudicial para el conjunto. El problema radica en que no solo hay un vaso, sino un número infinito de moldes o recipientes de agua y que todos los moldes tienen que ocupar el mismo espacio, casi al mismo tiempo. ¿A que me refiero con esto?

Tenemos por un lado la influencia de las instituciones estatales y eso ya es un número considerable de moldes o deseos de forma humana (escuelas, hospitales, partidos políticos, el ejercito). Aumentemos a este número de proyectos que identificamos como parte del Estado, a otros proyectos de ser humano como las instituciones religiosas, todas y cada una de ellas que existen en un territorio y en un momento determinado. Luego, agreguemos comunidades indígenas con sus propias lenguas y tradiciones y a todo esto sumemos cada familia y la no poca determinación de cada individuo en su propio proyecto de vida.

Para hacernos de una idea más clara de este esfuerzo, creo que sería útil comparar la situación del Estado con la de un infante siendo educado. El Estado es heredero de infinitas figuras del ser humano, cada una con su respectivo fin. Como un niño con millones de padres que ve regularmente y que tratan de imponerle su perspectiva de la vida. Y antes de poder contar con los elementos para enriquecer su vida con la opinión de todos ellos, termina confundido al no poder determinar quién es él mismo y qué es lo que quiere, pues trata de darle a todos lo que le piden. Esto se debe a la premura de la demanda del ambiente y el cariño que tiene por sus "padres".

Si el infante Estado pudiera sentarse a ver el mundo, escuchar opiniones y tener tiempo de tomar una decisión, sería una cosa distinta, pero no es así. Antes vemos que tiene literalmente millones de solicitudes desesperadas, que se le demanda al recién llegado una respuesta por su incompetencia pues la muerte sigue ocurriendo, que se angustiará al ver a sus amigos de juego asesinarse el uno al otro, y que le han contado que puede ser testigo impotente de cómo aquellos con más recursos le arrebatan sus pertenencias.

Si hemos de perdonarle todo a los infantes, nada perdonamos al Estado. Veremos en esta inversión un despertar violento para un organismo que no tiene tiempo de definirse. Por ello la necesidad de sentarlo y hablar con el sobre su historia; porque, nos guste o no, como sociedad somos parte de esa historia.

Por poner un ejemplo, se escuchan un conjunto de voces sobre el aborto. Algunas condenando el mero pensamiento de lo que consideran es un asesinato, otras definiendo con todo lo que tienen a su alcance el derecho al libre ejercicio de la voluntad. Y entre las discusiones por posibilidades políticas e institucionales, es decir del Estado; se escapa la voluntad humana para definirse lejos de la normatividad moral, religiosa y legal de muchos individuos.

Mientras escribía este ensayo, me di cuenta de muchas cosas. Una de ellas es la gran cantidad de recursos públicos que se destinan a las instituciones del gobierno para defender las infinitas formas de un proyecto de individuo. Proyectos que nunca pueden ser, al chocar de lleno con la realidad de los individuos que conforman a las sociedades de los diversos Estados. No resulta difícil ver porque no es fácil delimitar la influencia del Estado en la sociedad por medio de sus mecanismos de regulación.

Por ejemplo, queremos a un México libre de drogas y no vemos la función de estas en la conformación del lazo social y en el alivio real que trae a sus usuarios, sean adictos o no. Queremos a un México libre de corrupción, pero no tocamos los largos procesos administrativos. Queremos algo que no es, y no trabajamos en procurarnos ese futuro. Vivimos insatisfechos y quejándonos de un deseo que no somos capaces de alcanzar, al no poder señalar la forma en la que contribuimos para generar el problema.

Esa frase me permite ilustrar la dinámica neurótica, en el Estado. Que ha sido nombrada una y otra vez por los discursos antisistémicos que podríamos resumir en un "nosotros contra ellos". Si somos capaces de separar el carácter romántico de la "lucha por la libertad de los oprimidos", para reconducir el motivo de la lucha a un empeño global de supervivencia; e identificar el "nosotros" como infantes totalmente libres y "ellos" como los adultos malos por castigarnos; podremos encontrar que pese a nuestras diferencias, todos anhelamos seguir gozando de la vida.

Entonces, sobre si es posible un Estado Neurótico, pienso que es más que posible. Y no solo en mi país, sino en todo el mundo.

Ante este panorama, bien podría retomar la idea del Estado Fallido de Noam Chomsky, pero no quiero asumir la misma postura de "éxito – fracaso" que, a mi juicio, no lleva a ningún lado.

Antes, quisiera rescatar dos observaciones. La primera, que no puedo acusar a las instituciones mexicanas de ineptas, pues gran parte de su ineficacia se debe a que la población no tiene interés en conocer sus funciones. El ejemplo de ello es que la mayoría de la población espera superhéroes entre los policías, y se desilusionan de ver seres humanos con miedo o impotentes ante el desorden del que es capaz la sociedad. Los valientes policías son símbolos de orden, mártires de la ley; pero ellos no podrán llevar el orden que la ley representa a comunidades enteras de cientos de individuos de todas las edades, que se creen con el derecho de robar gasolina a manos llenas, capaces de hacer dudar a las fuerzas militares mexicanas.

Mi segunda observación es que mi país funciona a la perfección, al dejar que el Estado mexicano piense que funciona y recurriendo en lo menos posible a su intervención.

Esta última declaración no pretende ser una burla al Estado mexicano, antes quiero destacar que como sociedad contamos con un carácter único. Muchas otras culturas, como la francesa, no tolerarían una cuarta parte de lo que nuestros políticos han hecho. No sé decir si como cultura somos tontos o un ejemplo de paciencia y tolerancia extrema; pues no hablo de la reacción del pueblo a una sola administración o un solo gobierno, hablo de todos. Es como si aquellos que favorecen al desorden al atribuirse ser la excepción de las reglas morales o legales, fueran también lo suficientemente numerosos para extraviar su rabia tras el desorden de sus propias vidas.

Posiblemente la minoría culta de mi país escoja atribuir el desorden, a una falta de capacidad estatal, o de las instituciones; y sin embargo, les invitaría a acompañar a un policía o a un ministerio público en su trabajo diario, sin hacer responsables de su integridad a la autoridad, y ver con sus propios ojos que la labor como servidores públicos les demanda soportar situaciones inhumanas. Situaciones que no vienen de sus jefes, sino de la sociedad misma; y situaciones que no pueden ser pensadas en la academia, la realidad es impensable e impredecible. De esa gran mayoría de individuos que esperan un orden mágico del Estado, que no tienen la intención de leer porque no ven su utilidad, que prefieren descansar en la posibilidad de que un médico los salve, puesto que ese es su trabajo; surgen situaciones literalmente indescriptibles. Para las grandes masas no hay orden, no hay lógica, no hay espera sabia, no hay muerte; lo único que hay es su deseo, su placer y se lo van a procurar desesperadamente.

Con esto quiero introducir un factor de orden que se ubica más allá de lo moral, la legalidad, las instituciones y todos los recursos otorgados a ellas. Pudiera ser que esa mayoría que juzgamos como mediocre e inculta, sea en su pasividad, confusión y simpleza, el origen del orden caótico del que gozamos como México. Serían ellos en su inocencia, el mayor tesoro de nuestro país; aquellos que nos dan en una simple sonrisa el motivo para regresar a su negocio en otro momento y que en casa saludan con la misma familiaridad al tío policía y al sobrino secuestrador.

Al resto de la población, a quienes ansiamos el saber y codiciamos la cultura, nos queda contemplar con cierta incredulidad las promesas de la vida y de la clase política; o bien desafanarnos de la regulación social que propone el Estado y buscar entre nuestros semejantes nuestro placer, como un factor de orden; atendiendo al innegable hecho que entre nuestros semejantes hay lobos con piel de oveja, así como la paciencia de la gente tiene un límite. Por ello procuramos no acelerar nuestra propia destrucción al no atentar en contra del prójimo, y vivir nuestros días con relativa calma. Y, sin embargo, por muy generalizada que esté semejante postura frente al caos que generamos como sociedad, de vez en vez somos tocados por esa realidad que demanda la conformación de un Estado.

Es ese el factor clave en la dinámica social y al que debemos la idea central de un Estado: La necesidad de un orden que trascienda el eje personal de nuestro placer. Y sin embargo, por las muy naturales limitaciones de los Estados actuales, podemos tener presente ese orden para establecer un orden mayor; pero vayamos por pasos.

Primeramente, tengo que nombrar al Estado como al conjunto no organizado de proyectos humanos; o bien, al conjunto de instituciones que obedecen a empeños de regulación del carácter social del ser humano, dejando de lado su carácter como individuo. Y en ello encontramos su primera limitación, puesto que el ser humano no está determinado por su carácter social, esto quiere decir, que somos mucho más que individuos sociales. Este factor asocial de todo ser humano tiene su historia, organización y abordajes históricos, tanto en los individuos como en las culturas.

Por ejemplo, en la familia hemos de ser hijos, para luego ser padres; y en el trayecto hemos de ser creyentes, estudiantes, pacientes, trabajadores, ciudadanos y hasta militantes políticos o soldados. Entre nuestro nacimiento y la tumba establecemos contacto con un número indeterminado de grupos e individuos que buscarán influirnos y hacer de nosotros un miembro más del conjunto humano, al transmitirnos su idea de lo que debe ser un ser humano; esto es que nos transmiten una identidad sosteniendo la suya propia.

Ante este número indeterminado de sugerencias, el ser humano promedio encontrará una relativa paz al no destacar, al ser como se espera que sea; al menos delante de ellos. Naturalmente, esta resolución individual no puede generalizarse a otros o hacerse extensiva en el mismo individuo con el paso del tiempo. Y de igual forma, esa resolución dejará al individuo en total libertad para hacer, decir y pensar como quiera; solo que no lo hará manifiesto, es decir, que lo guardará para sí mismo y para la gente de su entera confianza. Ni el maestro, ni el médico, ni los jefes y por supuesto ni los padres mismos sabrán que o quiénes son sus hijos, especialmente cuando han sido expuestos a crueles modelos de educación.

Esa es la pesadilla de los Estados, la indeterminación del carácter de la vida humana por su contacto social. Para fortalecerlos frente a semejante posición; a manera de consuelo, he de advertir que la situación es mucho más grave de lo que aparenta. Y si, no se equivoca el lector, yo aseguro que reconocer que la situación es peor de lo que se pensaba, es en sí un consuelo; pues nos permite reubicar nuestros esfuerzos y recursos frente a la adversidad.

Si consideramos la posibilidad de una neurosis como una situación donde la persona ha tenido que recurrir a graves aislamientos del contenido de su universo de representaciones al encontrar peligro en ellos; consideremos ahora la dimensión social de la neurosis.

Esto es, existe la posibilidad de que un número indeterminado de individuos, los neuróticos no diagnosticados, tampoco sepan quienes son, que quieren y de lo que son capaces; al hacer de la ley no un factor de orden social, sino un elemento de su propia vida sexual. Vale decir, un elemento de sus caminos al placer, al obtener por medio de su relación con ella la aprobación de diversos sectores de la sociedad. Ya sea señalado como inocente o culpable de cualquier transgresión, subjetiva o objetiva.

Es por su contacto con las instituciones o con la sociedad, que el individuo se encontrará bajo una permanente vigilancia, factor que no en pocas ocasiones lo convierte en un individuo enajenado de sí mismo. Incapaz de sentir, pensar o actuar; por miedo a equivocarse, porque puede perder lo que tiene o por miedo a ser castigado por aquellos que heredan la figura de los padres; es decir, por el Estado mismo, así como por cada uno de los representantes de un poder superior al individuo. E independientemente de su posición frente a ellos, encontrará a alguien que se haya en la misma condición y podrán establecer lazos que refuercen su identidad, como buenos y como malos.

Es por esta estructura social, que no creo necesaria una vigilancia panóptica, o por lo menos no conforme ha sido considerada en el pasado. En todo momento, el peso de la cultura y la civilización cae sobre los individuos y los más sensibles harán de eso una enfermedad, una neurosis. Y esa condición, hará sentir a la humanidad su propia naturaleza; pues por mucho que deseemos ser robots funcionales, encontraremos la forma de fallar a nuestro objetivo colectivo, a nuestro deber social, incluso muriendo. Y del mismo modo, al hacer de la ley una herramienta para fundar nuestra identidad, la sociedad no hallará límites en la conformación de los grupos que se forman en su interior.

Pudiera parecer esto como una advertencia fuera de lugar, un empeño de hacer fama y fortuna del escándalo, apelando a la vulnerabilidad del Estado frente al ser humano en general. Pero hoy, más que nunca en toda nuestra historia como civilización, estamos a punto de lograr una vigilancia del individuo a cada segundo del día. Y el precio a pagar sería increíblemente caro, si nos empeñamos en sostener una sola idea de lo que debe ser el ser humano por medio de su contacto con las instituciones.

Tenemos, por ejemplo, el proyecto de regulación social del gobierno chino por medio de las redes sociales. Proyecto que no sería descabellado extender a las redes sociales americanas y de las que ya formamos parte gran número de la población mexicana. Proyecto que en teoría busca fortalecer la unidad institucional frente a las diferencias que representan los órdenes particulares, proyecto que en teoría requeriría poco esfuerzo e inversión por parte de los gobiernos mundiales. Proyecto que en teoría permitiría disminuir grandemente los índices delictivos, al ligar directamente la actividad de una cuenta a un objeto físico, como un dispositivo electrónico que se puede localizar en cualquier parte del mundo, a cualquier hora. Dispositivo que se ha hecho fundamental para la comunicación, la educación y el ocio de millones de individuos en todo el mundo.

Ante semejantes proyectos e inversiones multinacionales he encontrado reacciones de pánico entre la población cibernauta, por la pérdida de la libertad que supone para la humanidad en su conjunto. Puedo entender el miedo, pero no lo comparto por lo que estoy por argumentar.

Si bien como individuos civilizados podemos entender que es necesario el orden y por ello las instituciones, tampoco podemos atribuir a ellas toda la responsabilidad por el orden social. De ahí la importancia de considerarnos como seres sociales, seres deseantes y por ello, parte fundacional de un Estado.

Si reconocemos la vulnerabilidad de los Estados, podemos acercarnos de forma distinta al empeño regulador de aquellos. Semejantes esfuerzos monumentales parecen desconocer que un individuo no se define por su carácter social, éste es solo una dimensión del ser humano. Lo que define, incluso ese carácter social, es una regulación que fue conformada tan tempranamente que ni siquiera el propio individuo es consciente de ella y por lo tanto, no puede influir voluntariamente en su decurso, como si fuera tan fácil poder decidir sobre lo que le gusta a uno. En otras palabras, si los gobiernos buscan ejercer mayor control sobre los individuos por medio de la regulación de su conducta en las redes sociales; sólo conseguirán la proliferación de redes alternas o perfiles falsos. Mientras que, en las redes oficiales, obtendrán lo que desean, sin influir en el individuo. Tal presión, institucional es fácil de burlar y no es barata de instituir y fomentar.

Todo este movimiento institucional es lógico, pues señala la gran vulnerabilidad del Estado frente al desorden que pudieran traer los elementos que lo conforman. Y en el ejemplo que ofrecí no estoy hablando de cualquier estado, uno tan poderoso como el chino, heredero de una identidad tan ancestral, con valores milenarios, tiembla ante los mismos elementos que lo conforman.

Ahora conjeturemos lo que pueda estar pasando por una nación como la Norte Americana, donde los discursos internos generan un caos único en todo el mundo. Ante tal crisis, este texto se propone como el inicio de un paradigma distinto del Estado, un paradigma que reconoce la historia de cada nación y que no planea eliminar ninguna de sus instituciones, sino que se propone considerar la afiliación voluntaria de un individuo a un Estado. Tal afiliación se reconoce como básica de acuerdo a los Derechos Humanos; pero en realidad la mayoría de los individuos no pueden elegir su afiliación a un Estado particular, esta se ve determinada por su lugar de nacimiento.

Por otro lado, si es posible un cambio de paradigma, que pueda fortalecer de raíz la conformación de un Estado inconmovible frente a la sexualidad infantil y favorecer el rescate del mayor número de libertades de los individuos que conforman un Estado, es por medio del psicoanálisis. Pues, por todo lo dicho anteriormente, es que puedo presentar una imagen diferente del ser humano; una que no depende de la esperanza que podamos depositar en múltiples proyectos de humanidad, sino en lo que la humanidad es, a veces libre, a veces cautiva, a veces hermosa o aterradora, tan voluble como encantadora.

Identifiquemos el problema desde el psicoanálisis, la humanidad no se define por su carácter social. Esto es, que ni su decir ni sus actos pueden dar certeza sobre su determinación con respecto a su función social. Y esto significa que todos aquellos marcos de referencia (escuela, iglesia, hospitales, ejercito, Estado) son útiles, para definir diferentes dimensiones del carácter social del individuo, no su naturaleza íntima o personal, vale decir su carácter sexual. Naturaleza que hará valer su condición de reprimida de tiempo en tiempo, por aquellas manifestaciones que afectaran a las sociedades; y por reprimida, inconsciente y por inconsciente ajena a la voluntad del individuo mismo. Ahí tienen la herencia de una conquista mucho más profunda y duradera que la que pudieran ejercer las instituciones, la conquista de los padres como representantes de la vida.

Podríamos pensar que dado su carácter inconciente y por definición ajeno a la voluntad del individuo, la conformación de la experiencia de placer, universal en toda la especie humana, puede no servir para los efectos de control social que se espera, puesto que no podemos generalizar un solo medio para que todos los individuos alcancen ese fin. Pero lo mismo que se propuso para la cancelación del crimen, podría procurarse de manera inversa. Es decir, podemos ubicar a un individuo en su organización particular, y darle aquello que desea sin vulnerar al tejido social. ¿Cómo? No es posible resolver tal pregunta, sin escuchar a los individuos. Sin saber la demanda, no es posible proponer una solución al menos superficial a la insatisfacción inherente a la vida. Y sin poder señalarles a aquellos cuando su demanda es imposible de satisfacer.

O lo que es lo mismo, dado que no todos tienen la misma autoridad que pudiera ejercer un control sobre su regulación moral, dejando la misma bajo su completo dominio. Es necesario reconocer los casos donde los individuos hacen inadvertidamente de su vida un calvario.

Por ello, podemos hacer uso de una dimensión más de su dinámica para formarnos otra concepción del ser humano y del Estado al que debemos la supervivencia de cada vez más individuos.

Recordemos el carácter del síntoma como una satisfacción parcial de una demanda de origen sexual y al mismo tiempo una satisfacción, también parcial, de una demanda de origen social. En semejante resolución hemos de hallar también la repetición de una característica del sueño, que lo muestra heredero del alma infantil, indómita y en esencia asocial.

Podemos ver en el síntoma una cierta influencia del mundo exterior, algo así como un representante de un deseo otro que ha de manifestarse en conflicto con la voluntad del enfermo. En cambio, en el sueño, no hay necesidad de enfrentarse a otra voluntad. El problema, al haber considerado la escisión, es que nuestra propia voluntad puede desagradarnos al encontrar formas extrañas de manifestarse, a veces mostrándose justo como lo contrario de lo juramos desear, atentando en contra de nuestra más íntima identidad u orden placer - displacer.

Frente a esa posibilidad de un reordenamiento inacabable, conforme las posibilidades de la vida misma; conforme a las nuevas relaciones que establecemos con nosotros mismos a partir de nuestros sueños, surge la inconmensurable capacidad de adaptación humana.

Cuando alguien ha establecido por grandes sacrificios un orden propio, resulta lógico que se negará a cederlo fácilmente. Nadie quiere un orden ajeno, al contar con uno propio; hasta que siente en carne propia la necesidad de un orden mayor al que ha establecido como suyo. Y entonces reclamamos al unísono un orden social, claro está sin tener la intención de ceder nuestro orden personal.

Bajo esta premisa, el crimen sirve como el principal motivo de un cambio de estructura social, considerando que como individuos nuestro más grande peligro, al menos hasta hoy, ha de encontrarse entre nuestros semejantes. Y ante semejante demanda, cabe preguntarnos ¿Qué será de nuestros ordenes particulares?, ¿es posible un orden mayor del que gozamos hoy sin tener que sacrificar todavía más de lo que ya hemos cedido?, ¿hasta donde es posible o deseable el orden cuando no terminamos por definir el "nosotros", pues no queremos asociarnos con todos?

Semejante cambio social no atenta en contra de la permanencia de un Estado o de las instituciones que buscan atender las necesidades, sin consultar a quienes las generan. Consiste más bien en la contemplación de las diferencias más marcadas en el género humano, aquellas que habitan entre nuestra historia y nuestro presente, entre nuestro destino y nuestra herencia, entre me gustas y te odio, entre nuestro deseo y nuestra realidad.

Consiste, en resumidas cuentas, en contar con individuos que soporten la escucha y dar cuenta de las diferencias entre los semejantes.

"Es evidente que todo sobre este planeta es relativo y tiene una existencia independiente sólo en la medida en la que se distingue en sus nexos con otras cosas…"

Karl Abel - Ensayos de lingüística